U0728155

全国中医药行业高等教育"十四五"规划教材

全国高等中医药院校规划教材（第十一版）

大学生职业发展规划

（新世纪第二版）

（供中医学类、中药学类、护理学类、公共管理类等专业用）

主 编 石作荣 李 玮

中国中医药出版社
·北 京·

图书在版编目（CIP）数据

大学生职业发展规划 / 石作荣，李玮主编 . —2 版 . —北京：
中国中医药出版社，2023.8（2025.7 重印）
全国中医药行业高等教育"十四五"规划教材
ISBN 978-7-5132-8207-9

Ⅰ . ①大… Ⅱ . ①石… ②李… Ⅲ . ①大学生—职业
选择—中医学院—教材 Ⅳ . ① G647.38

中国国家版本馆 CIP 数据核字（2023）第 102156 号

融合出版数字化资源服务说明

全国中医药行业高等教育"十四五"规划教材为融合教材，各教材相关数字化资源（电子教材、PPT 课件、
视频、复习思考题等）在全国中医药行业教育云平台"医开讲"发布。

资源访问说明

扫描右方二维码下载"医开讲 APP"或到"医开讲网站"（网址：www.e-lesson.cn）注
册登录，输入封底"序列号"进行账号绑定后即可访问相关数字化资源（注意：序列号
只可绑定一个账号，为避免不必要的损失，请您刮开序列号立即进行账号绑定激活）。

资源下载说明

本书有配套 PPT 课件，供教师下载使用，请到"医开讲网站"（网址：www.e-lesson.cn）认证教师身份后，
搜索书名进入具体图书页面实现下载。

中国中医药出版社出版

北京经济技术开发区科创十三街 31 号院二区 8 号楼
邮政编码 100176
传真 010-64405721
北京联兴盛业印刷股份有限公司印刷
各地新华书店经销

开本 889×1194 1/16 印张 14.25 字数 381 千字
2023 年 8 月第 2 版 2025 年 7 月第 5 次印刷
书号 ISBN 978-7-5132-8207-9

定价 55.00 元
网址 www.cptcm.com

服 务 热 线 010-64405510 微信服务号 zgzyycbs
购 书 热 线 010-89535836 微商城网址 https://kdt.im/LIdUGr
维 权 打 假 010-64405753 天猫旗舰店网址 https://zgzyycbs.tmall.com

如有印装质量问题请与本社出版部联系（010-64405510）
版权专有 侵权必究

全国中医药行业高等教育"十四五"规划教材
全国高等中医药院校规划教材（第十一版）

专家指导委员会

名誉主任委员

余艳红（国家卫生健康委员会党组成员，国家中医药管理局党组书记、局长）

王永炎（中国中医科学院名誉院长、中国工程院院士）

陈可冀（中国中医科学院研究员、中国科学院院士、国医大师）

主任委员

张伯礼（天津中医药大学教授、中国工程院院士、国医大师）

秦怀金（国家中医药管理局副局长、党组成员）

副主任委员

王　琦（北京中医药大学教授、中国工程院院士、国医大师）

黄璐琦（中国中医科学院院长、中国工程院院士）

严世芸（上海中医药大学教授、国医大师）

高　斌（教育部高等教育司副司长）

陆建伟（国家中医药管理局人事教育司司长）

委　员（以姓氏笔画为序）

丁中涛（云南中医药大学校长）

王　伟（广州中医药大学校长）

王东生（中南大学中西医结合研究所所长）

王维民（北京大学医学部副主任、教育部临床医学专业认证工作委员会主任委员）

王耀献（河南中医药大学校长）

牛　阳（宁夏医科大学党委副书记）

方祝元（江苏省中医院党委书记）

石学敏（天津中医药大学教授、中国工程院院士）

田金洲（北京中医药大学教授、中国工程院院士）

仝小林（中国中医科学院研究员、中国科学院院士）

宁　光（上海交通大学医学院附属瑞金医院院长、中国工程院院士）

匡海学（黑龙江中医药大学教授、教育部高等学校中药学类专业教学指导委员会主任委员）

吕志平（南方医科大学教授、全国名中医）

吕晓东（辽宁中医药大学党委书记）

朱卫丰（江西中医药大学校长）

朱兆云（云南中医药大学教授、中国工程院院士）

刘　良（广州中医药大学教授、中国工程院院士）

刘松林（湖北中医药大学校长）

刘叔文（南方医科大学副校长）

刘清泉（首都医科大学附属北京中医医院院长）

李可建（山东中医药大学校长）

李灿东（福建中医药大学校长）

杨晓航（陕西中医药大学校长）

肖　伟（南京中医药大学教授、中国工程院院士）

吴以岭（河北中医药大学名誉校长、中国工程院院士）

余曙光（成都中医药大学校长）

谷晓红（北京中医药大学教授、教育部高等学校中医学类专业教学指导委员会主任委员）

冷向阳（长春中医药大学校长）

张忠德（广东省中医院院长）

陆付耳（华中科技大学同济医学院教授）

阿吉艾克拜尔·艾萨（新疆医科大学校长）

陈　忠（浙江中医药大学校长）

陈凯先（中国科学院上海药物研究所研究员、中国科学院院士）

陈香美（解放军总医院教授、中国工程院院士）

易刚强（湖南中医药大学校长）

季　光（上海中医药大学校长）

周建军（重庆中医药学院院长）

赵继荣（甘肃中医药大学校长）

郝慧琴（山西中医药大学党委书记）

胡　刚（江苏省政协副主席、南京中医药大学教授）

侯卫伟（中国中医药出版社有限公司董事长）

姚　春（广西中医药大学校长）

徐安龙（北京中医药大学校长、教育部高等学校中西医结合类专业教学指导委员会主任委员）

高秀梅（天津中医药大学校长）

高维娟（河北中医药大学校长）

郭宏伟（黑龙江中医药大学校长）

唐志书（中国中医科学院副院长、研究生院院长）

彭代银（安徽中医药大学校长）

前　言

为全面贯彻《中共中央 国务院关于促进中医药传承创新发展的意见》和全国中医药大会精神，落实《国务院办公厅关于加快医学教育创新发展的指导意见》《教育部 国家卫生健康委 国家中医药管理局关于深化医教协同进一步推动中医药教育改革与高质量发展的实施意见》，紧密对接新医科建设对中医药教育改革的新要求和中医药传承创新发展对人才培养的新需求，国家中医药管理局教材办公室（以下简称"教材办"）、中国中医药出版社在国家中医药管理局领导下，在教育部高等学校中医学类、中药学类、中西医结合类专业教学指导委员会及全国中医药行业高等教育规划教材专家指导委员会指导下，对全国中医药行业高等教育"十三五"规划教材进行综合评价，研究制定《全国中医药行业高等教育"十四五"规划教材建设方案》，并全面组织实施。鉴于全国中医药行业主管部门主持编写的全国高等中医药院校规划教材目前已出版十版，为体现其系统性和传承性，本套教材称为第十一版。

本套教材建设，坚持问题导向、目标导向、需求导向，结合"十三五"规划教材综合评价中发现的问题和收集的意见建议，对教材建设知识体系、结构安排等进行系统整体优化，进一步加强顶层设计和组织管理，坚持立德树人根本任务，力求构建适应中医药教育教学改革需求的教材体系，更好地服务院校人才培养和学科专业建设，促进中医药教育创新发展。

本套教材建设过程中，教材办聘请中医学、中药学、针灸推拿学三个专业的权威专家组成编审专家组，参与主编确定，提出指导意见，审查编写质量。特别是对核心示范教材建设加强了组织管理，成立了专门评价专家组，全程指导教材建设，确保教材质量。

本套教材具有以下特点：

1.坚持立德树人，融入课程思政内容

将党的二十大精神进教材，把立德树人贯穿教材建设全过程、各方面，体现课程思政建设新要求，发挥中医药文化育人优势，促进中医药人文教育与专业教育有机融合，指导学生树立正确世界观、人生观、价值观，帮助学生立大志、明大德、成大才、担大任，坚定信念信心，努力成为堪当民族复兴重任的时代新人。

2.优化知识结构，强化中医思维培养

在"十三五"规划教材知识架构基础上，进一步整合优化学科知识结构体系，减少不同学科教材间相同知识内容交叉重复，增强教材知识结构的系统性、完整性。强化中医思维培养，突出中医思维在教材编写中的主导作用，注重中医经典内容编写，在《内经》《伤寒论》等经典课程中更加突出重点，同时更加强化经典与临床的融合，增强中医经典的临床运用，帮助学生筑牢中医经典基础，逐步形成中医思维。

3.突出"三基五性"，注重内容严谨准确

坚持"以本为本"，更加突出教材的"三基五性"，即基本知识、基本理论、基本技能，思想性、科学性、先进性、启发性、适用性。注重名词术语统一，概念准确，表述科学严谨，知识点结合完备，内容精炼完整。教材编写综合考虑学科的分化、交叉，既充分体现不同学科自身特点，又注意各学科之间的有机衔接；注重理论与临床实践结合，与医师规范化培训、医师资格考试接轨。

4.强化精品意识，建设行业示范教材

遴选行业权威专家，吸纳一线优秀教师，组建经验丰富、专业精湛、治学严谨、作风扎实的高水平编写团队，将精品意识和质量意识贯穿教材建设始终，严格编审把关，确保教材编写质量。特别是对 32 门核心示范教材建设，更加强调知识体系架构建设，紧密结合国家精品课程、一流学科、一流专业建设，提高编写标准和要求，着力推出一批高质量的核心示范教材。

5.加强数字化建设，丰富拓展教材内容

为适应新型出版业态，充分借助现代信息技术，在纸质教材基础上，强化数字化教材开发建设，对全国中医药行业教育云平台"医开讲"进行了升级改造，融入了更多更实用的数字化教学素材，如精品视频、复习思考题、AR/VR 等，对纸质教材内容进行拓展和延伸，更好地服务教师线上教学和学生线下自主学习，满足中医药教育教学需要。

本套教材的建设，凝聚了全国中医药行业高等教育工作者的集体智慧，体现了中医药行业齐心协力、求真务实、精益求精的工作作风，谨此向有关单位和个人致以衷心的感谢！

尽管所有组织者与编写者竭尽心智，精益求精，本套教材仍有进一步提升空间，敬请广大师生提出宝贵意见和建议，以便不断修订完善。

国家中医药管理局教材办公室

中国中医药出版社有限公司

2023 年 6 月

编写说明

　　2007年12月教育部办公厅印发了《大学生职业发展与就业指导课程教学要求》，自此关于大学生职业发展与就业指导类课程在我国高等院校逐步普及。10余年来，我国高等中医药院校陆续开设了有关大学生职业生涯发展、职业生涯规划、就业指导类的必修课，为提高大学生的职业生涯规划能力、促进大学生就业质量的提高作出了重要贡献。在课程建设中，各校建立了比较稳定的师资队伍，也积累了大量来自教学一线的鲜活案例、教学经验与教学资料，但教材建设仍有提高和完善的空间。

　　针对该课程在行业教育教学中的整体发展状况，2011年北京中医药大学谷晓红教授带领骨干教师编写了《中医药大学生职业发展与就业指导教程》（新世纪全国高等中医药院校创新教材）。为进一步扩大创新教材在中医药行业学生职业生涯发展教育中的指导与规范作用，中国中医药出版社将该创新教材的修订版列为"十三五"规划教材。此次"十四五"规划教材有针对性地对上一版教材内容进行修订完善，立足新发展阶段，贯彻新发展理念，围绕三个"重要"，即宣讲党和国家方针政策的重要载体、服务中医药人才培养的重要支撑、就业工作关口前移的重要阵地，力求打造适应中医药人才培养需求的精品示范教材。

　　本教材的编写者来自全国19所高校，其中18所中医药院校、1所医学院校，均为大学生职业发展课程的资深任课教师，具有较深厚的中医临床、科研、教学与学生管理背景。编者们作为中医药行业的资深从业者和高等中医药教育的实践者、管理者，对高等中医药院校人才培养有丰富的实践经验与理性思考。如何将中医学的相关理念与思维方式贯穿到学生的职业发展教育与指导过程中，是高等中医药院校学生职业发展教育教学中急需解决的问题。带着这样的使命感与责任感，编写团队的老师们积极筹划本教材的编写工作，审慎构思、深入研讨，并与时俱进、大胆创新，首次编创融合教材数字资源，确保全书主线明晰，内容精炼，特色鲜明。经过编写委员会成员的努力，几易其稿，最终的教材展现出五个特性。

　　指导性　针对教育部《大学生职业发展与就业指导课程教学要求》，本教材全面覆盖教学要求中的相关内容。

　　系统性　以职业发展咨询为主线，把大学生职业发展涉及的诸多方面有机结合，让学生在学习过程中知其然并知其所以然。

　　先进性　紧密联系职业社会需求与大学生职业发展教学实际，以上一版教材内容为基础，及时将最新的教学、研究成果与学生职业实践中的新案例补充到本教材中。

　　发展性　关注当代职业生涯发展理论的发展趋势，及时补充无边界职业生涯理论、生涯建构理论等新型职业生涯发展理论，开启学生对职业生涯发展管理的新视角。

实用性　紧密联系中医药行业与中医药高等院校大学生职业发展中的实际情况，针对这一群体的职业发展特点，重点剖析其在职业发展过程中出现的突出问题，给予建设性的指导。

本教材大量运用中国传统文化和中医药知识，与职业指导相融合，突出服务，贴近中医药院校学生。全书以亲切自然的语言、浅显的理论解释、来自学生的实例、符合师生互动的篇章结构来提高可读性。教材的大部分内容基于国内外职业发展研究和行业现状而进行整体提炼，采用了许多职业生涯规划与管理工具。这些工具以"手把手"的方式传授自我评价、生涯规划、工作选择技术，大大提高了职业指导的可操作性。

此外，本教材融入了课程思政教学内容，同时附有融合出版数字化资源。本教材第一章由石作荣、孙倩、范崇源、高伟芳编写，第二章由艾卫平、郭婧、刘潇荃编写，第三章由李玮、艾华、刘维婷、邵欣、郝美玲编写，第四章由张龙成、谢书铭、郑文清、程甜甜编写，第五章由郝宏伟、沈漫、范筠娜、郑俐、姜晶波编写。本教材由石作荣、李玮负责最终统稿与校审，孙倩、艾华两位老师协助完成部分工作。

由于时间紧迫、经验不足等多方面原因，本教材尚存不足，在此，期望广大读者能将宝贵建议及时反馈给我们，以便再版时修订提高。

《大学生职业发展规划》编委会
2023 年 6 月

目　录

第一章
大学教育与学涯发展

扫一扫，查阅本章数字资源，含PPT、音视频、图片等

【写给学生】

《礼记》有云："凡事预则立，不预则废，言前定则不跲，事前定则不困，行前定则不疚，道前定则不穷。"同学们在走入大学校门的那一刻起，就要开始规划自己的大学生活和人生，学会靠自己去寻找适合的人生道路。本章将带领同学们思考"什么是大学""大学的学习任务和学习特点"以及"中医药院校学生学业发展和就业特点"这三个问题，相信同学们在深入了解这三个问题后，会对未来的大学生活有更深刻的认识，也希望同学们能够正确把握大学学习特点，做好学业规划，尽快适应大学学习生活。

【引导案例】

小玉的大学生活

小玉是一名18岁的女孩子，从小学习好的小玉，走到哪里都是赞扬声一片。在高考报志愿那一年，最爱自己的姥姥患糖尿病去世了，这件事情让小玉下定决心学医。在综合分析了考分、专业和个人爱好之后，小玉选择了某医学院就读。

刚进入大学的小玉对学校和专业都充满了信心，她下决心要好好学习专业知识，同时也要多参加校园文化活动，让自己变得更加优秀，一想到自己未来穿上白大褂的样子，她的心中就充满了力量。开学1个月后，小玉发现自己下铺的姐妹，因为高考成绩优秀，获得了学校的新生奖学金，小玉体会到了"山外有山，人外有人"。想到自己的成绩，小玉心里有点焦虑。于是她停止了一切课外活动，每天泡在图书馆，可是小玉高中是理科生，对中医的哲学认识论和思维方法接受起来有点困难，虽然每天都在看书，但是似乎什么都没有看明白。

有一天，她去参加高中同学聚会，有同学直接说中医是"伪科学"，小玉忍住没有当场翻脸，回到宿舍她疯狂上网找消息，可是网络信息似乎对中医都是毁誉参半，小玉的内心更加迷茫、困惑了。

在生活上，小玉从小就是被妈妈照顾的，上了大学没人照顾了，气候变化的时候她没及时加衣服，被"流感"击倒了，头疼、发烧、咳嗽，第二天早晨上课没起来，也忘记向老师请假。结果碰巧当天老师点名了。老师说，没到的同学平时成绩扣10分。得到这个消息，小玉悄悄哭了。

同学们，你们是否在某些方面，和小玉产生了共鸣？小玉应该如何做学涯规划，才能帮助自己过好大学生活？也许你们看了下文，会得到一些答案。

第一节　识读大学

不论你是立志成为扁鹊那样的医圣还是成为李时珍那样的药学家，抑或发挥你的所学在医药领域纵横捭阖，大学的学习和生活都将为理想的实现打下坚实的基础。大学不仅是学术的殿堂，还是最具理性，最具批判与创新精神，最具独立、自由、宽容、民主、开放精神的地方。在人类文明继承、保存和发展中，在现代社会人才培养方面，大学都占据主要阵地。什么是大学？大学的本质和职能是什么？大学的功能是什么？了解这些内容，是我们科学规划、合理度过大学生活的基础。

一、大学的起源与功能

克拉克·科尔（Clark Kerr）曾经说过：到1520年，西方世界建立的约85个机构至今仍以其公认的形式存在着的，除了教会、议会，就是70所大学了，可见大学的生命力。大学是探索真理和教书育人的地方，要深刻了解大学的含义，必须要从大学的起源和基本功能谈起。

（一）大学的起源

"大学"一词最早出现在8世纪末，其拉丁文为Uni-versitas，是由Versus"趋向"和Unum"一"合成，是"合众为一"的含义。在我国上古和封建时代，"大学"一词除了指儒家经典"四书"之一的《大学》外，还指聚集在特定地点整理、研究和传播高深领域知识的机构，也有记载为聚集在特定地点传播和吸收高深领域知识的一群人的团体。在现代，大学是指国家的高等教育学府，提供教学与研究条件，并授权或颁发学位的高等教育机关，分为综合大学、专科大学或学院。它选拔具有高中以上学历者进行教育和培训，并以考试考核的方式检验其所学知识和技能。

1. 西方的大学　一般认为，现代大学起源于欧洲中世纪。1087年，意大利建立了第一所正规大学——博罗尼亚大学，为教皇格列高里七世所支持，它是欧洲最著名的罗马法研究中心。此后，博罗尼亚大学成为整个欧洲的学术圣地。随后，欧洲各地相继出现了大学。

巴黎大学是西欧中世纪大学的典范，是当时欧洲各国学生云集的中心，鼎盛时期师生达5万多人。1168年，巴黎大学的学者们来英国创办了牛津大学。1209年，牛津大学部分学者分离出来创办了剑桥大学。自治、学术自由、民主、平等是中世纪大学的重要特点。教师有权竞选校长或院长，更多的大学生来自市民或农民家庭而不是贵族家庭，上大学同当神职人员一样，成为普通子弟跻身上流社会的途径。

从某种意义上说，早期世界范围内从一国到另一国的学术迁移是殖民统治带来的结果之一。美国大学的建立就是直接受到当时英国殖民统治深刻影响的典型例子。17世纪初，在首批英国移民到达美洲时，他们在马萨诸塞州的查尔斯河畔建立了美国历史上的第一所高等学府——哈佛大学。非洲和亚洲的大学深受英国和法国学术模式的影响。此外，19世纪德国新出现的学术模式对美国高等教育有重大的影响，而美国的"赠地学院"模式则影响了印度、拉美及部分非洲国家的大学。多数东欧大学采取了德国模式，同时也吸纳了法国模式的某些特征。

2. 中国的大学　根据文献记载，汉代董仲舒建议设立太学，以便为国家培养人才，"臣愿陛下兴太学，置明师，以养天下之士，数考问以尽其材，则英俊宜可得矣。"（《汉书·董仲舒传》）董仲舒的建议得到了汉武帝的首肯，武帝建元六年（前135年）在长安设太学，从此我国古代的第一所大学——太学建立起来。

隋唐以后，太学改为国子监，唐代以后出现书院。书院可以分为大学部、小学部，有些并不严格区分，有官办，有私立，不少是私办官助。白鹿洞书院、岳麓书院、应天府书院、嵩阳书院、石鼓书院、茅山书院等都是著名书院的代表。此外，还有专门学科部或者专科性的高等教育机构。南朝之宋朝时设有儒学馆、玄学馆、文学馆、史学馆，合并后分儒、道、文、史、阴阳五部学。唐代的国子监设有律学馆、书学馆、算学馆。明代时设有专门培养外交翻译人才的四夷馆。古代也有兼具人才培养功能的专门性的科研及应用服务机构，如医学领域的太医馆、天文历法领域的司天监或者钦天监等。此外还出现过综合性的学术研究机构，如南朝之宋朝设立的华林学省。中国古代的高等学校和西方现代的大学存在差别，尤其官办学校以培养治理政府的仕人及从事文化教育的文人为主，偏重儒学人文教育，自然科学学科缺乏，所以到近代传统教育体系都面临着转型、革新。

中国近现代大学起源于西学东渐。1895 年盛宣怀创办的天津中西学堂（第二年更名为北洋大学堂），是我国近代最早的一所工科大学，开启了中国大学教育的新航程。1898 年京师大学堂在戊戌变法中应运而生，成为中国近代第一所国立大学和综合大学，也是当时的最高学府。1912年京师大学堂改名为北京大学，秉承"循思想自由原则、取兼容并包之义"的思想，不仅成为当时的国学中心，更是全国新文化运动的发祥地和马克思主义的中心。1911 年创立的清华学堂，初期为留美预备学堂，1925 年清华学堂设大学部，开始招收四年制大学生，1928 年组建为国立清华大学，1930 年前后，迅速发展成为全国最高水平的大学，名师济济。

中华人民共和国成立后，国家十分重视高等教育的发展，尤其是改革开放后，国家推出了一系列工程和项目促进高等教育事业的发展。"211 工程"是中华人民共和国成立以来国家在高等教育领域进行的正式立项的、规模最大的重点建设工程，建设了一批高等院校和重点学科，改善了一批高等学校的教学和科研条件，一批重点学科现已成为国家科技创新和高层次人才培养的重要基地。"985 工程"是我国政府为贯彻落实党中央科教兴国的战略和江泽民同志"为了实现现代化，我国要有若干所具有世界先进水平的一流大学"的号召，实施的"面向 21 世纪教育振兴行动计划"。计划重点支持北京大学、清华大学等高等学校创建世界一流大学和高水平大学。

世界一流大学和高水平大学，在人才培养方面要坚持立德树人，注重培养学生社会责任感、法治意识、创新精神和实践能力；在科研方面，要有具有重要影响的新知识、新理论，或实现了重大颠覆的技术创新；同时，在社会服务方面，要为国家和区域经济转型、产业升级和技术变革、服务国家安全和社会公共安全作出突出贡献；在文化传承创新方面，传承弘扬中华优秀传统文化，推动社会主义先进文化建设成效显著，同时也要在师资建设和国际交流方面做出一定的成绩。

3. 中医药高等教育　在毛泽东、周恩来等老一辈党和国家领导人的关怀下，20 世纪 50 年代，中医药教育迈入了高等教育的殿堂。1956 年，北京中医学院、成都中医学院、上海中医学院、广州中医学院四所中医院校率先成立，开启了高等中医院校教育的新篇章。随后，各省和直辖市相继建立中医学院，中医药院校成为培养中医药人才的主要基地，从而实现了中医药人才培养的规模化、标准化和教育管理的规范化、制度化。此后，大力发展中医药教育，基本形成院校教育、毕业后教育、继续教育有机衔接，师承教育贯穿始终的中医药人才培养体系，初步建立社区、农村基层中医药实用型人才培养机制，实现从中高职、本科、硕士到博士的中医学、中药学、中西医结合、民族医药等多层次、多学科、多元化教育全覆盖。

（二）大学的功能

我国著名高等教育学家潘懋元在其主编的《新编高等教育学》中提出："高等学校是知识密

集、多种学科的学者和专家集中的地方，又有较完备的图书资料、仪器设备，以及较多较快的科学信息。这特点与条件决定了它可能必须具备如下三种功能：培养专门人才，发展科学，开展社会服务。"2011 年，我国提出人才培养、科学研究、社会服务与文化传承创新是大学的四项重要使命。近年来，教育部、财政部、国家发展改革委提出到 2020 年，若干所大学和一批学科进入世界一流行列，若干学科进入世界一流学科前列；到 2030 年，更多的大学和学科进入世界一流行列，若干所大学进入世界一流大学前列，一批学科进入世界一流学科前列，高等教育整体实力显著提升；到 21 世纪中叶，一流大学和一流学科的数量和实力进入世界前列，基本建成高等教育强国。同时大力提倡大学在国际交流与合作中的重要作用，更深刻地发展了大学的功能。

1. 人才培养　纽曼在《大学的理想》前言中说：大学是"一个传授普遍知识的地方"。以知识传授为核心的人才培养是大学的核心工作。知识是指人们在改造客观世界的实践中所获得的认识和经验的总和，可以通过语言、文字、图画、艺术等形式长期储存。雅斯贝尔斯认为"教育即生成"，所谓教育，不过是人与人之间灵与肉的交流，包括知识的传递、生命内涵的领悟、意志行为的规范等，教育的根本目的是通过文化的传递启迪年轻一代，让他们自由地发挥其天性。近年来，大学职能越来越丰富化和多样化，但是这并不意味着"大学的根本使命是培养人才"发生变化。我国高等教育在如何培养人才上进行了不懈的探索，实现了精英教育和大众教育并重，人才培养的内涵更加丰富，人才培养的类型涉及顶尖创新人才、研究型人才、高等职业技术人才、应用型人才等多个层次。这些有益的尝试更好地推动了中国大学的发展。

2. 科学研究　科学研究，是 20 世纪 50 年代以来，全世界知名大学所开发出来的一项新的职能，我国高校也不例外。当今国际科技经济竞争日益激烈，人才的培养已不仅仅是现代知识理论的传授，更重要的是科技创新能力的培养，这其中科研职能的发展发挥有着重要的作用。高新科技园区，是大学科研职能的重要载体，以美国斯坦福大学为主导发展起来的"硅谷"科学工业园区，以麻省理工学院、哈佛大学为核心的波士顿科研中心，英国剑桥科学园，以及我国北京中关村高新技术开发区都是以著名大学为中心，以高新技术产业群为基础形成的产、学、研结合的科技发展基地。

3. 社会服务　社会服务是人才培养和科学研究功能的延伸。首先，大学主要是通过培养人才为社会服务的，大学要根据社会的需求，努力培养各类合格人才，以满足社会的不同需求。其次，大学通过科学研究的成果转化为社会服务。大学利用人才、设备、信息等资源，直接为经济、政治、科技、文化等发展服务，是大学人尽其才、物尽其用、融入社会的进一步体现。随着社会的发展，大学社会服务内容日益丰富，不断拓展。现今大学社会服务的主要类型有继续教育服务、决策咨询服务、社会批判与监督、科技推广服务、科技培训服务、资源共享服务、兴办知识企业等。医科大学中，临床医学专业的教师直接为患者提供诊疗服务也是大学社会服务职能的典型代表。

4. 文化传承创新　高等教育是优秀文化传承的重要载体和思想文化创新的重要源泉。一所大学要有自己的独特精神气质。大学精神是大学的航标和灵魂，是大学生存发展的精神动力，是奠定优良校风学风的重要基础，是培养人才的重要保证。自大学诞生之日起，大学就具有文化传承创新的职能。各国大学、各个大学均把人类文化成果的传承与发扬当成大学教育的重要内容，也因之成为大学课程设计的重要内容。

5. 国际交流合作　对外交流合作是大学实现国际化的主要手段与路径。对外交流合作不但是提升高校国际化水平的需要，更是提升我国大学影响力与社会知名度的需要。2022 年 1 月发布的《关于深入推进世界一流大学和一流学科建设的若干意见》进一步明确了"十四五"时期"双一流"建设的原则和具体任务，开启了从"统筹推进"到"深入推进"的新阶段，明确要求高等教育要全面提升国际交流合作水平，深度融入全球创新网络。

二、大学教育特点

对于刚刚走进大学校门的新生来说，大学的校园、大学的生活、大学的课堂都与以往熟悉的中学时代有了很多的不同，本部分所分析的特点，主要是与大学生之前接受的中学教育做对比而产生的特点。

（一）教育目标

中学教育是基础教育的一个重要阶段，教育的目标主要是帮助学生学习好基础理论知识，为中学生以后的发展做好一般知识性的储备。同时，也要让学生有健康的心理发展水平。

大学教育则是学生走出家庭的庇护，成为一名完整的"社会人"的教育阶段，所以大学教育不光是传授给学生专业知识，更要培养学生的通识文化素质、思想政治素质和职业必备技能，从而为国家培养能够担当大任、为社会主义事业作出贡献的高素质人才。所以，大学教育和中学教育在深度和广度上有明确的区别。

（二）教育对象

中学教育面对的是一些刚刚进入青春发育期、11 ~ 18 岁之间的未成年人，他们的身心尚未发育成熟，是个性发展、性格塑造的重要时期，很多事都需要积极引导，妥当处理。而大学教育一般面对的是 18 岁以上的成年人，生理上已经进入青春成熟期，心智更加成熟，个性也有了更大的发展。

（三）教学特点

从课程学习来讲，上大学之前，大家学习的科目无外乎语文、数学、英语、物理、化学、生物、政治、历史、地理等。上大学之后，就会面临各种各样的以前没有接触过的专业类课程，学习这些新的课程需要新的思维方式和学习方法。

1. 大学教育强调学习者的自主学习 大学教师在课堂上的讲授相对中学阶段减少，需要学生利用图书馆、网络、实验室、课外活动等增加自主学习内容。这就要求学生相应地转变观念，增强学习的自觉性与自主性，逐渐从"要我学"向"我要学"过渡。

2. 大学教育是围绕专业所开展的系统教育 专业是高等学校的一个系里或中等专业学校里的学业门类。专业课程可以看作围绕专业体系的一个个"模块"，这些"模块"组合在一起形成了一个知识体系。同时，每个"模块"又形成了一个相对完整的知识体系，集中了本门课程中很多重要的知识点与当前本领域中最前沿的研究现状。所以，学生可能发现很多问题是未知的或者很多理论是存在争议和具有多种可能性的，通常要学完一门课程后，才会对本课程所涉及的领域有一个相对完整的了解。

3. 大学教育是强调思维训练的教育 如果说中学教育是知识教育，那么大学教育就是思维教育。在教学方法上，强调的是知识与论点的出处，掌握的是科学规律，如果说中学教育关注的是"是什么"，那么高等教育关注的就是"为什么"。所以大学的课堂教学不会完全按照课本进行讲授，教师的讲课可能涉及一些教材上没有的资料、实际案例、最新的研究成果，教学的基本目的是要引导学生建立正确的观点、清晰的概念，掌握分析问题解决问题的思路和方法。老师在课堂上所讲的，只是最基本的"骨架"，许多内容要通过自己的"课外"阅读或实践来获得。所以，在大学的课堂上，学到思考问题、分析问题和解决问题的能力和方法最为重要。

鉴于大学教育具有以上特点，新生入校后都会有一个适应过程，认为大学课程"难"，可能还会产生学习困难的问题，对于中医药类专业的学生而言，可能还存在是否接受中医思维的问题。

所以，大学生应该深刻认识到大学教育在思维方法、学习内容以及教育目标方面的特点，以加快适应过程，尽快融入大学教学活动中。在大学的学习过程中，如果遇到暂时"听不懂"的情况，只要努力去把握大学学习的特点，逐步掌握大学学习的规律，慢慢就会适应大学阶段的课程学习。

（四）教育资源

一般来说，在中学阶段每个班有固定的教室、学生有相对固定的座位、在一起听课的也基本是一个班的同学，但是在大学里，大多数班级没有固定的教室，上课的地点通常也会随时变动，比如有时 1 ～ 2 节课可能在这一栋楼的某个教室上课，但 3 ～ 4 节课又会被安排在另一栋楼里，更有甚者有时还会在不同的校区，并且与自己在一个课堂里听课的同学可能还是不同专业。另外，正如前文所言，大学教育强调自主学习，所以可能给同学们一种"大学好自由"的假象，除了必须参加的课程学习之外，大学生会比中学生多出很多自由支配的时间，有些同学用这些时间来泡图书馆、做实验、参加社会实践，几年积累下来会有丰硕的成果；但是有些自主性不强，平时习惯了听从老师和家长安排的学生，则可能选择上网、玩游戏或其他娱乐活动来填充这些时间，大学生活也就过得空虚乏味了。

资料链接

大学者，研究高深学问也

予今长斯校，请更以三事为诸君告。

一曰抱定宗旨。诸君来此求学，必有一定宗旨，欲求宗旨之正大与否，必先知大学之性质。今人肄业专门学校，学成任事，此固势所必然。而在大学则不然，大学者，研究高深学问者也……所以诸君须抱定宗旨，为求学而来。入法科者，非为做官；入商科者，非为致富。宗旨既定，自趋正轨……平时则放荡冶游，考试则熟读讲义，不问学问之有无，惟争分数之多寡；试验既终，书籍束之高阁，毫不过问，敷衍三四年，潦草塞责，文凭到手，即可借此活动于社会，岂非与求学初衷大相背驰乎？光阴虚度，学问毫无，是自误也。

二曰砥砺德行。国家之兴替，视风俗之厚薄……诸君为大学学生，地位甚高，肩此重任，责无旁贷，故诸君不惟思所以感己，更必有以励人。苟德之不修，学之不讲，同乎流俗；合乎污世，己且为人轻侮，更何足以感人。然诸君终日伏首案前，芸芸攻苦，毫无娱乐之事，必感身体上之苦痛。为诸君计，莫如以正当之娱乐，易不正当之娱乐，庶于道德无亏，而于身体有益。诸君入分科时，曾填写愿书，遵守本校规则，苟中道而违之，岂非与原始之意相反乎？故品行不可以不谨严。

三曰敬爱师友。教员之教授，职员之任务，皆以图诸君求学便利，诸君能无动于衷乎？自应以诚相待，敬礼有加。至于同学共处一堂，尤应互相亲爱，庶可收切磋之效。不惟开诚布公，更宜道义相励，盖同处此校，毁誉共之，同学中苟道德有亏，行有不正，为社会所訾詈，己虽规行矩步，亦莫能辩，此所以必互相劝勉也。

（改编自蔡元培 1917 年就任北大校长的演讲词）

三、大学教育任务

《中华人民共和国高等教育法》明确规定：高等教育的任务是培养具有社会责任感、创新精神和实践能力的高级专门人才，发展科学技术文化，促进社会主义现代化建设。《国家教育中长期发展规划纲要（2010—2020 年）》（简称《纲要》）进一步提出：要"坚持能力为重，优化知识结构，丰富社会实践，强化能力培养。着力提高学生的学习能力、实践能力、创新能力，教育学生学会知识技能，学会动手动脑，学会生存生活，学会做人做事，促进学生主动适应社会，开创美好未来"。综上，大学的基本教育任务可以包括思想、学习、实践和社会化四个方面。

学生在大学里面应该学什么？国际 21 世纪教育委员会在向联合国教科文组织提交的报告《学习——财富蕴藏其中》中指出：为了适应不断变革的世界，教育应围绕四种基本学习能力来加以安排即：学会做事（learn to do）、学会学习（learn to how to learn）、学会与人相处（learn to together）和学会生存（learn to be）。

（一）学会做事（learn to do）

学会做事是指用一种善始善终的态度认真地对待和处理各种事务，坚持不懈并力求完善。很多大学生做事只注重其中的某些"有意思"的环节，而不太注意或不愿意去关注那些"没意思"或"没有成就感"的环节，殊不知这样是做不好事情的。只有自己亲自做过的事，才能真正明白其中的过程与道理，实践动手能力也只有在"做"的过程中才能得到训练和提高。学会做事通常可以从如下四个方面来进行自我评价："做什么""为什么做""怎么做"和"做得怎么样"。

资料链接

1944 年任正非出生于贵州安顺地区镇宁县一个贫困山区的小村庄，1963 年，任正非就读于重庆建筑工程学院（已并入重庆大学），有一次，任正非乘坐火车回家看望父亲，父亲嘱咐他要不断学习。任正非回到重庆后把电子计算机、数字技术、自动控制等专业技术自学完，接着还学习了逻辑学、哲学和几门外语。

1983 年随国家整建制，任正非从部队以副团的身份转业，来到成为改革试验田的深圳。在这里，任正非遭遇了人生的第一个"陡坡"：任正非在一笔生意中被人坑了，导致公司 200 多万货款收不回来。那时，内地城市月工资平均不到 100 元。处于中年危机之中任正非没有时间去感伤，家庭的责任、事业的急迫，令任正非迫不得已，走向了一条下海干实事的道路。1987 年，任正非以 2.4 万元资本注册了华为技术有限公司，成为香港康力公司的 HAX 模拟交换机的代理。

凭借特区信息方面的优势，从香港进口产品到内地，以赚取差价——这是最常见的商业模式，对于身处深圳的公司而言，背靠香港就是最大的优势，但是在卖设备的过程中，他看到了中国电信行业对程控交换机的渴望，同时他也看到整个市场被跨国公司所把持，民族企业在其中完全没有立足之地。43 岁的任正非，在这个时候突然表现出了他的商业天才，决定自己做研发，从此和"代理商"这个身份告别，踏上了企业家的道路。

1991 年 9 月，华为租下了深圳宝安县蚝业村工业大厦三楼，开始研制程控交换机。最初公司员工仅 50 余人。当时的华为公司既是生产车间、库房，又是厨房和卧室。十几张床挨着墙边排开，床不够，就用泡沫板上加床垫代替。所有人吃住都在里面，不管是领导还是员工，做得累了就睡一会儿，醒来再接着干。这也是创业公司所常见的景象，只不过后来在华为成为了传统，被称为"床垫文化"，1991 年 12 月，首批 3 台 BH-03 交换机包装发货。当时公司已经没有现金，再不出货，直接面临的就是破产。幸运的是，这三台交换机很快回款，公司得以正常运营。1992 年，华为的交换机批量进入市场，当年产值即达到 1.2 亿元，利润则过千万，而当时华为的员工，也只有 100 人而已。

（二）学会学习（learn to how to learn）

未来学家说：21 世纪的文盲不是目不识丁的人，而是不会学习的人。知识经济时代，知识折旧的定律告诉我们，"一年不学习，你所拥有的全部知识就会折旧 80%"。我们在学校求学阶段所获得的知识不过是自己一生所需知识的 10%，甚至更低，其他 90% 以上的知识都必须在离开学校之后的自学中获取。学会学习将是我们一生事业成功的基础。

在学习型组织理论中，有一个著名的公式，即 $L \geq C$，其含义就是在知识经济社会里，学习（learning）速度要大于变化（change）速度。因此，对大学生来说在大学学习中对知识的掌握只是学习的一部分，更重要的是掌握如何快速获取与更新知识的能力，也就是说"学会如何学习"是比"学会了什么"更重要的事情。学会学习是当今时代的总体要求，也是大学学习的重要目标。

资料链接

著名教育家斯金纳（B·F·Skiner）有句名言："好的教育是学生毕业多年后，把所学到的功课差不多都忘记掉以后，还能剩下来的那些。"如何理解斯金纳的这句话？

（三）学会与人相处（learn to together）

学会与人相处，就是要学会设身处地去理解他人，和周围人群友好相处，并且从小就要培养学生具有为实现共同的目标与计划而团结合作的精神。为了更好地发挥自己的潜能，人们需要得到周围环境的支持和帮助。而良好的人际关系是营造个人工作和生活环境的必要前提。即使彼此不能成为朋友，也至少需要有一种相互尊重的关系，这是成人人际关系的最大特点。学会如何与人相处是人生的必修课，也是受过高等教育的大学生必须要掌握的一项生存与发展技能。

首先，要构建符合社会主流意识形态的价值体系和道德体系。"凿井者，起于三寸之坎，以就万仞之深。"大学生要从现在做起、从自己做起，使社会主义核心价值观成为自己的基本行为准则。除此之外，还要遵循社会约定的道德规范。每一个人都有享受自由和快乐的权利，但同时又都有为保持良好的社会生活秩序尽力的义务。例如，在家庭中要遵守家庭道德，在单位要遵守职业道德，在社会就要遵守社会公德，做一个遵守规则、坚持道德底线的人。

其次，最重要的就是要培养团队和合作意识。对大学生来说，团队合作能力是一种必须养成的能力。通过团队合作，可以调动团队成员的所有资源和才智，并且会自动地驱除所有不和谐和不公正现象，同时会给予那些诚心、大公无私的奉献者适当的回报。在团队合作的过程中，大学生可以相互取长补短，建立和谐的人际关系，获得友谊，取得成功。当然，强调团队合作并不意味着否认个人智慧、个人价值。个人智慧只有与团队的共同目标一致时，其价值才能得到最大化的体现。团队成员只有对团队拥有强烈的归属感，强烈地感觉到自己是团队的一员，才会真正快乐地投身于团队的工作之中，体会到工作对于人生价值的重要性。

资料链接

卡耐基曾经说过："在现代社会，一个人的成功 15% 靠他的专业技术与创造，85% 靠他的人际关系。"你是否同意这句话？

（四）学会生存（learn to be）

就大学生而言，生存不仅代表着物质的存在，例如人身安全、财物安全、生命的持续，也代表着精神世界的同一和发展。在"学会生存"理念的指导下，大学生应该聚焦于自我判断、自我规划、自我管理和自我改进，保持连续学习和终身学习，从而实现自我的全面发展，以适应变化的未来和未知的世界。

资料链接

学会生存

人类发展的目的在于使人日臻完善；使他的人格丰富多彩，表达方式复杂多样；使他作为一个人，作为一个家庭和社会的成员，作为一个公民和生产者、技术发明者和有创造性的理想家，来承担各种不同的责任。一个人有权利接受教育，并发展自己各方面的能力，创造自己的美好未来，因为人类发展的目的在于使人不断发展、日趋完善，以发现自己各方面潜力，形成丰富多彩的人格。

（引自联合国教科文组织：学会生存——教育世界的今天和明天）

总而言之，"四个学会"既是大学生的主要任务，也是其走入社会建功立业的基础，其中"学会做人"是"四个学会"中的根本与关键，因为"学习""做事""共处"说到底都是"做人"的组成部分。大学生作为未来的建设者与接班人，唯有从点滴着手，加强自身修炼，不断拓展自身素质与能力，以适应社会发展对人才的需要。

第二节　中医药院校人才培养与专业设置

我国中医药教育是培养训练中医药专门人才的主要途径。它历史悠久，源远流长，经历了师徒传授、宫廷太医署教学、近代私人办学等阶段。但是，在国民党政府统治期间，受"歧视废止中医药"思想的影响，中医药教育始终被排斥在教育体系之外。中华人民共和国成立后，中医药教育被纳入国家高等教育体系。党和政府制定了以"团结中西医、继承和发扬中国医药学"为核心内容的中医药政策，采取了一系列有力措施来恢复和发展中医药教育。

一、中医药院校人才培养简史

中华人民共和国成立以来，中医药教育的历史，大体可以分为四个阶段。

（一）初创时期

在毛泽东、周恩来等老一辈党和国家领导人的关怀下，20 世纪 50 年代中期，中医药教育迈入了高等教育的殿堂。1956 年，北京中医学院、成都中医学院、上海中医学院、广州中医学院率先成立，开启了高等中医药教育的新篇章。到 1958 年全国先后办了 13 所中医学院及数以百计的中医学校和中医进修学校。迄今为止，新中国高等中医药教育已经培养出多名国医大师。1962 年北京中医学院的"五老上书"激起中医药教育改革新局面。但是，新中国的中医药教育并不是一帆风顺的，而是经历了一个曲折的发展过程。

（二）受到严重破坏时期

第二个阶段是从 1966 至 1970 年，由于中医药院校停止招生，加上大批卫生技术人员"上山下乡"，致使城乡医药卫生人员出现严重不足的情况。根据周总理指示，1970 年，北京医学院、北京中医学院开始试点招生，招收 3 年制工农兵学员。从 1971 年开始，全国高、中等医药院校也陆续恢复招生。

（三）恢复和发展时期

1977 年恢复高考，中医药教育事业得到迅速的恢复和发展。为了提高中医药教学质量，1982 年湖南"衡阳"会议重点讨论了高等中医药教学问题，开始在北京中医学院开展研究生教育。20 世纪 90 年代，国家把发展中医药教育放在中医药事业突出的战略位置，提出了发展中医药事业必须以教育为本的指导思想。中医药教育初步建立了各层次、各类型的中医药教育质量评估指标体系。1991 年，中医长学制（七年）教育开始进入探索期，标志着我国中医药教育事业有了新的发展，中医药教育形势喜人，成果丰硕。

2011 年本硕博连读九年制专业、2012 年本硕连读八年制专业在北京中医药大学率先试点，随着扩大招生，硕士点、博士点的逐渐增多，对外教育、境外办学的不断加强，我国中医药教育显现出前所未有的好形势。

（四）迅猛发展时期

进入新世纪，中医药教育事业也进入了崭新的阶段，通过开展院校教育与师承教育相结合的中医药人才培养模式改革实践，初步形成了多样化人才培养模式，如"院校－师承－家传"三位一体的中医临床型人才培养模式；以跟师学习、注重经典、"早临床、多临床、反复临床"为特点的"院校－师承"人才培养模式；以院校－师承教育为主，结合学术流派传承为特点的人才培养模式；"中医高中预科班"模式；"5+3+X"相贯通的人才培养模式。

中医药教育由以往单一的中医院校办学，发展为医学院校、综合性大学、理工科大学、民族医学院校均有办学。全国独立建制的中医药本科院校达到 26 所（含西藏藏医药大学）。

2012 年，在全国 94.9 万个卫生机构中，共有中医类别执业（助理）医师 35.7 万人；到 2021 年，增至 73.2 万人。10 年间，全国中医药卫生人员总数稳步增长，增长 40.7 万人，涨幅近一倍，中医药人才建设呈现新局面，人才对事业发展的支撑作用更加凸显。详见表 1–1。

表 1–1　2017 ～ 2021 年全国卫生机构的中医药人员情况

类别\年度	机构数（万个）	中医类别执业（助理）医师（万人）	见习中医师（万人）	中药师（士）（万人）
2017	98.7	52.7	1.6	12.0
2018	99.7	57.5	1.6	12.4
2019	100.8	62.5	1.5	12.7
2020	102.3	68.3	1.5	13.1
2021	103.1	73.2	1.6	13.6

70 多年来中医事业取得了长足的发展，中医药发展顶层设计加快完善。2017 年，《中华人民

共和国中医药法》施行。2019 年，中共中央、国务院印发《关于促进中医药传承创新发展的意见》，国务院召开全国中医药大会。但我们也要认识到，中医药高等教育改革发展过程中仍存在一些发展中的矛盾和问题：一是中医药院校教育与中医药事业发展的紧密结合有待加强；二是中医药教育吸引力不足，中医药类专业学生专业思想仍不稳固；三是中医临床教学基地建设滞后，中医学生职业素养和临床能力培养有待加强；四是师资队伍总体数量不足，高水平师资匮乏，师资队伍建设亟待加强；五是中医药高等教育发展不平衡，区域间发展差异较大。中医药人才培养工作，任重而道远。

二、中医药高等院校的专业设置

中医药高等教育的人才培养工作，主要服务于医疗卫生行业，近些年来有向与医疗卫生事业密切相关的健康产业发展的趋势。分析中医药高等教育服务的主体——医疗卫生事业的人才队伍应当具备的素质和知识，为相关专业的大学生成才提供指导和协助，对于中医药人才培养和队伍建设具有重要的意义。

学科与专业建设是高等教育改革与发展中需要首先考虑的事情，它的好坏直接关系到高等教育的质量和学校培养的人才是否能满足社会的需要。对于高等中医药院校而言，要想做好学科建设与专业建设的改革与发展，协调医学、药学以及医学相关新兴专业之间的关系，同样是至关重要的。

（一）专业设置的概况

2020 年全国有高等中医药院校 44 所，设置中医药专业的高等西医药院校 150 所，设置中医药专业的高等非医药院校 250 所，2020 年全国高等中医药院校在校学生数约 83 万。目前，独立设置的本科中医药高等院校有 26 所，6 所入选教育部"双一流"建设高校及建设学科名单。院校教育已成为中医药高等教育的主体，实现了由传统教育方式向现代教育方式的转变，初步形成了以院校教育为主体，多层次、多类型协调发展的办学格局。

据本书统计，24 所独立设置的中医药本科院校都设置的专业有中医学、中药学、针灸推拿学、药学、中西医临床医学、康复治疗学、护理学。各院校都紧紧围绕中医、中药专业积极拓展专业个数，向综合性院校发展，扩大办学规模，吸引更多生源。西医类的临床专业有 13 所院校开设，预防医学有 9 所院校开设，医学影像学有 5 所院校开设，口腔医学也有 3 所院校开设。为满足人民群众多元化的医疗健康需求，部分院校布局了中医骨伤科学、中医养生学、中医康复学、中医儿科学等专业。另外，还基于地域优势开办了藏医学、壮医学、傣医学和藏药学等。

表 1-2　中医药高等院校本科专业设置统计表

序号	专业名称	设置该专业的中医药高校数量
1	中医学	24
2	中药学	24
3	针灸推拿学	24
4	药学	24
5	中西医临床医学	24
6	康复治疗学	24

续表

序号	专业名称	设置该专业的中医药高校数量
7	护理学	24
8	公共事业管理	23
9	中医骨伤科学	21
10	中医康复学	18
11	中药资源与开发	18
12	药物制剂	17
13	健康服务与管理	17
14	制药工程	16
15	医学信息工程	16
16	应用心理学	15
17	医学检验技术	15
18	中医养生学	14

（二）中医药人才培养模式的改革

大部分院校在学科门类和专业类别扩大的同时，通过增开新专业或专业方向，或多种学制来扩大招生规模。2015年教育部和国家中医药管理局正式启动"中医拔尖创新人才培养模式改革（本博连读9年制）"项目，北京中医药大学、天津中医药大学、上海中医药大学、南京中医药大学、广州中医药大学、成都中医药大学获批，报考该专业的学生将有机会用9年的时间获得以往需要14年才能获得的博士研究生毕业证书、博士学位证书、住院医师规范化培训证书和执业医师资格证书，实现了从学校学习到临床执业的无缝对接。

为加快推进中医学类（含民族医学，下同）人才培养综合改革工作，根据《教育部等六部门关于医教协同深化临床医学人才培养改革的意见》《国家卫生计生委等七部门关于建立住院医师规范化培训制度的指导意见》精神，教育部、国家中医药管理局共同组织实施了卓越医生（中医）教育培养计划。本次确定了卓越医生（中医）教育培养计划改革试点高校42所、改革试点项目82项，其中中医拔尖创新人才培养模式改革试点项目19项、五年制本科人才培养模式改革试点项目42项、面向基层的中医全科医学人才培养模式改革试点项目21项。2017年，教育部适度增加9所具有推免资格的中医药院校为"5+3"一体化招生院校。具体院校见表1-3。

表1-3 中医人才培养模式改革项目统计

人才培养改革项目	入选高校		
中医拔尖创新人才培养模式改革（9年制）	北京中医药大学	天津中医药大学	广州中医药大学
	成都中医药大学	上海中医药大学	南京中医药大学
中医拔尖创新人才培养模式改革（"5+3"一体化）	北京中医药大学	天津中医药大学	广州中医药大学
	成都中医药大学	上海中医药大学	南京中医药大学
	浙江中医药大学	福建中医药大学	山东中医药大学
	湖北中医药大学	湖南中医药大学	辽宁中医药大学
	黑龙江中医药大学	河北中医药大学	山西中医药大学
	长春中医药大学	安徽中医药大学	江西中医药大学
	河南中医药大学	广西中医药大学	贵州中医药大学
	甘肃中医药大学		

续表

人才培养改革项目	入选高校		
五年制本科人才培养模式改革	北京中医药大学	首都医科大学	天津中医药大学
	河北中医药大学	承德医学院	山西中医药大学
	内蒙古医科大学	内蒙古民族大学	辽宁中医药大学
	长春中医药大学	黑龙江中医药大学	上海中医药大学
	南京中医药大学	浙江中医药大学	温州医科大学
	安徽中医药大学	福建中医药大学	江西中医药大学
	井冈山大学	山东中医药大学	滨州医学院
	河南中医药大学	湖北中医药大学	湖北民族大学
	湖南中医药大学	广州中医药大学	南方医科大学
	暨南大学	广西中医药大学	海南医学院
	重庆医科大学	成都中医药大学	西南医科大学
	成都体育学院	甘肃中医药大学	陕西中医药大学
	云南中医药大学	贵州中医药大学	宁夏医科大学
	青海大学	新疆医科大学	
面向基层的中医全科医学人才培养模式改革	首都医科大学	河北中医药大学	延边大学
	黑龙江中医药大学	浙江中医药大学	温州医科大学
	井冈山大学	安徽中医药大学	江西中医药大学
	山东中医药大学	河南中医药大学	湖北中医药大学
	湖南中医药大学	广西中医药大学	南方医科大学
	海南医学院	重庆医科大学	陕西中医药大学
	青海大学	甘肃中医药大学	宁夏医科大学

　　由于医学人才的培养具有精英教育的特点，今后医学教育的重点放在长学制方面更有利于学科的发展和医学人才队伍结构的合理化和科学化。随着住院医师规范化培训的全面推开，以及2020年上岗需要住院医师规范化培训合格证的要求，长学制专业的社会需求不断增加，各中医类高校也在扩大长学制的招生。医学相关的专业，如中药学专业也在试验办成长学制专业。

（三）药学类专业的大发展

　　这几年随着医药产业的发展，国家加强对医药生产企业及医药流通企业的监督与管理，强化市场准入机制，促使社会对药学专业毕业生需求旺盛。国际社会对天然药物的青睐，医药市场潜力巨大，社会对中药学、药学、中药资源与开发、制药工程等专业人才需求较大。中药面临着大好的发展时机，各高校抓住机遇，大力发展药学及制药相关专业。药学类、化学工程类专业发展迅速。制药工程、生物工程、食品科学与工程、中医制药、中药资源与开发、药物制剂招生人数接近医学类专业，药学类和化学工程类专业招生人数超过总招生人数的 25% ～ 30%。

（四）护理类专业的异军突起

　　近年护理类专业人才紧缺，各院校都开设了护理本科专业。一方面，随着社会的进步，人们对护理的要求越来越高，不再局限于技术护理，而是向整体护理方向发展，这就要求护理人才不仅要具备专业知识，还要具备较高的人文素养，以中专、大专学历为主的护理队伍已经不能满足社会要求，因此护理队伍向高学历方向发展的趋势将不可避免；另一方面，有院校针对欧美国家护理人才的缺乏，开设了护理学（涉外护理方向）专业，还有的中医药大学与国外大学联合培养护理人才，有助于护理人才开拓国外就业市场。

（五）非医学专业建设取得的突破

据调查了解的 24 所中医药本科院校中，管理类专业发展较快，23 所院校均开设了公共事业管理专业，13 所院校开设了市场营销专业。部分医药院校纷纷构建服务生命全周期、健康全过程的中医药学科专业体系，推进中医药养生保健、健康养老等人才培养，开设了康复治疗学、健康服务与管理、运动康复、应用心理学等专业。一些院校，围绕"新医科""新工科"建设，推进信息技术与医学教育的深度交叉融合，开设了医学信息工程、数据科学与大数据技术等新兴专业。详见表 1-4。

表 1-4　新兴专业设置统计表

序号	专业	开设专业的中医药高校数量
1	康复治疗学	24
2	健康服务与管理	17
3	医学信息工程	16
4	应用心理学	15
5	运动康复	11

第三节　中医药院校学生学涯发展目标与特点

大学的学习生涯简称为"学涯"。学涯影响着人的职业生涯后续与结局、职业成功的早晚与顺逆。因此，学涯是职业生涯的开始，了解大学生学涯发展的身心特点与阶段特征，有助于大学生对学涯进行必要的准备与规划，对于过好大学生活意义重大。本节将围绕学涯发展的特点，立足于青年学生身心发展和社会发展的特征，帮助学生认识学涯的发展目标，在解析学涯发展目标的基础上，介绍不同学涯阶段的目标与任务，以期为大学生活制订成长策略。

一、学涯发展总体目标

对于大学生而言，如何成为全面发展的高素质的人才呢？我们可以从学术化、社会化、职业化这三个人才培养目标来进一步理解这一问题。

（一）学术化

对于大学生而言，学术化专指培养大学生学术理念，这就要求学生必须对世界的本质具有一定看法，有自己的认识论基础和方法论实践方案。专业知识水平和能力是中医药大学生的核心竞争力，在整个人生发展中，都发挥着重要作用。

资料链接

吴以岭：络病理论成就"院士首富"

1949 年，吴以岭出生于河北故城的一个中医世家，1979 年 9 月被南京中医学院心血管与糖尿病专业录取为首届硕士研究生。在研究与学习中，吴以岭发现，"活血化瘀"是中医诊治这类疾病的传统方法，但这种方法只关注了血管内血液的黏稠梗阻，而忽略了对病变血管本身的治疗。后来，在一些关于络病的典籍记载中，吴以岭找到了破解难题的方法。1982年年底，一个治疗心脑血管疾病的独特处方终于问世，被命名为"通心络"。直到现在，主要用于益气活血、通络止痛的通心络仍旧是以岭药业的最主要产品，仅以2010年为例，以岭药业通心络单品销售收入9.2亿元，占主营业务收入的55.86%，是以岭药业的看家法宝。

（二）社会化

社会化泛指"自然人"成长为"社会人"的过程，是个体发展和参与社会生活的必然结果。著名社会学家费孝通先生曾提出："社会化就是指个人学习知识技能和规范取得社会生活的资格发展自己的社会性的过程。"对大学生而言，大学是个体社会化的重要阶段，大学生将在大学阶段初步完成由"自然人"向承担一定社会责任、适应社会生活的"社会人"的转变。大学生的社会化，是大学生掌握获得经济独立的各种条件，在心理上脱离对父母的依赖而获得人格独立，拥有比较稳定的价值观念，形成自己的社会角色，从而最终获得经济和精神双重独立的社会人的过程。这一过程对于大学生的人格成长和社会适应特别重要，因此，大学生应当重视社会化问题，把它作为学涯中的重要任务来看待。

（三）职业化

职业化是大学生通过学习与实践，使其职业素养符合未来职业要求的过程。职业化的过程，概括而言就是职业素质养成。一般而言，职业素养包括职业意识、职业道德、职业礼仪、职业态度、职业知识、职业行为等多个方面，职业化就是要求大学生在以上多个方面加以修炼，达到职业素质要求，成为职业化人才，适应现代职场的要求。

职业化人才的素质要求包括职业化精神和职业化能力两部分。对于中医药人才而言，行业所具备的知识与技能是人才实现职业化的个性因素，而形成符合未来职业要求的社会角色、自我认知、个性品格与职业动机是人才实现职业化的共性因素，也是跨行业的可迁移素质。

二、中医药院校学生学涯发展特点

学涯发展特点，包括大学生自身的身心发展特点、社会性发展特点和专业性发展特点。

（一）身心发展特点

大学生一般处于青少年期和青年早期，这一群体身体发育成熟；在智力上，抽象思维、辩证思维、直觉思维均得到完善，创新思维高度发展；在心理发展上，自我意识鲜明，但是自我评价比较模糊，对自我的内在与外在评价不稳定，可能有时非常在意他人对自己的评价，对别人的负面评价暴跳如雷，有时却十分以自我为中心，面对千夫所指却可以泰然处之；他们有时会认为自己是十分自信的人，有时却认定自己一无是处。因此心理学家将大学生时期的自我矛盾称为"自我同一性危机"，此期的身心障碍问题不容忽视。

（二）社会性发展特点

在社会性发展方面，进入大学后，青年的社会环境与中学阶段产生巨大的差异，这些环境会影响大学生的社会心理发展与社会价值观念的形成，使他们具有与以前不同的社会性发展特征，总体表现为社会取向的多元化与个人发展的不平衡。

首先，政治意识趋向成熟。大学生具有坚定的马克思主义信仰和崇高的理想，有强烈的爱国情结，拥护党和国家的路线、方针和政策，在政治观念上逐渐趋于成熟，能够从中国的国情和发展大局出发理解国家发展形势。在人生观和价值观方面，大学生中的主流呈现出健康向上的趋势。

第二，学习兴趣更加广泛，职业目标逐渐清晰。医学生进入大学后，学习目标从过去的考上一所理想大学转向如何适应未来的医药工作，这种目标的变化促使大学生关注专业知识以外更多的领域，大学生丰富的学术活动，众多学术大师的口传心授为学生的课外学习打开了巨大的空间，使他们对医学新知识、新领域逐渐产生浓厚的兴趣，形成体系化的知识，其学术视野更加广泛。除了专业领域，适应性社会技能的学习受到学生的重视，学生通过各类的社团和组织以及各种实践活动了解社会，学到与人相处、与人沟通、与人合作的技巧，这些活动和组织也给他们提供了锻炼和提升个人影响力的机会，成为建立职业自信和提高职业素质的有效形式。

第三，生活空间虚实兼重，文化追求古今交融。现代中医药大学生的生活空间往往具有现实与虚拟交融对话的特点。一方面，他们注重现实感，讲实用，不接受过于理想化的宣传教育，同时由于过于实用主义和功利化，往往对成功的获得有较强的焦虑，缺少持久的忍耐，这使他们会因为焦虑而错失某些重要的成功机会；另一方面，对虚拟世界比较依赖，虚拟空间成为他们生活的重要组成部分。

中医药大学生既要接触丰富多彩的现代科学知识，也要接触内涵深厚的中医药经典理论，学习过程中既要承受各种现代文明的洗礼，也要沐浴在传统文化的熏陶下，这种学习方式造就了他们独特的文化品格。现代中医药大学生既追求时尚，对新潮流新风尚有着敏感的把握，他们是时代的弄潮儿，同时他们对古代文化的尊重，使他们身上体现出良好的文化修养，形成谦和谨慎、礼让包容的处世态度。当然，少数大学生承受着自我价值观内在自我矛盾与冲突的痛苦，使他们在现实中表现为竞争意识不足、角色转换迟缓等问题，因此，大学生既要加强医学生传统文化知识的教育也要培养国际视野，提升跨文化交流能力。

第四，经济基础的差异。现实生活中，城乡之间、东部发达地区与中西部不发达地区的经济发展状况存在着不平衡，势必造成家庭收入差距存在着差异。大学生家庭收入的差距决定了大学生校园消费方式存在着较大的差异，有的学生家庭条件比较优厚，与最时尚的电子消费品为伴；而另一些学生家庭生活相对拮据。这些经济条件和消费行为差异使得大学生群体产生一定的分化，同时也使得学生群体在心理和社会能力方面产生分化。大学生要学会合理利用个人财富，通过诚实的劳动和奖学金成为自食其力、自强不息的表率，赢得别人的尊重。

第五，人际网络趋密，交际困惑增多。上大学以前，大学生的人际关系主要集中在家庭和同学中，在与同学的交往中，动机比较单纯，所谓的"朋友"其实很大程度上是学习的"同盟军"，甚至是"玩伴"。而在大学校园中，人际关系远比初高中时复杂。当人际关系越来越成为评价一个人能力大小的重要指标时，大学生开始重视人际关系，并努力提升自己的人际交往能力。人际交往的苦恼是大学生的主要心理问题之一：有的表现为交往技能的不足，有的表现为交往动机的不足；有的表现为交往过频，疲于奔命，有的则表现为人际冲突，关系紧张；有的表现为同伴之间的信任危机。要解决这些心理问题，就需要在社会化能力方面得到训练和提高。

（三）专业性发展特点

正如哈佛医学院艾伦·罗斯曼所言"来到医学院之前，我认为当我说我想当一名医生的时候，我理解其中的内涵，而当我迈进医学大门的第一步时，才发现我对此一无所知"。医学生在入学的时候，对医生职业的认知是"救死扶伤，白衣天使""社会地位高""越老越吃香"，但是随着学习的深入，发现对医学本质的了解还远远不足，要"活到老，学到老"。

首先，医学是一门严谨的科学，对于医疗从业者而言，还要面对科学的"极限"：虽然医生在所从事的专业领域技术精湛，希望可遵循技术规范自主完成医疗活动，但是随着现在人们生活方式的变化，人类的疾病谱也发生了改变。患者的疾病不是单单某个器官的问题，不是专业精细化可解决的，对于一个医生而言，要做到科学和经验的平衡，凭借对专业和本职工作的热爱，不断探索生命与疾病的规律。

其次，医学是一门人文伦理学科。健康所系，性命相托，医学是集科学研究、技术创新和人文关怀于一体的，其基本任务是疾病的预防、诊断、治疗、康复，而根本目的是促进人类社会从个体到群体的身心健康，所以医学在本质上是"求真、崇善、尚美、达圣"的事业，正如孙思邈在《大医精诚》中所言："凡大医治病，必当安神定志，无欲无求，先发大慈恻隐之心，誓愿普救含灵之苦。若有疾厄来求救者，不得问其贵贱贫富，长幼妍媸，怨亲善友，华夷愚智，普同一等，皆如至亲之想。亦不得瞻前顾后，自虑吉凶，护惜身命。见彼苦恼，若己有之，深心凄怆。勿避险巇、昼夜寒暑、饥渴疲劳，一心赴救，无作功夫形迹之心。如此可为苍生大医，反此则是含灵巨贼。"

第三，医学还是一门经验学科。医学经验一是存在于中医典籍中的古圣先贤的经验；二是通过临床跟诊学到的当代名医名师的经验，名医名师通过口传心授的经验是跨越书本和实践所遇难题的捷径；三是自己的经验，辩证唯物主义强调"理论与实践相结合"，做到"早临床、多临床、反复临床"，从而将在中医典籍中学习到的古人经验和跟名医名师学到的经验在临床中得到验证，最终形成属于自己的经验。

总之，中医的科学性、文化性以及经验性的特征必然对中医药院校学生的学涯发展带来重要的影响，中医药院校大学生的身心发展特点、社会发展特点以及中医药文化所带来的专业发展特点，共同构成了大学生学涯发展的总体特征。

三、中医药院校学生学涯发展阶段及其特点

大学的生活是有阶段性的，总体的目标再好，如果不能进行有效的细化，是难以制订可行的学涯发展方案的。不同的阶段，大学生经历的发展任务之间有着明显的不同。在总体的目标下，按照在校期间的学习、生活的历程，结合学校培养方案不同时期的发展需求，大学生活被自然而然地划分为入学适应、学业发展和就业准备三个阶段，这三个阶段按照发展顺序而排列，各阶段在时间上存在着一定的重合区（图1-1）。

（一）入学适应期阶段性特点

入学适应期是大学生迈进大学后都要经历的第一道关口，时间长短因人而异，一般为1年左右。这一阶段的重要任务是实现中学生向大学生的角色转变，这一时期能否顺利度过对后期大学生涯的展开非常关键。大学生活作为一个重要的生活事件，会对学生的心理产生较强烈的应激，如同所有应激反应的产生和消除过程一样，要经历一个从不适到适应的过程，因此，参照心理应激的发生规律，可以将入学适应期分为感受期、接受期和适应期三个基本阶段。

1. 感受期（新鲜期）阶段的特点　从入学后的心理变化来看，高考的压力得以释放，对于刚迈入大学校园的学生来说意味着人生又开始了新的历程，他们希望过一段轻松愉快的大学生活。

进入校园，他们对周围的一切充满了梦想，却往往发现现实并不会像他们想象中那么轻松自由，特别是对于中医药院校的学生而言，学业的压力依然沉重。然而随着大学梦逐渐在现实中降温，自我与环境认识的落差造成了莫名失落感，有的人对新环境的生活难以适应，产生人际关系的紧张，这些紧张和不适感受集中表现为学习适应、生活适应和角色适应方面的困难。

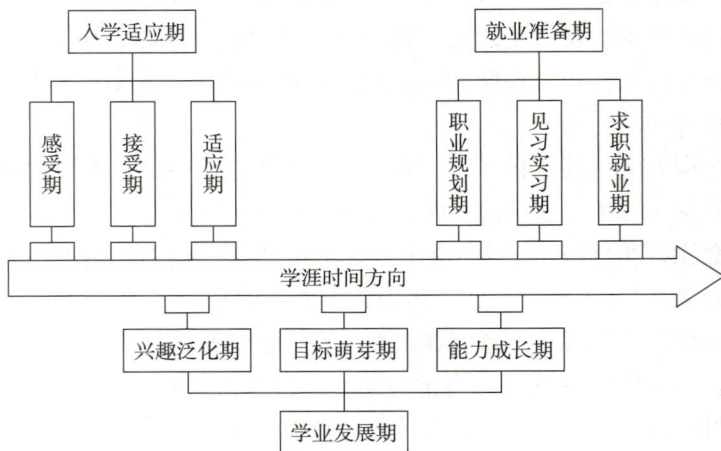

图 1-1　中医药大学生学涯发展阶段示意图

首先是学习适应的困难。大学阶段学习适应的特点是实现两个转变：一是要适应从名次竞争向掌握学习方法的转变；二是要适应从被动接受向主动学习的转变。大学阶段学会知识与技能远比超越他人更重要，一些原先习惯了名次竞争的学生，面临在高手如云的集体内重新洗牌的格局，昔日那种"鹤立鸡群"的优越感已荡然无存，在一两次考试之后，心理失落与沮丧感油然而生，一些学生失去学习动力，产生厌学情绪，这是对大学学习目标的一种观念上的误读。有的学生不能适应大学新的学习方式，仍沿用高中阶段一味接受知识、深研强背一本书的方式进行课程学习，对于老师脱离教材的教学方式不适应，不会记课堂笔记，不爱质疑提问，学习中强迫记忆，感到知识过多难以消化，产生学习困难与挫折感。

其次是生活适应的困难。在生活方面，大学适应期对学生的独立生活能力提出了挑战，要求学生生活上自主自立。一些学生在高中有过住校经历，能较快地适应环境，而另一部分学生由于首次尝试住校生活，一切生活琐事都需要自理，过去一切依赖父母和老师的心理习惯一时难以改变，对生活环境的不适应感更强，这些学生对时间的管理不重视，或者不会有效管理时间；有的学生对金钱管理缺少经验，有一种钱总不够花的感觉；有的学生习惯以自我为中心，不能包容他人的生活习惯，有一种孤家寡人的感受……这些均是新生生活不适应的表现。

再次是角色适应的困难。在社会生活方面，丰富的人际网络与校园生活增加了大学生活的趣味，要求学生能适应这种变化，建立符合自身发展的个性化发展目标，有效地实施自我管理。一些学生对这种特征认识不足，一入学就参加了过多的社团，美其名为锻炼能力，实则整日疲于奔命。另一些学生生活没有目标，对未来没有设想，被动无序地应付各种活动，不注意总结生活经验，学习几年只是拿个学历文凭，其他无所收获；还有一些学生不主动与他人建立人际联系，不问天下事，只读圣贤书，自我封闭于一处，成绩优秀却没有社会工作能力。

这一阶段的大学生，面临着告别高中生角色，进入大学生角色，建立未来职业人角色的一系列变化，需要积极主动地适应新环境，认同新的角色与要求，这对于刚成年的大学生而言并非易事。

2. 接受期（调整期）阶段的特点 处于上一个阶段的大学生由于新鲜感的支撑，他们对大学学习生活产生不适感，首先会在心理防御机制作用下发生否认、抵抗、投射、转移、合理化等应激反应，这些反应可以减少大学生心理上的不适感，提高他们的生活信心，这是有积极意义的。

接受期的医学大学生在处理压力模式上发生明显的分化，一小部分大学生本身具备较丰富的处理压力和消除压力的思维模式和应对技能，他们能很快从不适期转向接受期，不适感较弱；绝大部分医学生尽管感受到明显的不适，但他们会主动学习医学健康知识，学习压力消除的方法和技术，在团体中寻找情感支持和行为方式榜样，他们用更加积极的方式认知现实变化，从行为上调整策略，所以也能尽快地适应大学的生活方式和学习节奏，重新获得新角色和角色自信；但也有极少一部分大学生缺少面对压力的勇气、对生活环境变化的心理认同及处理压力的必要技能，他们多采取退缩（如回忆过去、依赖旧关系）、拒绝（如不承认变化、不接受帮助）、逃避（如自我孤立、做白日梦）等方式应对压力，长期不能走出适应不良的阴影，导致生活质量下降、学业成绩低下或自我发展受限等社会功能的退化问题。

3. 适应期（解决期）阶段的特点 经历对压力的接纳和调整的过程，大学生会感到自己已经习惯了大学的学习生活环境，开始把精力转向学习技能的提高、人际网络的扩展、职业探索及其他感兴趣的休闲活动上，理想状态下，这些目标的确定提升了内在成就动机水平，动机水平的提高反过来也加快了适应的速度，同时，成功地适应环境的经验也提高了大学生的压力应对技能水平，使之愈加自信于自己的大学生活能力，从而形成良好的适应循环。

这个阶段能否顺利度过与大学目标的重新调整有关，因为初入大学时，学生的目标是理想化的和模糊的。有的学生仅有学习单方面的目标，而且只局限于学习成绩；有的学生对大学中要实现什么没有清楚地思考，只是想好好放松一下高考后厌倦和疲惫的身心；有的学生有非常高的自我要求，却在现实面前发现完全不适用，陷入了彷徨……这些学生需要在适应期内重新定位自己的大学个人发展目标，通过实践和思考使其清晰化，这样确立的目标才能真正帮助自己走出环境的障碍。而那些被动接纳环境压力的办法只能让大学生停留于上一个阶段，生活于"混学历"或"过"大学生活的消极状态。

鉴于入学适应期各阶段的特点，大学生在此阶段的第一发展目标是社会化，其次是学术化和职业化。在社会化目标方面，大学生应尽快熟悉大学新环境，了解新的学习和生活方式，正视新环境带来的压力，以积极的心态尽快融入新的集体中，锻炼自己的沟通能力，迅速地适应大学的学习和生活。在学术化目标方面，大学的新人应把适应的重点放在建立学习习惯和培养学习毅力上，不要急于学习过深过专的知识，相反，应尽量多听一些中医药文化方面浅显易懂的讲座，勤于思考，建立关于中医药理论的特定思维模式即可。在职业化目标方面，此阶段的重点在于建立个人职业意识和了解行业基本现状，既可以多读一些有关职业方面的书籍，多关注中医药行业的各种报道和报告，也可以通过亲身的职业体验增加自己关于中医药职业的认知，了解行业的状况。比如，学校组织学生假期开展社会实践，要求学生对中医药名家或知名企业进行访谈，这种形式即是大学生了解中医药行业状况和从业人员职业素质要求，建立职业意识的好途径。

（二）学业发展期阶段性特点与目标

经过一段时期的调整适应后，大学生进入稳定发展阶段，这是大学生活最主要、最长久的时期。由于学习是大学生活的主要目标之一，我们把这一阶段称为学业发展期。这一阶段大学生表现为专业学习兴趣逐渐浓厚、求知欲强烈、兴趣广泛、思维活跃，同时在其他心理和社会目标上也获得较好的发展，比如：自我认识进一步深入，人际交往增多，一些大学生还建立了较稳定的恋爱关系，这些均是学业发展期的特点。这一阶段同样可以归纳为三个阶段。

1. 兴趣泛化期阶段的特点　经过上一个阶段的调适，大学生开始有了较清晰的发展目标，大部分学生会把主要的精力放在学习上，进入兴趣泛化期阶段。在兴趣泛化期阶段，学生的学习内容从通识教育逐渐过渡到专业教育，学生有意识或无意识地接触的专业领域知识激发了他们越来越浓厚的兴趣，不少学生开始主动涉猎课程以外的专业知识，有的更加积极主动的学生会参与本科生导师的课题、实验及临床工作，虽然他们面临知识上的匮乏和技能上的缺陷，这些活动却大大激发了他们对专业学习的动机，他们经常聆听各种讲座，参与学术论坛的组织工作，希望全面形成关于中医药学科体系的认知。兴趣的泛化对于学习目标的建立可谓有弊有利。一方面我们看到，中医药大学生对学科知识产生浓厚的兴趣和积极的行为参与，但中医药的知识还比较肤浅，只是在思维上形成了对中医药较完整的认识，实践体会不深，且他们的学术兴趣源自广泛的涉猎，因此缺乏持久性和稳定性，容易转移和消除。另一方面也应看到兴趣的泛化为下一步的兴趣聚焦打下了坚实的基础，也就是说，缺少泛化兴趣基础而建立的兴趣同样是不稳定的。

2. 目标萌芽期阶段的特点　在上一个阶段，中医药大学生对几乎所有与中医有关的知识，甚至与生命科学有关的知识都抱着浓厚的接纳态度，随着认识的发展，这种泛化的兴趣发生了变化，进入了目标萌芽期。这一阶段与上一阶段最大的差别在于对知识与技能的偏好，也就是我们常说的"偏科"。知识与技能的偏好可能源于不同理论深入认识后的冲突与对比，可能源于学生个人自我思索与选择，也可能源于对某些学术人物的追随与批判，这种偏好促使中医药大学生对自己接触的学科产生价值判断，对于认为值得学的东西他们会花更多的时间去研究，而对于认为错误和无价值的东西会选择放弃。这种兴趣的聚焦有助于学生把有限的精力放在自己喜欢的领域，加深对相关学科的认知与技能掌握，从而产生学术成长目标的萌芽。当然，如果这种偏好不加以适当的引导，或建立在错误的学术方向上，则可能对学生未来的学术成长贻害无穷。

3. 能力成长期阶段的特点　学术成长目标初步建立后，还需要在实践中不断验证和调整才能得以确立。目标建立后学生会把重点放在提高学术能力方面，这样就自然过渡到能力成长阶段。这一阶段是一个漫长的成长过程，遇到的困难会很多。众所周知，中医药学具有知识体系庞大、学习任务繁重、实践要求高的特点，要获得学术能力的成长，不但要依靠持久的学习兴趣，更要依靠合理的学习规划、科学的学习方法、坚毅的学习耐力和优秀的学习习惯。因此，这一阶段能否在学习上获得成功更多地取决于学生的情商而非智商。不少学生在能力成长期面临种种阻力，在艰苦的学习风浪考验下，一些学生由于对大学学习方式不得要领，多门功课亮起了红灯；一些学生由于没有明确的发展定位，逐渐失去了学习动力，成绩步步滑落；一些学生不能抵抗安逸生活的诱惑，放松了学习要求，成为课堂上的"沉睡哥"；还有一些学生不懂得科学的学习方法，一心苦学却收获甚微，最终对自己的学习能力发生怀疑，产生了退学的念头……这种种现象均与能力成长期缺少学习指导有关。

在学业发展期内，学术兴趣的建立、学术目标的明确、学术能力的提升，三者环环相扣，成为此阶段的"三部曲"，因此，学术化目标是最为重要的阶段目标，其次才是职业化目标和社会化目标。此阶段，学术化目标是如何学好中医药知识与技能，这一目标的实现是多种因素共同作用的结果。除了前一阶段良好的学习习惯和优异的学习毅力的影响，还取决于良好的学习能力和学习策略。此阶段职业化目标比前一阶段有所深入，随着专业学习和职业体验的不断深入，大学生的前职业角色开始建立，如一些中医学生开始自觉不自觉地产生"我是一名医生"的角色感，并产生未来职业的愿景，因此，此阶段的职业化目标是通过自我认知与职业认知的联结建立职业目标。

（三）就业准备期阶段性特点与目标

一般而言，就业准备期指毕业前 1 年左右到毕业这一段时间。随着就业压力的增大和大学生职业意识的增强，大学生就业的准备已经大大地提前了，因此，就业准备期与学业发展期之间有一段重合。两个时期的差别在于阶段的目标，如果说学业发展期实现的主要目标是如何学好专业知识与技能，那么就业准备期的主要目标则是获得一份满意的工作。这一阶段同样可以细分为三个阶段。

1. 职业规划期阶段的特点　这一时期学生在获得专业能力的同时，也必须去探索自己的职业空间。每个学生都希望自己能学有所用。

这一时期在就业准备方面的特点是：学生开始探索自我的职业兴趣与职业性格，希望将来能愉快地工作，另一方面也在了解职业环境，希望寻找自己满意的工作条件与前途，在不加指导的情况下，学生获得的信息是肤浅而模糊的，他们很难在这些信息的基础上建立清晰的职业愿景，他们对未来的职业发展设想充满希望，但谈不上建立职业规划。实践证明：若在这一阶段没有建立科学的职业规划而直接进入下一个阶段，大部分人会因实习产生的经验而选择工作，少数学生视野相对狭窄，在求职中表现得更趋功利化，个别学生长期陷于职业迷茫之中，在就业竞争中缺少自信、缺少自知、缺少主动，并且没有向老师咨询。因此，学生在这一阶段中依靠科学指导，建立科学的职业规划十分必要。

2. 见习实习期阶段的特点　见习实习阶段既是大学教学的一种安排，也是大学生就业准备的必然阶段。在这一阶段中，学生在学术能力方面获得实践能力的提高，在职业准备方面则是通过真实的职业岗位经历积累从业经验，全方位地体验某一岗位的工作流程、操作工具、工作对象、职业环境、职业道德要求及其他任职条件等职位信息，形成对这一特定岗位的整体认知。如果参加见习实习的学生发现这个岗位与理想职业条件相匹配，很有可能直接促成就业。

这一阶段的特点在于学生在实习中获取经验的有效性取决于其职业目标的清晰性及实习行为的主动性。职业目标清晰的学生会有计划有步骤地积累工作经验，及时总结工作经验并加以提升，在未来的求职面试中表现出更多的职业成熟，同时，在实习中能主动地争取更多的工作尝试机会有助于经验积累，实习行为的主动性还包括不囿于学校的教学安排，自己主动利用课外时间有目标地开展职业实践。

3. 求职就业期阶段的特点　大学生活即将结束时，大学生进入了求职就业阶段，这是大学生从学生生活向职业生活的过渡时期。毕业在即的大学生大多面临着毕业生考试、论文答辩、求职择业等诸多抉择和思考，因此心理压力非常大，一些心理自我调控能力差的学生会因求职中遇到挫折和冲突而发生强烈的应激反应，产生种种情绪障碍和行为问题。

充分的就业前准备有助于减轻就业期压力。在前两个阶段做好了科学职业规划和丰富经验积累的学生将在这一阶段表现更加从容，他们面临的心理冲突主要是鱼与熊掌不可兼得的冲突，这些冲突多表现为他们难以在两家条件相当的单位间选择，难以在寻求生活安逸还是事业成就之间选择，以及到底是继续升学还是投身工作等。而对于那些在职业规划和经验积累方面准备不足的人，这一阶段要补的课可真是太多了。没有人是天生的职场高手，初涉职场，无论是求职、实习或就业，都要经历一个学习的过程和经历挫折的过程，因此，建议职业准备要早思考，早积累，早实践，必要时向学校就业指导老师寻求帮助。

进入大学最后一个阶段，其首要目标自然是关于职业化的。其次才是社会化和学术化的。职业化目标既可以是如何找一份好工作，也可以是继续深造、自主创业或者应征入伍等，所以此阶段的职业化目标可以用"做出职业选择"六个字加以概括。绝大多数学生会为就业而准备，这一阶段不但要有职业目标，还要学会进行职业规划，通过运用科学决策的技术进行职业信息分析，检验职业目标合理性，甚至要学习就业政策和面试技巧。

　　就业准备期的社会化实际是二次社会化的过程，大学学涯的第一次社会化是实现从中学生向大学生角色转化的社会化全过程，而就业准备期的社会化则是由大学生角色向职业人角色转变的社会化过程，这种社会化过程中对人格社会化和价值社会化要求更高了。在学术化目标方面，完成全部学习任务，获得学术方面能力的证书是主要的任务之一，同时，作为学术能力的升级，新的学习方式不断涌现，学习不再是人与知识之间的互动，快速学习、创新学习、组织学习、终身学习成为应对职业风险必备利器，这些都需要大学生尽快适应和改变。可以说：这一阶段几乎所有的社会化和学术化任务都是为了职业化而服务的，职业化是大学学涯的最终目标和归宿，也是职业生涯的准备和开端。

第四节　中医药院校学生学涯发展策略

　　在第三节中，我们结合医学类专业的学习特点，确定了大学教育的基本目标，但是目标的实现，来自脚踏实地的规划和实践。作为我国未来中医药事业的传承人和建设者，在大学期间，要让自己更加具有人文素养，夯实中医药经典功底，吸纳现代科学方法，掌握中医思维方式和拓展国际视野。这些目标都要通过学习来完成，接下来介绍 5 种有效的学涯发展策略。

一、传承中医文化，培养中医思维

　　国医大师颜德馨教授指出："世界观是思维的基础。"中国传统文化是中医思维的基础，而中医思维是中医学生学好中医首先要形成的思维方式，因此培养学生的中医思维十分必要。中医思维包括整体观念、辨证论治、阴阳五行、取象类比和未病先防等思想。无数前辈学者在谈到中医传承的问题时无一例外地都会强调中医思维的培养。中医思维正是中医科学观的意识思维体现。没有形成正确的中医科学观念，造成越来越多的中医学子对于中医学理论的掌握仅限于"知其然"而"不知其所以然"，也使越来越多的中医从业人员在诊断疾患和处判针药的过程中，因为不会运用中医思维而走上了"过分依赖医学检验结果"和"机械刻板地依据病名开药"的迷途，大大有悖于中医的根本理念。

　　如何才能形成正确的中医思维方式？首先应该认真学习中国传统文化。中医药学是中华民族优秀文化的重要组成部分，有着丰富的文化背景，根植于博大精深的中国传统文化之中。中医学是以古代哲学为基础，其中阴阳五行、精气学说、古代朴素辩证唯物主义思想对中医有极大的影响，这些无疑都蕴含于中国传统文化之中。只有将中医学理论放到中国传统文化的背景下加以认真研究解析，全面阐发中医学理论的思想文化基础，探索中医学理论起源和发展规律，才能真正领略中医学内涵。所以，学习中国传统文化，有助于对中医思维的理解。中医学的理论体系和临床实践，经过了几千年的经验积累和总结提升，在这个发展过程中，受到传统文化的深刻影响，其深厚的哲学文化底蕴孕育着深刻的生命科学内涵，可谓世界传统科学文化之典范。

　　对中国古代文化产生重要影响的有儒家、道家和佛家文化，其中对中医学产生重大影响的，当属道家思想。道家崇尚自然，中医学重视"天人合一"，两者思维方式是基本一致的。"天人合一"指的是人与自然和谐统一。《周易》作为古代思想文化的渊源，对中医药学和医药文化体系的形成和发展，产生了极大的影响。《周易》把人与自然看成一个不可分割的整体，用朴素的辩证思维观察自然和人类社会的复杂现象。如《周易·系辞上》所云："天地氤氲，万物化醇。"《黄帝内经》是现存最早的中医学专著，它吸收了《周易》"天人合一"观，并将之与中医学理论融为一体，逐渐发展和完善，形成了中医学的整体观念，认为人与自然环境是一个不可分割的整体，即"天人合一"。如《素问·宝命全形论》所云："天人合气，命之曰人。""人以天地之气生，四时之法成。"《灵枢·邪客》曰："人与天地相应者也。"可以说，道家的"天人合一"观，对中医思维方式的形成和发展起到了奠基石的作用，因此从道家"天人合一"的思想入手，加强传统文化教育，对培养学生的中医思维，将会起到事半功倍的效果。

其次，学好中医文化，重视中医经典著作。中医经典指《黄帝内经》《难经》《伤寒杂病论》《温病条辨》《神农本草经》等中医奠基之作，除此之外，古代医籍中凡有助于中医理论发展、创新，有助于提高中医各科临床实践水平者，皆可以称为经典医籍。中医经典著作都是历代医家思想、观点和经验的传承和总结，以文字的形式保留下来，更有利于继承和发扬。对于初学者来说，熟读经典著作可以更加全面地了解中医的发展历史、更深入地领悟中医的理论体系、更直观地感受中医的诊疗特点、更好地培养中医的思维方式。熟读经典著作，不是死记硬背，而是要用心去思考，提高中医思维水平，掌握中医认识和处理疾病的方法，灵活运用中医思维指导医疗实践。同时，熟读经典著作，不能是单纯地继承，而是要在前人的基础上有所创新。在不断的继承与创新中，丰富和发展中医思维。

资料链接

我国传统文化和中医药文化

中医学是中华传统文化不可分割的重要组成部分，也是最能体现中华优秀传统文化特质的部分。

中华传统文化是重"生"的文化。什么是"生"？《说文解字》说："生，进也，像草木生土上。"意思是草从大地上长出来，这叫"生"，是生命，是生存、生活，也是生生不息的过程。《黄帝内经》讲："人生于地，悬命于天，天地合气，命之曰人，人能应四时者，天地为之父母；人以天地之气生，四时之法成。""生之本，本于阴阳。"从某种意义上说，中华国学就是关于"生"的学问——生生之学、生命之学，中华传统文化就是生命文化。

"阴阳中和"是中华优秀传统文化的核心价值追求，也是生生之道的基本保证。中医"象数思维"是中华传统文化思维模式的典型，阴阳和五行是"气"的分化和表现形式，也是中医"象数思维"的基本模型。中医认为人体和宇宙万物一样充满"阴阳"对立统一关系。"阴阳者，天地之道也，万物之纲纪，变化之父母，生杀之本始，神明之府也。"

中医"仁和精诚"是中华文化核心价值观念的体现。"仁"是中医人的最基本要求，体现了中医从业者仁者爱人、生命至上的伦理思想。"和"是中医追求的最高境界，中医认为"天地合气，命之曰人"，人之所以会生病，就是因为失"和"——违逆了天地阴阳四时的规律，进而引发自身阴阳失和。"精"是中医职业精神的最高概括，体现了中医人的职业要求。生命至重，有贵千金。孙思邈《大医精诚》认为医道是"至精至微之事"，所以要求从医者首先要有精湛的医术，习医之人必须"博极医源，精勤不倦"。"诚"是中医行为的最高准则，体现了中医人格修养的最高境界。孙思邈《大医精诚》要求医者必须诚心救人："凡大医治病，必当安神定志，无欲无求，先发大慈恻隐之心，誓愿普救含灵之苦。"要有"见彼苦恼，若己有之"感同身受的心，"普同一等，皆如至亲之想"，不得瞻前顾后，自虑吉凶，护惜身命。亦不得"自逞俊快，邀射名誉"，"恃己所长，经略财物"。"澄神内视，望之俨然。宽裕汪汪，不皎不昧"的大医之体是"诚"的形象写照。

中医在数千年发展过程中不断汲取中华文化各家精髓，汉代医学汲取先秦儒道及其他各家的精髓，隋唐以后汲取儒释道的精髓。中医还不断汲取历代天文、数学、地理、物理、化学等自然科学知识。中医不仅是"科学史上的奇迹"，也是文化史的奇迹。

（改编自张其成文章《中医里面的国学》，2013.07.01，光明日报）

二、挖掘中医智慧，树立专业信心

我国传统医药之所以历经数千年而不衰，至今在医疗卫生保健中发挥着不可替代的作用，并且在世界传统医药领域处于领先地位，是由自身理论的科学性和优势所决定的。随着疾病谱的变化，老龄化社会的到来和健康观念的转变，中医药学的优势越来越显现出来，其科学性和先进性越来越被学术界、产业界所重视。新冠疫情发生以来，中医药全面参与疫情防控救治，展现出了独特优势，作出了重要贡献。进一步认识这些特色和优势，并在实践中加以发挥极为重要。

中医药对生命活动的认识，提供了人类认识和把握人体复杂体系的有效途径。中医药学整体观念认为，人体的生命活动是机体在内外环境的作用下，由多种因素相互作用而维持的一种动态的相对平衡过程。而健康则是人体阴阳维持相对平衡的状态，即"阴平阳秘"。平衡失调，就会导致器质性和功能性的疾病状态。中医学不是机械地孤立地看待人患的"病"，而是把"患者"看作一个整体，把"病"作为人体在一定内外因素作用下，在一定时间的失衡状态。治疗上，既要祛邪，又要扶正，强调机体正气的作用，通过调整机体功能状态达到治疗疾病的目的。这一健康观念目前已被人们普遍接受。

中医药浩瀚的经典医籍，是人生物信息的巨大宝库。中医药现存古典医籍8000余种，记载着数千年来中医药的理论和实践经验。这是绝无仅有的，尚未被充分挖掘的人类生物信息的宝库。中医药学研究人体生命活动规律的认知方法及其个体化诊疗体系，反映了整体医学的特征。中医学认为，人和自然是"天人合一"的关系，人体本身是形神统一的整体，因此，中医通过"望闻问切"以外测内归纳为证候，作为临床诊疗的依据，构成中医药因人、因事、因地的个体化诊疗体系。这是中医药的一大特点和优势，符合现代临床医学发展的趋势。

同时，中医药丰富的治疗手段和灵活的方法，符合人体生理病理多样性的特点。中医药对疾病的治疗主要采用药物和非药物疗法，并用内治和外治法进行整体综合调节与治疗。中医方剂是中医最常用的药物疗法之一，方剂的多种有效组分，针对人体的多因素，通过多环节、多层次、多靶点的整合调节作用，适用于人体多样性和病变复杂性的特点。非药物疗法以针灸、推拿为主，其中针灸疗法是我国古代的一大发明和创举，通过对人体体表穴位的刺激，进行整体调节，疗效显著，适用范围广泛。目前，针灸已经在世界近200个国家和地区使用。中医药的"天人合一，形神统一，动静结合"为主体的养生保健理论和丰富多彩、行之有效的方法，在提高人们健康素质和生活质量方面显示了良好前景。

确立专业信心，一是要坚守中医的信念，年轻的学子们可能会受到一些不良性信息的干扰，有些人不免妄自菲薄，让外行人影响了自己的信心，其实大可不必这样，因为中医的疗效是毋庸置疑的。二是要坚守中医经典，坚持学习和阅读经典，要耐得住寂寞，此外还要坚守中医的思路和方法。三是坚持继承名老专家的经验，不论理论功底还是临床水平，青年中医相对于上几代师长均有较大的差距，这直接影响了中医临床疗效的提高。

资料链接

王道坤：亲身经历的故事

20世纪60年代末，我从北京中医学院毕业后，参加工作的第二年，被调到金塔县去当老师。在生产指挥部办公室，我看到一个5岁双下肢截瘫的小孩，叫寿娃，是生产指挥部一位员工李春江家的小孩，十分可怜。当时询问情况之后，我说孩子可以通过扎针恢复。在场的指挥部主任斜着眼看我：小伙子，你不要吹了。他已经跑了上海、北京、兰州好多城市，都治不好，你能治好吗？要能治好的话我给你挂匾，但如果治不好，看你怎么收场。我说，我相信老师教给我的办法，我相信能治好他，让他站起来。事后，我和孩子的父亲及爷爷商量给他采取针灸治疗的同时配合中药治疗。我清楚地记得，陈佑邦老师讲针灸的时候说过，对截瘫患者要开四关，使全身的气血流通，就会治好。我当时就采用开四关的方法，也就是针刺合谷、太冲，加环跳、足三里穴。配合口服桂枝汤加味，经过40多天的治疗，小寿娃开始能扶着桌子走动了。又坚持治疗2个月后，他居然能独立行走了。生产指挥部主任虽然到现在也没有送匾，但他当时确实服气了。

这件事在学习班上传开之后，同学们对中医学更加增强了信心，学习中医学的劲头也格外地足了。这让我更明白了一点，这件事体现的并非我个人的能力，而是反映了母校教学的水平。时隔30年后，我们甘肃省参事室去金塔县调研，李寿娃已经是一名光荣的交通警察了，他和他的父亲闻讯赶到招待所看望我，我们一起高兴地合影留念，那张照片至今我还保存着。

（王道坤，甘肃中医药大学教授，享受国务院政府特殊津贴专家。材料来源于北京中医药大学官微）

三、注重文化创新，提升创新能力

创新能力是运用知识和理论，在科学、艺术、技术和各种实践活动领域中不断提供具有经济价值、社会价值、生态价值的新思想、新理论、新方法和新发明的能力。联合国教科文组织在其《学会生存》的报告中指出："人们对付当今世界性问题和挑战的能力，归根到底取决于人们能够激发和调动的创造力的潜力。"传承创新发展中医药是新时代中国特色社会主义事业的重要内容。传承是创新的基础，创新是对中医药文化最好的传承。现代医学发展的人文转向使得传统文化的人文资源不断受到关注，在推动实现中国式现代化的实践中，传统文化更加显示出当代价值，这是中医药文化创新的基础。在实际学习过程中，中医药学子们应该如何创新？

首先，中医文化创新来源于对中医经典文献的深度挖掘。中医目前面临的创新上的困境，其实往往并非因为科研能力不足、基础人才困乏，很大程度上是缘于对中医原创的发掘研究。多年来，为了促进中医学融入已发生巨变的现代社会，中医界一直致力于使中医"现代科技化"，以适应现代国人观念的转变，却忽略了使中医学真正实现创新、转型的另一条途径——努力发掘文献，从中医原创中汲取灵感。

其次，中医文化创新来源于中医药产业的进一步发展。产业化意味着一门学科的知识、产品具备了更为广阔的服务天地。中医药产业体系是健康产业的重要组成部分。《中医药发展战略规划纲要（2016—2030年）》中将中医药产业提升至"国民经济重要支柱"的地位，中医药健康产业的发展前景愈加广阔。中医人在学科创新的过程中，不仅仅要考虑理论的可行性、实验的科学性，还应充分地从实际出发，从病患的切身需要考虑，当这些考虑周到了，学科即具备了符合现实的意义，同时也具备了实现产业化的可能。这种创新的出发点、考虑的全面性可以视为一种产业化的视野。

中医药充分体现了自然科学与社会科学的有机结合，展示了现代科学一体化的新趋势。中医药的理论体系和临床思维模式具有丰厚的中国文化底蕴，体现了自然科学与社会科学、人文科学高度融合和统一。中医学这种以功能状态为切入点，并在宏观上借助哲学、社会科学、人文科学来分析、把握其变化规律的方法，在人类历史上是一种跨越，为人类认识自己提供了独特的思维模式、符合现代科学一体化的新趋势。中医药文化是一座宝库，但是长期以来，中医药创新之路步履艰难，中医药创新人才的不足成为发展的主要瓶颈。创新人才与常规人才的差别在于创新意识、创新能力，因此，提高创新能力对于培养创新人才，发展中医药事业至关重要。

当前，健康中国战略背景下中医药事业迎来了前所未有的发展机遇，但同样面临了前进过程中的巨大挑战——如何在科文并茂、百业兴盛的今天抓紧时机，进一步证明自己、进一步取信并服务于更多的百姓、进一步发挥独特优势推进健康中国建设，这不仅仅是熟读圣贤、掌握医技能够战胜的困难了。现代中医人必定要比古代先贤承担更多维系学科命脉的艰巨任务，不仅要有坐堂行医的本事，还应具备创新发展学科的信念和能力。

资料链接

陈竺、陈赛娟夫妇：用砒霜治疗白血病

白血病的治疗是医学界的一大难题。2017 年 2 月 9 日在 Cell 杂志上，国内白血病研究著名科学家陈竺、陈赛娟两位院士联合发表了题为 Poisoning the Devil 的文章，介绍了研发用砒霜"以毒攻毒"治疗白血病的背后故事。

20 世纪 70 年代，哈尔滨医科大学第一附属医院药剂师韩太云偶然了解到，民间一种含砒霜（缩写为 ATO）、氯化亚汞和蟾酥的偏方对某些肿瘤有一定效果。虽然由于作用机制不明，该药并没有推广，但是这件事情启发了陈竺、陈赛娟院士夫妇，他们接着导师王振义院士的成果，提出"协同靶向治疗"，用全反式维 A 酸和三氧化二砷治疗 APL（M3 亚型的急性骨髓性白血病），在 APL 的发病原理和治疗机制上迈出至关重要的第一步。

回顾科研生涯，陈竺、陈赛娟夫妇感触到从中西方古老的智慧中获益良多，特别是中国古老的"以毒攻毒"思想教会了他们如何辩证地看待问题，同时现代西方的科研训练、先进的科学技术也帮助他们在分子层面深入了解疾病进展的每一步，从而更有针对性地进行科研突破。陈竺、陈赛娟院士也表示在这条研究道路上他们还只是开了个头，这条道路还有很长的路要走。

四、参加社会实践，锤炼专业本领

实践就是人们能动地改造和探索现实世界一切客观物质的社会性活动，实践可以帮助大学生在接触社会的过程中剔除思想中不符合实际的想法，培养踏实的作风，运用辩证唯物主义的观点，有针对性地自觉开展自我教育、自我管理和自我服务，树立正确的世界观、人生观和价值观，真正成为"理想远大、信念坚定的新一代，品德高尚、意志顽强的新一代，视野开阔、知识丰富的新一代，开拓进取、艰苦创业的新一代"。

医学生从事的是救死扶伤的工作，在社会实践中培养其"大医精诚"的价值追求就显得尤为重要。通过与专业特点相结合的社会实践，学生可以从中发现自我，锻炼自我，学用结合，积极地把知识转化为自身能力，提高对专业知识的应用水平。医学生要通过第一课堂学习专业知识，

提高自身技能，并在社会实践过程中查漏补缺再学习，形成"学习－实践－再学习－再实践"的良性循环。因此，学生在选择社会实践活动项目、确定活动具体内容方面，应结合专业特点，开展专业实践，学以致用。"实践出真知"，只有在实践中面对和解决具体问题，才能促使大学生对所学知识重新进行思考，大胆提出质疑，学习目的性也更加明确，学习动力更强，对相关知识和能力掌握也会更迅速和牢固。

中医、针灸推拿、护理等专业的学生要多临床，早临床，反复临床。中药专业的学生要多动手，早实验，早实践，多实践。非医药专业的学生要做到课堂理论与社会实践紧密结合，只有这样，才能承担起发展中医药事业和运用中医药造福人类的重任。

资料链接

世界著名建筑大师格罗培斯设计的迪斯尼乐园，经过 3 年的施工，马上就要对外开放了，然而各景点之间的路该怎样联络还没有具体的方案。格罗培斯大师从事建筑研究 40 多年，然而路径设计却让他大伤脑筋。对迪斯尼乐园各景点之间的道路安排，他已修改了 50 多次，没有一次是让他满意的。后来他想了一个办法，告诉施工队在园区撒上草种。没多久，小草出来了，整个乐园被绿草所覆盖，在迪斯尼乐园提前开放的半年里，草地被踩出许多小道，踩出的小道有窄有宽，优雅自然。第二年，格罗培斯让人按这些踩出的痕迹铺设了人行道，1971 年在伦敦国际园林建筑艺术研讨会上，迪斯尼乐园的路径设计被评为世界最佳设计。

五、参与国际交流，拓展国际视野

中医传统文化博大而精深，包括中医、中药、针灸推拿等。2010 年 11 月，"中医针灸"被正式列入"人类非物质文化遗产代表作名录"。屠呦呦教授获得诺贝尔生理学或医学奖，又使全世界的目光集中到了中医药。不少外国学子来中国，正是通过中医来触摸和感受中华传统文化，"一带一路"更是为中医药国际合作提供了新的机遇。中医药全程参与全球新冠疫情防控，助力构建人类卫生健康共同体，赢得广泛国际赞誉。

中医药学是世界上唯一从古到今没有中断过的一门科学。几千年来不断发展，虽然曾经饱受打击与摧残，却仍矗立于世界医学之林，并通过教育与合作交流传播到世界各地，不断地加速国际化进程。继承和弘扬中医药文化，促进中医药文化的国际性交流，是中医青年必须践行的时代责任与历史使命。随着中医药迈向国际化的步伐不断加快，中医药人才更需要具备国际化的素质。

文化的广泛交流与取长补短是世界性的趋势，多元文化交融的机遇和挑战不可避免，中医药人要提升自己跨文化工作的能力，首先要具备较深厚的外语功底，有丰富的外语语言知识和外语运用能力，才能保证沟通的顺畅。同时，还要培养国际视野，了解、适应和接纳异国文化，尤其是异国的医疗风俗习惯，树立文化差异意识。

资料链接

我国中医药国际交流与合作相关资料

中医药已传播至 196 个国家和地区。中医药内容纳入 16 个自由贸易协定，建设 17 个国家中医药服务出口基地，建设 30 个较高质量的中医药海外中心和 56 个中医药国际合作基地，为共建"一带一路"国家民众提供优质中医药服务，推动中药类产品在更多国家注册。与国际标准化组织合作制定颁布 64 项中医药国际标准。藏医药浴法列入联合国教科文组织人类非物质文化遗产代表作名录。新冠肺炎疫情暴发以来，与150多个国家和地区分享中医药抗疫经验，向28个国家派出中医专家协助抗疫，为全球抗击疫情发挥积极作用。

（引自《推进中医药高质量融入共建"一带一路"发展规划（2021—2025年)》）

【联结自我】

1. 选择中医药类专业，是你的第一志愿吗？

2. 通过一段时间的学习，你觉得所学专业和预期一样吗？

3. 在大学里如果遇到了困难，你知道从哪里寻求帮助吗？

【教学案例】

杨明是某高校中医学专业本硕连读学制的学生，他进入大学校门后为自己确定了明确的发展目标，硕士毕业后先找一份理想的工作积累经验，再返校读博提升自己。为此，他的大学生活忙碌而充实，大一和大二的时候课程不算太紧张，他加入了学生会，并担任班长，通过学生工作锻炼了自己的各项能力，得了很多荣誉，积累了一定的人脉资源，并参加了一个学校组织的暑期社会实践重点团队，为落后地区送医问药；到了大三，课业压力大了，他将更多精力放在了学习上，同年通过了英语四、六级考试，并提高了自己的学分绩点，获得了奖学金。大四进入临床医院实习，很多人都报了托福或雅思班，准备申请出国，他没有盲从，一心一意做好医院实习，并申请了大学生科研课题，他的勤奋与好学得到了科室医护人员的一致称赞。到了需要找工作的时候，其他同学都在海投简历，杨明却早已得到医院科室主任和学校辅导员老师的支持，顺利留在了自己实习过的这家三甲医院。根据案例思考：

1. 结合自身实际情况，你觉得杨明的个人规划是否科学？

2. 在就业形势越来越严峻的今天，你觉得杨明进入三甲医院是运气还是实力呢？结合本章关于中医药事业特色和职业成长路径的知识，你觉得如果杨明留三甲不顺利，他还可以有哪些选择？

3. 你觉得杨明的学业规划还可以如何细化？

实践探索

1. 以"十年以后的我"为题目，围绕自己十年后的职业和生活，给未来的自己写一封信。

2. 以"我的理想"为题目，在班级或者宿舍同学面前，做一次主题演讲。

3. 阅读一本关于名老中医的书（比如自传、回忆录、学术专著），并问自己：从这本书中，你学到了什么？

4. 写一份学涯规划书。

第二章
职业生涯规划与生涯发展理论

扫一扫，查阅本章数字资源，含PPT、音视频、图片等

【写给学生】

　　一个人的职业生涯是一个漫长的过程，也是一段实践人生意义的历程。职业生涯理论是个人在职业生涯管理中解决实际问题的理论基础，是本门课程的重点学习内容。同学们在学习中要密切联系自身实际，加深对理论的理解和应用，不断提升运用理论解决具体问题的能力。

【引导案例】

桑代克的"猫"

　　美国著名心理学家爱德华·桑代克（Edward Thorndike，1874—1949）是动物心理学的开创者、心理学联结主义的建立者和教育心理学体系的创始人。1912年当选为美国心理学会主席，1917年当选为美国国家科学院院士。

　　桑代克运用各种技术来体现他的动物心理实验法。其中，最为著名的一个研究是饿猫逃出迷笼的实验。桑代克设计了一个"桑代克迷笼"，将饿猫关入笼中，笼外置一条鱼。饿猫须经三个分离动作才能打开笼门。第一个动作是提起两个门闩；第二个动作是按压一块带有铰链的台板；第三个动作是把横于门中的板条拨至垂直位置。唯有将这三个动作一气呵成，笼门方能自动开启。桑代克将其观察记录如下：

　　放入迷笼之后，猫总是表现出明显不安，并想逃出迷笼。它试图从迷笼的栅栏空隙处钻出来；它抓、咬栅栏板条；从空隙处伸出爪子去抓每一件它够得到的东西；它乱抓笼内的东西。它挣扎的耐力是惊人的。它可以连续8分钟或10分钟抓、咬、钻、挤。在冲动式挣扎中抓遍整个笼子。它可能一下子抓到门闩或踩到台板或触及横条，结果使门打开。逐渐地，所有那些不成功的冲动都被排除，而引导成功动作的特殊冲动由于导致快乐被牢记。直到多次尝试以后，猫一进入迷笼，就会立即以一种确定的方式去触发机关。

　　诸如此类的实验，使桑代克把复杂的问题解决学习（譬如饿猫学习逃出迷笼）还原为基本的刺激——反应形式，并提出学习的"尝试－错误"理论。在随后的研究中，桑代克根据动物心理实验的发现，提出了有关人类学习的三条主要定律：效果律、练习律和准备律，对关于人类的学习的研究做出了非常重要的贡献。

　　在职业生涯发展中，人们也同样经历着为寻找"出口"而不断盲目冲撞的行为。职业生涯作为个人生涯发展中一个重要的组成部分，其发展的顺利与否、发展质量的优劣都将对个人生涯产生重要的影响。由于职业生涯发展在时间序列上的单向性，个人在发展过程中不宜也不应像上例中的"饿猫"一样，去经历各种"尝试－错误"的过程来获得个人的发展经验。因此，学习成熟

的职业生涯理论，从前人的经验中汲取对个人职业生涯发展的有益指导就显得尤为重要。

在当今的大学校园，"职业规划""生涯规划""职业生涯规划""职业生涯发展规划"都已不是新事物。职业生涯发展规划作为西方文明的"舶来品"，已在中华大地生根发芽，走进越来越多的中国大学课堂。本章我们将概述职业生涯发展的含义、作用与目标，并重点介绍6种主要理论，为同学们下一步开展职业规划的具体操作提供理论基础。

第一节　职业生涯规划概述

一、生涯与职业生涯规划

（一）生涯的含义

"生涯"一词出自两千多年前庄子所说的"吾生也有涯，而知也无涯"。这里，生为生命，涯为边际、极限，后来引申为"生计""生活""生命历程"。广义上说，生涯是指人的生命意义的全部历程，包括从出生到死亡的整个过程和所有的生活内涵。狭义上指仅与职业有关的生涯过程。本节关于生涯的论述大多是从狭义的角度出发。中国台湾地区著名生涯辅导专家金树人将生涯概括为"一个人一生所扮演的系列角色和职位"的总和，包括各种有薪和无薪的职业角色，甚至包括公民和家庭角色，也包括职业的维持与变更、职务的升迁与职位变动等，是个体职业发展的整体"线路图"。

（二）生涯的四个属性

不同的学者对生涯的看法各不相同，然而各种观点均离不开生涯的四大属性，这四大属性分别为个人性、职业性、时空性和可变性。

1. 个人性　职业生涯是个人有关职业的发展历程，并具有强烈个人色彩的内心体验、认知特征和目标期待。一个人对其职业生涯是否成功的判定与外在评价和身份地位的获取不无联系，但更多的是一种内在的个人判定和主观感受。

2. 职业性　职业属性是职业生涯的最基本属性。因为我们一生奋斗的过程，都是以身心条件和技能开发为基础，以工作内容、绩效评价、薪酬福利、岗位等级的变动或迁移为标志的职业历程。

3. 时空性　一个人的职业生涯如同人的生命一样具有周期性。职业生命周期是建立在职业萌芽认知、入职前教育、寻找工作、职位变迁、职业转换、职业终结等一系列事件上的时间序列。而职业生涯又无法脱离自然与社会环境以及心理空间，生涯必须依赖于一定的空间而发生，空间既可为职业生涯提供无限的机会，也可能成为生涯发展的瓶颈，这便是空间性。

4. 可变性　一个人的职业生涯从最初的职业理想到最终的职业成功，受个人条件、生活背景、文化教育、组织环境、思想观念等诸多因素影响，而使生涯具备了多种发展的可能。在中医药界，有的人秉承家学，不断在专业领域上勤学苦练，最终成为一代名医；也有一些人在从事许多行业后，最终选回了治病救人之路；还有的人本来对医学之道并无向往，却因机缘巧合，被名师点化而入医门。这些不同的发展历程看似命运的安排，实则是个人不断选择与实现的过程。命运掌握在我们自己手中，职业生涯的可变性造就了每个人职业生涯的与众不同，为每个人挑战自我提供了机会。

资料链接

当代百名名老中医的医学成才经历

当代名老中医开始学医的年龄平均为 18 岁，最早的 6 岁，最晚的 40 岁；独立行医年龄平均 23 岁，最早的 11 岁，最晚的 40 岁；成为当地名医的年龄平均 34 岁，最早的 19 岁，最晚的 56 岁；省内成名年龄平均 40 岁，最早的 24 岁，最晚的 59 岁；国内成名年龄平均 46 岁，最早成名于 25 岁，最晚达 60 岁。

开始学医到独立行医的年龄平均为 5 年，独立行医到当地成名时间平均为 12 年，独立行医到省内成名时间平均为 18 年，独立行医到国内成名时间平均为 25 年。

82% 的名老中医有启蒙老师，只有 3% 是无师自通的。

名老中医的学医动机以行医济世和继承家学为首位，以行医济世为学医动机的达 76 人，占总人数的 76%。

老中医的学医形式以科班和家传为主要形式，超过 50% 的名医有从师、科班、自学的学习经历。

〔资料来源：黄利兴. 当代百名名老中医成才之路调查〔J〕. 江西中医学院学报，2007，19（2）：87-90.〕

（三）职业生涯规划的概念

职业生涯规划（也可称为生涯规划、职业生涯设计或职业规划）是指个人与组织相结合，在对个人职业生涯的主客观条件进行测定、分析、总结的基础上，根据自己的职业倾向，确定其最佳的职业奋斗目标，并为实现这一目标做出行之有效的安排。

中医药大学生职业生涯规划是指中医药及相关专业学生在对自己的个体特征和外在社会、行业、组织及个人环境因素进行评定、分析、研究的基础上，结合职业理想与职业生涯的预期，为自己设定明确的长期职业发展目标，并制订相应的发展步骤、各阶段职业发展子目标和具体活动的过程（图 2-1）。具体操作详见第五章。

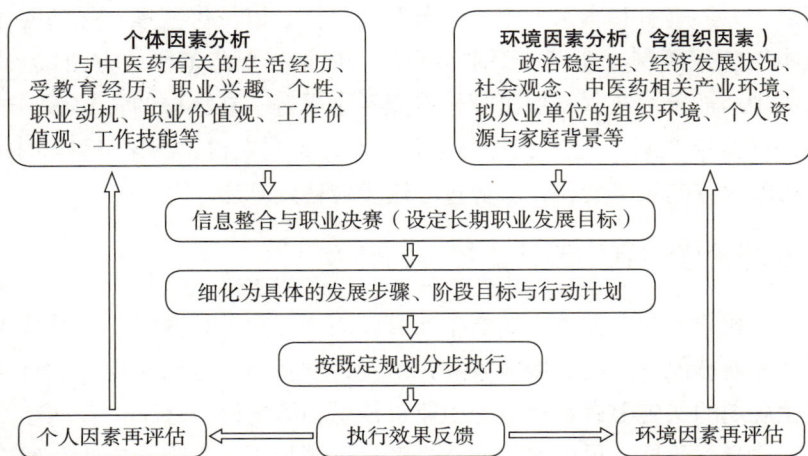

图 2-1　中医药大学学生职业规划流程图

需要指出的是，职业生涯规划是基于现实环境分析、未来职业环境预期及职业生涯规划者自我分析而做出的一系列科学决策与行动计划，但不是"一规定终身"。它是相对稳定的计划，但当主客观条件发生重大变化时，职业生涯规划需要在对个人与环境因素再评估的基础上进行修正与完善，有时甚至要对长期的职业目标"动手术"。

二、职业生涯规划的作用与意义

多年的研究与实践表明，开展职业生涯规划可以帮助大学生在对自己的个体特征和外在社会、行业、组织及个人环境因素进行评定、分析、研究的基础上，结合职业理想与职业生涯的预期，为自己设定明确的长期职业发展目标，并制定相应的发展步骤、各阶段职业发展子目标和具体活动的过程。这里的职业发展要符合时代要求、突出专业特点，体现自我发展，最重要的是科学合理，具有现实性和针对性。综合而论，职业生涯规划对医学生的未来发展主要体现在以下几个方面。

（一）了解职业世界与行业前景

近年来，党和国家越来越重视医药事业的发展，医药卫生事业进入了一个重要的发展机遇。医学生培养模式的改革、住院医师规范化培训制度的全面执行、以全科医生为重点的基层医疗卫生队伍建设规划正式启动等，都让医学生的教育成本、时间成本、成长成本有所增加。不少医学生正是因为对政策的不理解和制度的不了解、对就业形势缺乏客观的分析和判断，导致没有提前做好准备而惊慌失措，对前途感到迷茫，觉得就业越来越难，特别是随着用人单位的要求越来越高，对如何提早应对困难，如何客观分析，也没有长远的设想和思考，一定程度影响了自信心的建立和就业的成功。

本书对"外部世界的探索"环节，可以有效地引导医学生充分了解新医改政策及就业政策的最新趋势和内容，有针对性地帮助医学生分析有利的政策和把握时机，从而科学规划自己的未来。

（二）促进医学生自我价值与社会价值的实现和统一

医学职业是人类最崇高的职业之一，其根本任务就是维护和促进人类健康。中医药院校学生要科学规划自己的职业生涯，有意识地在规划中实现自己人生价值和医学价值的统一。

新医改政策以"人人享有基本医疗卫生服务"为目标，以"保基本、强基层、建机制"为原则，全面推进基本医疗保障制度建设，要求将全体居民纳入保障范围、方便城乡居民求诊就医、满足城乡居民基本用药需求、改善基层医疗机构服务水平等。在这样的背景下，国家把资金、项目、人才政策长期向基层倾斜，尤其是鼓励优秀卫生人才到农村、城市社区和中西部地区服务，使医学类毕业生的就业方向发生变化，就业重心逐步转移到基层。

（三）实现从理论学习到实践技能提升的转变

中医药院校学生相对于综合性大学的学生而言，由于行业的特殊性、不可替代性和学制较长等因素，决定了其专业技能要求高、职业素养标准高，学业压力也较文史类学科大，往往在职业理想的坚持和学业规划的实施上有着双重的职业责任感和历史使命感。

学生在进行理论学习阶段，可以运用职业生涯发展规划中的模型、方法和理论对职业前景充分想象，培养积极的心态，进而增强动力，产生更大的执行力，确保学业规划中理论学习的顺利完成。然而，医学生的职业环境决定了他们实践技能的应用及时性、紧迫性和专业性，"与死神赛跑""与病魔斗争"的职业特征不允许他们有更多的时间和平台去磨合和培养技术的成熟度，而是需要学、练、用同时进行。因此在大学期间，医学生就必须在获取学历学位证书的前提下，重视专业知识技能、自我管理技能和可迁移技能的掌握与运用，这也成了目前医药行业选聘人才的首要条件。

资料链接

有目标才有前行的方向

在茅以升的家乡，每年端午节的时候都会在秦淮河上举行龙舟竞赛。有一次当人们正兴高采烈地观看比赛时，桥突然坍塌，许多人掉到河里，人员伤亡不少。这件事让茅以升万分痛苦，随之一连串的想法在他脑海里翻滚：桥为什么会坍塌？能不能造一座承载压力大而又长期不塌的桥呢？正是秦淮河上这座桥的坍塌，使少年时代的茅以升下定决心：将来上大学一定要攻读土木工程专业，一定为国家造出永不坍塌的桥梁，避免此类悲剧的发生。从此，茅以升在自己的人生道路上开始了向桥梁事业高峰的艰难跋涉。

他处处留心、观察桥的构造，1911 年，以优异的成绩考入唐山路矿学堂学习。在校学习的 5 年中，他经过无数次的考试，每次大考都是全班第一名，5 年各科总平均为 92.5 分，这在以考试严格著称的唐山路矿学堂的历史上极为罕见。他记录了 200 本笔记，约 900 万字，摞在一起，足有一人多高。

1937 年，他主持设计和建造了中国桥梁建筑史上第一座现代化大桥——钱塘江铁路公路两用桥。这是第一座由中国人自己设计并主持建造的现代化铁路、公路两用桥，它的建造成功揭开了我国造桥史上新的一页，也成为中国桥梁史上的里程碑。

茅以升的名字和我国许多新建大桥一起，永远留在祖国的大江南北。他实现了个人的职业理想，也实现了为人民造福的愿望，推动了中国经济建设事业的发展。

（资料来源：茅以升．茅以升科技文选［M］．北京：中国铁道出版社，1995.）

三、制订职业生涯规划的原则

职业生涯规划的过程是规划者认识自我、分析环境、整合信息、做出决策的过程，其科学性与实用性是最基本的要求。为保证规划过程的科学性与实用性，应遵循以下四项基本原则。

（一）量体裁衣原则

制订生涯规划就像给人做时装，除了要满足美学的要求，最重要的是与人的气质搭配，款型要合身。人与人之间的内外在条件有很大的差异，他们的发展潜力无疑也会有很大的不同，因此，职业生涯规划是一项个性化的任务，没有千人一面的成功模板，必须要根据个人的具体特点进行规划。

（二）可操作性原则

职业生涯规划是个体达成目标而设定的规划与步骤，而非表达一下决心那么简单。规划的可操作性主要指目标的现实性、计划的可行性、效果的可评估性。其中目标的现实性表现为职业生涯的目标建立于个体现实条件基础之上，是规划者未来可能实现的目标；计划的可行性指规划者具备实现职业目标的资源，有具体的实施步骤；效果的可评估性指目标的实现与计划的执行过程有明确的评价指标，用以掌握实施的进度，使效果具有可以度量和检查的标准。

（三）阶段性原则

职业生涯规划的实现过程不是一蹴而就的，这与前面提到生涯的时空性特点有关。一个人在人生不同阶段面临的发展任务不同，承担的角色不同，所处的环境不同，能力状况也存在着一个周期性的变化，因而不同阶段需实现的目标也会不同。一套科学有效的职业生涯规划既要有长期目标与人生终极目标，也要有短期目标与中期目标，并在实施过程中经常进行阶段性评估，以调整既定目标，这就是阶段性原则。

（四）发展性原则

职业规划不仅仅是帮助大学生找到工作，更主要的是着眼于未来的职业发展，着眼于实现人生理想，因而生涯目标的设定是面向未来，且具有前瞻性。发展性原则还体现于以更积极的角度分析当前面临的困难与挑战。比如，某学生英语基础水平不高，这限制了其成为中医药海外文化交流专家这一长期发展目标的空间，发展性原则指导下的职业规划会帮助学生去突破而不是回避问题，并制订详细的提升计划以协助其一步步趋近目标。

总之，职业规划的原则体现了辩证唯物主义"一切从实际出发""具体问题具体分析"的思想，是职业规划活动最根本的指导思想。

资料链接

国外大学生职业生涯规划的四个阶段

国外有很多职业指导机构，有的父母在孩子很小的时候就给孩子做性格测试，看他适合从事什么职业。在西方许多国家，他们的职业生涯教育从小学便开始了，特别是进入大学之后，他们的教育形式更是多样化，如职业日、职业兴趣测试、社会实习等，他们非常注重学生对社会工作经验的积累，每隔一段时间都会邀请社会上各种职业的人士到学校介绍各自的工作；学校还定期组织一系列的模拟实践活动，年满14岁的学生则可以利用业余时间到校外打工，积累宝贵的工作资本。

国外大学生职业规划设计一般包括以下四个阶段。

（1）大学一年级：收集信息。学业方面：和辅导员计划学习课程；参与小组项目或研究。择业方面：在就业中心注册，了解就业中心资源，与职业咨询师接触；通过测试和问卷，了解感兴趣的专业领域和职业选择；和高年级学生或系里了解不同的专业和相关的职业；学习写简历，寻找暑期实习。社会活动方面：参加协会或俱乐部活动；休闲时间，和朋友在一起。

（2）大学二年级：探索职业。选择国外大学生职业规划设计的四个步骤。学业方面：选择专业前了解各专业的信息；积极地去认识一些老师、教授；取得一个好的学业成绩；加强计算机使用能力。择业方面：与职业咨询师评估和确定职业目标；更新修改简历；发展专业技能，做与职业目标相关的实习或研究项目；暑期实习工作。社会活动方面：参加或组织协会或俱乐部；参加学校运动队；认识来自其他国家的学生。

（3）大学三年级：获取经验。学业方面：选择学习其他专业或双学位，拓展职业选择；参加行业的讨论会；成为行业的学生会员；加强计算机使用能力。择业方面：和职业咨询师见面，确定兴趣、目标和价值观；准备考研或工作，留意考研信息和讲座；准备校园招聘；参加实习就业招聘会；留意就业中心的实习、工作机会。社会活动方面：参加协会或俱乐部活动；业余休闲，多和朋友在一起。

（4）大学四年级：做出决定。学业方面：积极地去认识一些老师、教授，最后选择专业，申请研究生；取得一个好的学业成绩；加强计算机使用能力。择业方面：分析总结四年来获得的经历，确认强项和技能，以及与职业相关的价值观；更新简历，参加就业技巧和面试技巧的培训；实际练习应聘技巧，并进行模拟录像面试；与亲朋好友和老师建立关系，抓住就业机会；参加校园招聘，同时留意校外招聘信息。社会活动方面：社会关系对你求职的帮助；意识到即将与亲朋好友关系的改变；对经济开支有一个预算。

该校的职业规划贯穿学生的整个大学生涯，对学生职业发展观的形成，增强择业能力和求职技巧很有帮助。

（资料来源于网络）

四、对职业生涯规划认识的误区

有人认为"职业生涯规划"是西方的舶来品，其实不然，我国古代就有学者对生涯规划有了较为完整的理解与认识，如《论语》中云："吾十有五而志于学，三十而立，四十而不惑，五十而知天命，六十而耳顺，七十而从心所欲，不逾矩。"完整地描述了一个人生涯发展的时间节点与意义；孙步凌先生也在一篇文章中分析到《三国演义》中的《出师表》就是典型的"职业生涯规划"。当然，在引入部分西方理论到中国的过程中，因为历史背景、经济文化差异等各种原因的影响，确实也导致人们对职业生涯规划的认识存在一定的误区和偏差。

（一）计划不如变化快，何须规划未来

这种观点认为，现在信息世界的变化太快，没有人能预测未来，只要踏实走好现在的每一步，就完全没有规划未来的必要。诚然，变化是无处不在，这正如河流里的泥沙，不知道下一秒是随浪花冲入大海，还是尘埃落定在当下的沙砾中。生涯规划的目的不在于帮自己确定一成不变的终身目标，而是在于让自己以积极、乐观、希望的心态去面对未来，不断探索自我与环境，做到知己知彼，审时度势，以不变应万变。

（二）只要做好规划，以后就万事大吉了

这种观点认为，只要认真做好生涯规划，按部就班地执行就可以。事实上，职业生涯规划是不可能一劳永逸的，它是相对稳定的计划，但当主客观条件发生重大变化时，职业规划需要在对个人与环境因素再评估的基础上，不断实施、调整、完善、整合自己的规划，形成一个动态的循环过程，首先完成小目标、近期目标，再根据变化与实际情况调整中长期目标，最终实现长期目标。

（三）等有时间了，我再进行规划

这类观点认为职业生涯规划是个时间活，需要花费大量的时间精力，而且需要沉下心来去思考、探索与总结，在目前学习任务重、时间紧张的情况下，确实无法完成，等有时间了再做也不迟。然而，所谓"时不我待"，生涯规划"未雨绸缪"的早期启蒙远好于晚期的"亡羊补牢"，提早花点时间在职业生涯规划上是必要的。职业生涯规划是一种主动选择，越拖延会让自己越被动。

（四）我的人生目标已经很明确，不再需要规划

这种观点认为，我的人生已经有了清晰的设定与设计，不再需要按步骤做那么详细复杂的规划了。比如，子承父业的富二代、兴趣爱好鲜明的艺术特长生，他们认为家庭或自己已经明确了未来的发展方向，或提前做好了各项安排，自己只需要按照既定的路线就可以达到目标，确实没有规划的空间。这同样是错误地把职业生涯规划看成是墨守成规的买卖。世事无常，没有人知道你行走在计划好的道路上会遇到怎样的障碍和变数，而职业生涯规划的学习，正好可以做到"居安思危"，而不至于在面对突然变故的时候措手不及，手忙脚乱。

（五）职业生涯规划就是就业的需要

这种观点把职业生涯规划的内容局限在了狭义的范畴，对职业发展的重要性并没有真正认识清楚，总觉得那是毕业前找工作才要面对的事情，而非贯穿于大学生涯的始终。实际上，"找工作""就业"只是一个行动的具体实施，它较多地关注行为层面，比如如何写简历、自荐信，如何参加面试等，这些都是很具体的技巧与方法，从某种程度上说，是可以通过短期、集中的方式来达到预期效果的，不能与"职业生涯规划"的功能混为一谈。职业生涯规划有助于帮助我们了解自我、认清自我和如何适应多变的外部环境，在"就业"的行动执行上做到有的放矢；还可以帮助我们在面临就业困境时，找到解决问题的方法与途径。职业生涯规划的目的绝不仅是帮助个人按照自己的资历条件找到一份合适的工作，更重要的是帮助自己筹划未来，拟定人生的发展方向。

【联结自我】

1. 计划与规划的区别是什么？
2. 影响职业生涯发展规划的因素有哪些？
3. 你有做过职业生涯发展规划吗？如果有，你坚持按照规划的路径在前行吗？如果没有，是什么阻碍了你前行的脚步？
4. 如果你愿意现在开始正视自己的职业生涯发展规划，你想怎么做？
5. 谈谈你的职业生涯发展目标是什么，以及你将如何实现这一目标。

第二节　职业生涯发展理论的历史演进

在第一节中，我们了解了生涯与职业生涯规划的有关知识。"一年之计在于春，一日之计在于晨"，而一生之计在于职业生涯规划。职业生涯规划是关系到一生发展的职业线路图，要想让职业生涯规划在一生的发展中成为定海神针，除了不能脱离实际，还离不开科学的理论指导。因此，在进行自我职业生涯规划时，掌握职业发展的相关理论显得十分必要。

一、职业生涯发展理论的形成

（一）职业指导的产生

任何的真知灼见首先来源于实践，上升为理论后最终指导实践，生涯发展理论也不例外。

在古代的农耕社会，人们过着随遇而安的生活，农业、商业和手工业者的职业生涯往往是师承或家传，很少面临严峻的挑战，帝王将相则以世袭制保证子女们有个衣食无忧的职业生涯，这

种生涯模式下是不需要什么职业发展理论的。19世纪末20世纪初，工业化浪潮吞噬了农民的土地，城市大规模扩张，人口快速膨胀，工业革命中产生的先进技术剥夺了多数人在传统职业方面的工作机会。传统的生涯模式面临着严峻的挑战，形成了一种纠结两难的供需矛盾。一方面，年轻从业群体对职业信息掌握不全面，不了解岗位所需的技能要求，无法做出适合自己的就业选择，出现了大量青年人"无业可就"的状况；另一方面，社会职业专门化对劳动技能提出了更高的要求，学校教育很难适应新生岗位技能的要求，用工企业出现"无工可用"的局面，就业信息介绍和人才中介培训的需求催生了"服务于职业领域的职业"——职业指导。

（二）帕森斯与特质因素理论

1901年，美国波士顿成立了民众服务中心，由美国波士顿大学教授帕森斯（Frank Parsons）负责，为新城市移民提供就业服务。帕森斯于1908年创办了波士顿职业局（Boston Vocational Bureau）。1909年，帕森斯根据多年的工作经验撰写了《职业的选择》，首次提出"职业指导"的概念，并系统提出了科学的职业选择理论——特质因素理论。特质因素理论帮助大量的青年学生通过人—职匹配的方式找到了适合自己的生涯发展之路。特质因素理论为生涯发展理论奠定了理论基础，尽管受到时代的局限，早期的特质因素理论对人的特性与职业环境的分析是相对静态的，现代职业环境与人才知识结构已经发生了巨大变化，但该理论中人—职匹配的核心思想至今仍对职业发展的理论与实践产生着积极的影响，帕森斯也因此被称为"职业辅导之父"。

1939年，在差异心理学和心理测评运动的影响下，明尼苏达大学的威廉姆逊在帕森斯特质因素理论基础上，将职业指导过程分为分析、整理、诊断、预测、咨询、追踪六个步骤，形成了一套独特的指导方法。这种强调直接建议的、以咨询者为中心的方法，因其明确地向咨询者提出建议，并带有浓重的教导意味，故被称为"明尼苏达辅导学派"或"指导学派"。很快，该学派所采用的方法迅速占据了职业指导的主导地位。

（三）我国职业指导活动的兴起

在几千年的历史发展过程中，我国形成的某些文化传统，如重道轻器、重德轻艺、重人伦轻自然、重人文轻科技、重知识轻技能、重修养轻能力等，在一定程度上制约了科学技术的发展，影响了人们的价值观和择业观，科举选士、儒者为官等制度又从国家政治的层面助长了这一文化现象的蔓延，因此，除了为官为士之路，几乎没有什么职业生涯设计可言，更不用说是理论了。

我国的职业生涯理论比西方要晚10余年，并一直受西方理论的影响，是一个不断吸收西方职业理论并加以本土化的过程。我国的职业指导可追溯到民国初年。

1916年，清华大学校长周诒春（1883—1958）为了指导学生进行职业规划，曾邀请伍朝枢、王正廷等社会名流赴校演讲，并让学生填写志愿作为分科的依据，首开近代中国职业指导之先河。

第二年（1917），全国最有影响的社会职业教育机构之一的中华职业教育社成立。欧美职业指导迅速发展引起了黄炎培先生（1878—1965）的高度重视，他于1919年在中华职业教育社刊物《教育与职业》第15期上特辟"职业指导"专号，并亲自撰稿介绍"职业指导"的目的、内容、意义、作用和方法等，对中国职业指导活动的兴起发挥了重要作用。1920年3月中华职业教育社成立了"职业指导部"，后又成立了"职业指导委员会"，在全国大中学校中推广"一周职业指导运动"，帮助学生升学填报志愿、择业和就业。

1927年9月，中华职业教育社创办了近代我国第一个为社会服务的职业指导机构——"上海职业指导所",聚集了王志莘、秦翰才、邹恩润、黄竹铭等一大批职业指导问题的专家。之后,南京、苏州、广州、福州、厦门、重庆等地也相继成立了职业指导所,并开办了"海外职业指导所"和"难民职业指导实验场"等机构,开展了更大规模的职业指导工作,且取得了很大的成效。自此,中国近代职业指导活动大范围铺开。

二、生涯发展理论的发展

(一)职业指导理论与生涯发展理论的分歧

从严格的意义上讲,早期以职业指导为工作目标的特质因素理论算不上真正意义上的生涯发展理论。特质因素理论以测评工具为依托,通过对职业特征和人的特质两个方面分别分析,并进行严格的匹配,对于协调供需双方的需求,满足新劳动力和新兴职业市场的需要是一种"短平快"的焦点解决技术。但随着社会和经济发展的加速,即时的咨询与指导技术越来越受到人们的质疑。人们在实践中发现,职场中的个人特质和工作的属性均是不断变化的,如果用特质因素理论的测试结果预测个人未来职业,则会使个体处于一个相对狭窄的职业选择通道中,一旦这个通道受阻,个体依然会面临失业的命运。这种看似算命的匹配方式,受到了职业指导者的攻击,形成了对传统职业指导理论的批判,继而新的职业理论应运而生。

传统职业指导理论与现代生涯发展理论最大的分歧在于以下三个方面。

1. 看待问题的出发点是组织还是个体　职业指导理论是从教育机构和职业服务机构的视角看待指导过程,尽管其对个体和工作均进行了客观的分析,力求做到人—职的匹配,但操作中更强调工作是主体,个体应该通过教育和训练使之更好地适应工作;生涯发展理论的倡导者则站在个体的角度看待职业问题,指导的目标是帮助个体分析什么样的工作更适合个体,更能发挥个体的潜能,获得更大的自我价值。

2. 特质是稳定性的还是变化的　职业指导理论认为,个体的内在特征相对稳定,工作的外在职能也是相对固定的,只要在科学测评的基础上进行匹配一定会产生人与职业的"黄金搭档",解决就业的问题;生涯发展理论则认为,个体的特性在年龄、环境等因素影响下存在着一个不断发展的过程,职业本身也会随着社会、经济等因素发生不可预期的变化。因此,仅仅找到工作并不能解决人的职业发展问题,只有依从人类心理成长规律和内在需求,开发潜能与工作技能,随机应变,才能获得职业的成功和人生的幸福。

3. 问题解决的目标是就业还是发展　职业指导理论的解决目标是减少信息的盲区和不对等,通过人与职业的匹配满足供需双方在职业上的需要,促进社会的稳定;生涯发展理论的解决目标是减少个人职业目标的从众性,从个体的心理发展阶段特征出发构建整体职业生涯发展之路,促进人的全面发展。

由此可见,职业指导理论为生涯发展理论奠定了基础,生涯发展理论是职业指导理论的延续,是从个体需要和毕生发展的角度对职业发展的诠释,扩展了职业指导的范围。另外,我们也注意到,两种理论的分歧就像科学研究中横向研究与纵向研究的差别,职业指导理论力求从变化中寻找人与职业的稳定因素加以匹配,解决的是此时此地如何达成匹配的问题;生涯发展理论则着眼于人的内在动力和阶段性特征,解决的是一生发展中如何不断匹配的问题,可谓各有千秋。因此,尽管生涯发展理论逐渐成为主流的职业理论,但特质因素理论仍然发挥着不可替代的作用。

（二）人本主义思想对生涯发展理论的影响

与传统的指导观念不同，人本主义强调人的主观能动性在促进人的发展方面的作用。指导学派往往是直接告诉求助者你是什么样的人，你应该如何做；人本主义则是询问你想成为什么样的人，你愿意怎么做。相比而言，人本主义给予被帮助者更多的关注、关怀、温暖与尊重，从而更好地促进人的自我实现。

1942 年，著名心理学家罗杰斯在他的《心理咨询和心理治疗》一书中提出：咨询的目的不是指导别人干什么，而是提供一种舒适的氛围给咨客，使他能自由地表达、自主地选择并最终自我实现。1951 年，罗杰斯的另一部著作《来访者中心疗法》问世。如今它已经成为心理学家和社会学家的案头必备，标志着人本主义心理学的成熟。来访者中心疗法不仅是一种心理技术，更是一种思想智慧，发散着人性的光辉，对生涯发展理论的构建产生着深远的影响。

在罗杰斯人本主义心理学的影响下，职业指导双方的关系发生了划时代的变化，职业指导者开始由关注问题本身转移到关注被帮助者自我发现的潜能、自我决策的愿望，在职业咨询与指导中建立了更多的信任，并给予了被帮助者更多自由发展的权利，同时也使职业指导过程由单向的以指导者为中心模式向以服务对象为中心的双向沟通转变，为个人发展心理学导入职业生涯理论体系奠定了思想基础。在实践中，职业指导者开始把工作的重点从开发更精细的职业素质测评工具转向探寻高效职业咨询的方法与技术，实现了从职业指导向职业咨询的迈进。

（三）生涯发展理论的构建

对生涯发展理论产生重大影响的历史事件是第二次世界大战。"二战"期间是职业指导理论最辉煌的时期，士兵的选拔促进了职业测评技术的完善，"二战"期间，大量的妇女走上工作岗位，为职业指导提供了空前的应用机会。但是"二战"结束后，男子回归工作岗位冲击妇女工作机会引发的女权运动，以及战后美国退伍军人安置问题中暴露的职业选择问题，已经不是简单的测评和岗位培训能够解决的了，现实问题迫使应用心理学家和社会学家们开始关注生涯发展的问题，不同学者形成了各自的理论体系。

就在罗杰斯推出来访者中心理论的同年，经济学家伊莱·金兹伯格（Eli Ginzberg，曾任哥伦比亚大学教授，总统顾问）和精神病学家金斯伯格（Sol W Ginsburg）、社会学家阿克塞尔拉德（Sidney Axelrod）和心理学家赫尔马（John L Herma）共同出版了一本名为《职业选择：通向基础理论的方法》的著作，介绍了青少年职业选择的过程与问题的实证研究，建构了职业选择模型。这一模型将青少年职业发展分为空想阶段、尝试阶段、现实阶段三个时期，首次提出了"职业发展是一个与人的身心发展相一致的过程"的理论。尽管该理论只是探讨了青年人进入职场前的职业选择问题，与舒伯的理论相比，覆盖的生命阶段相对短暂，但其影响了职业心理学达十年之久。

1957 年，工作于哥伦比亚大学教师学院，曾在"二战"前后投身于测评与安置工作研究的心理学家舒伯（Donald E Super，1910—1994）在多年从事的测评、自我观念、适应、成熟等有关生涯发展领域研究的基础上，首次使用了职业生涯这一概念。在其出版的《职业生涯心理学》一书中，舒伯集差异心理学、发展心理学、职业社会学和人格发展理论之大成，系统构建了职业生涯发展的 12 个基本命题和 5 个发展阶段的理论框架，把职业指导过程从平面沿着时间轴拉向立体空间。这一理论的形成标志着职业指导已经从一次性指导发展为毕生指导，为职业指导拓宽了工作领域。

时势造英雄，正如工业革命后美国移民潮为帕森斯提供了创造特质因素理论的机会，把他打造成一位生涯发展史上里程碑式的人物，"二战"前后的就业难题好像特别垂青于舒伯，最终把他引向职业理论大师的宝座。舒伯曾坦言自己本没想到这么早推出自己的理论，但在对金兹伯格等人的理论提出批评时才不得不正式提出自己观点。历史证明，舒伯的理论不仅比后者更完备，而且比后者对后世有着更深远的影响。

（四）生涯发展理论的繁荣

随着舒伯的生涯发展阶段理论逐渐得到社会的认可，20世纪60年代以后，更多的心理学家开始在生涯发展领域建立自己的理论，不同的学派各抒己见，形成一派繁荣景象。

精神分析学派的女心理学者罗伊（Anne Roe，1904—1991）提出了生涯选择的人格理论，认为童年经历、需要的满足和遗传等因素是人格形成的决定因素，会影响人的生涯抉择。她认为早年经验会增强或削弱个人高层次的需求，进而影响人的生涯发展。她特别强调早期经验对个体以后的择业行为的影响。她将父母养育方式分为三型六种，分别是关爱子女型、逃避型和接纳型。关爱子女型包括过度保护型和过度要求型，逃避型包括拒绝型和忽视型，接纳型包括爱的接纳型和不明确的接纳型。"过度保护型"的父母会毫无保留满足子女的生理需求，但由于达不到父母的期望，孩子的心理需求往往得不到满足。所以，在这种氛围下长大的孩子学会迎合他人的愿望以求得赞赏，渐渐变得依赖于他人，显示出较多的人际倾向。"过度要求型"的父母，对于子女需求的满足往往附加某些条件，也就是当子女表现出顺从的行为，或表现出父母认可的成就行为时，其生理需求或爱的需求才能得到满足，这种在父母的高标准严要求下长大的孩子会变成完美主义者。他们会为表现得不够完美而焦虑，因而在做职业选择时较为困难。在"逃避型"父母的教养态度下，无论是受到拒绝或忽视，儿童需求满足的经验都是痛苦的，即不论生理需要还是安全需要的满足都会有所欠缺，更谈不上高级需要的满足。所以，这类儿童日后会害怕和他人相处，不与人互动，倾向于在自己的工作岗位上，靠自己的努力满足自己的需求。"接纳型"家庭的氛围大体上是温暖的。在温暖、民主气氛下长大的孩子，各类层次的需求不会缺乏，长大之后也能做独立的选择。个体在成长过程中，要善于觉察自己的成长环境和当下行为之间的关联，通过自我觉察和自我关怀实现蜕变，从旧有的行为模式中走出来，建立新的经验，重塑行为模式。

人–职匹配学说的倡导者霍兰德（John Henry Holland）于1959年提出著名的人业互择理论，将职业环境和人格倾向进行分类，根据劳动者的心理素质和择业倾向，将劳动者划分为6种基本类型，相应的职业也划分为6种类型，即社会型（Social）、企业型（Enterprising）、现实型（Realistic）、常规型（Conventional）、研究型（Investigative）、艺术型（Artistic）。他发现六种人格倾向与六种职业环境有着密切的关联，从而开发出测评职业兴趣的方法。霍兰德的职业选择理论，其实质在于劳动者与职业相互适应，只有劳动者找到适宜自己的岗位，其才能与积极性才能得以充分发挥。此后，霍兰德的理论得以不断扩充和完善，他倡导从兴趣的角度出发来探索职业指导的问题，明确提出了职业兴趣的人格观，使人们对职业兴趣的认识有了质的变化。

行为主义学派代表人物斯坦福大学教育与心理学教授克朗伯兹（John D Krumboltz）继承和发展了社会学习理论，1996年，他提出了职业规划的经典理论之"主动构建理论"，并集中体现于《社会学习与生涯决策》和《生涯咨询》两部著作中。与其他理论相比，他对生涯决策中个体变量和环境变量的分析更为系统和清楚，其理论最主要的价值集中在两个方面，一方面是对生涯决定的研究，另一方面是对偶发事件与生涯发展关系的研究（机缘规划）。在生涯决定方面，他认为个人的社会成熟度在很大程度上依赖于对他人行为的学习和模仿，并由此决定他们的职业导向。影响职业决策的四种因素主要有：遗传及特殊能力、环境及重要事件、学习经验、任务取向的技能等。这些因素共同作用，使人们形成了关于自我和职业世界的信念系统、问题解决技能和试验性行动，并最终决定了人们的生涯选择，他强调丰富而适当的学习经验的重要性。关于自我的信念核心是对自己表现的评估和未来的预测，而关于职业世界的信念核心是对环境及未来事物的评估与展望。很多个体不能做决定，很大程度上是对自我和职业世界存在限制性信念。在机缘规划方面，他认为一直以来的生涯理论都在试图尽可能地降低生涯选择所面临的不确定，以使所有事情发生合乎情理，但忽视了不可避免的偶发事件的重要性。他认为偶发事件无所不在，意外的发生并不意外，偶发事件可能成为学习机会，应该对不能做决定的事件持开放态度，应该善用机缘，拥抱偶然，从中发现机会，甚至规划偶发事件，好奇、坚持、乐观、善于变通和敢于冒险是促进机会发生的五大因素。因此，善于拥抱偶然性，才是成熟的职业生涯观应有的态度。

三、当代生涯发展理论的趋势

（一）生涯发展理论面临的挑战

虽然生涯发展理论获得了极大的发展，但要解决不断丰富、充满变化的现实问题，理论必须要不断与时俱进。职业理论首先需要面对的难题之一是职业决策的复杂性问题。随着研究的深入，研究者发现，影响职业生涯决策的个体因素越来越多，引入决策的环境因素也越来越复杂，职业的分化越来越精细。面对庞大的职业信息，现代学者开始着手借助现代信息技术处理这些复杂信息，运用强大的云计算功能为人们做出更加理性的职业选择提供帮助，同时，这类计算机辅助手段也在思考如何使职业决策的过程更加人性化和简单化。

资料链接

信息高速路上的决策

现代社会是一个信息发达的社会，在激烈竞争的环境下，似乎谁拥有更多的信息，谁就会占据更有利的地位。

然而在真实的生活中却并非完全如此。许多人为了一个选择会花费大量的时间成本和经济成本。我们经常看到人们因想在网上团购一件衣服而花费数小时以比较性价和浏览评论，或是一个患者只是因为轻度的感冒而做数十项检验，我们真的有必要这样做吗？是否掌握的信息越丰富，我们就越容易做出理性选择？

答案当然是否定的。因为我们的决策是有目标性的，同时这个目标是不可能真正尽善尽美的。在这种过度要求下，我们得到的信息越多，花在比较和筛选方面的时间就越多，而决策就越迟疑。在有时间限制的压力下，产生冲动性决策的可能性会更大。

其实，要想在信息社会中做出理性的选择并不难，中医学的辨证思维为我们提供了法宝。随着现代科学技术的发展，我们在临床上获得望、闻、问、切的手段越来越多，即使采用循证的方式和计算机信息处理技术，也未必能起到良好的治疗效果，原因在于信息越多，干扰越大。要想辨证准确，使治疗取得效果，就必须依据宏观上对疾病的认识体系对临床表现进行分析，抽取核心部分进行分类管理，这就是中医辨证的思想。证与症只有一字之差，所包含的信息管理思维模式却有本质区别，由此可见，以中医学思想为代表的东方思维不但没有被时代所淘汰，反而在解决现代社会问题方面有着特别的作用。

除了前面提到的信息复杂性问题对理论的挑战，社会环境中的文化因素和经济因素亦对职业选择产生较大的影响，因此，许多关于文化和经济方面的维度被纳入生涯发展理论体系。

（二）生涯发展理论的未来趋势

当前生涯发展理论存在着信息化、本土化和个体化的发展趋势，在未来，以下三种倾向有可能会成为热点。

1. 生态化倾向　职业生态系统是自然－经济－社会复合生态系统的一个子系统，它也是一个开放的系统。由于个体的生涯发展与社会环境关系密切，因此可将生态伦理思想整合到职业规划中，以生态人替换经济人，个人生涯发展要融入职业生态系统中，向系统吸取、供给养分，与外界环境不断地进行物质、能量和信息交换，维持职业活力，寻求内外平衡，实现职业发展与环境的和谐共生。

生涯发展的生态学理论启示我们：中医药学子在成长成才路上，要保持开放的职业心态，树立终身学习的理念，及时更新观念和提高工作技能。职业成功的标准不仅要考虑自己的付出与收益，关心组织和工作能给自己的生涯发展带来什么益处，更要考虑自己能为组织做什么，给组织带来什么收益，使自己的成才与组织的发展联系起来，使自己成为发展中的人而不是赚钱的机器，这样才能实现人与组织在发展上的共赢。

2. 整合化倾向　丰富的理论为我们的生涯决策提供了广阔的视角，但也会给生涯决策带来迷茫。由于每一个理论有着自身产生的历史背景和环境因素，所以在解决现实问题时都带有一定局限性。现代学者们针对这方面的问题，尝试在工作实践中综合考虑心理、社会、经济等因素，综合运用多种理论解决现实问题，进而形成新的整合理论，这便是理论整合化的倾向。

目前职业界最有影响的整合理论主要有两个：一个是社会认知的职业理论（简称 SCCT），另一个是发展系统理论（简称 DST）。它们从不同的角度对职业发展和选择过程进行了分析，两个理论都强调发展的动力性、过程性、环境制约性、系统性特征，融合进更多的社会因素，因而对实际工作的指导作用更强。

职业发展理论的整合化倾向具有一定的现实意义。整合促使职业指导者放弃无谓的理论纷争，回到实践中来，从"有用就是真理"的角度和"拿来主义"的方式对待理论的应用。我们在进行个体的生涯设计时，既要学会应用理论指导自己的规划实践，又要灵活运用理论，学会从实际出发进行职业分析与职业决策。

3. 模糊化倾向　自诞生以来一直试图控制各类事件的进程，以获得成功或避免失败，却往往不能遂心顺意，其中重要的原因之一就是我们永远无法避免偶然事件的发生，因为偶然事件"必然"会发生。职业发展过程是高度复杂的，人类不可能预知并控制随机事件的发生。在职业领域，有一种理论关注随机事件对生涯发展的影响，指导人们关注、接纳并运用这一理论指导职业生涯的做法，这就是用混沌理论指导职业生涯发展的现实倾向。

混沌理论与量子力学、相对论并称为 20 世纪的三大科学革命，混沌是一个局部不稳与整体稳定的特定状态。其中初始条件的敏感性、分形和吸引子是混沌理论的三个基本概念，著名的"蝴蝶效应"就是初始条件敏感性的一种形象化的说明。

混沌理论对我们的职业生涯设计有着重要的启发作用，在生涯规划和执行中要充分重视职业发展的复杂性，关注偶发因素的影响（初始条件的敏感性），着眼于整体，把控时机而不是那些不切实际的程序，就像打太极拳一样，负阴而抱阳，外动而内静，敏感地把握时机，顺势而为，相时而动，最终获得职业的成功。

纵观生涯发展理论的发展历程，我们发现，理论的发展是顺应人对职业的诉求而延伸开来，并向未来而发展出去的。只要世界上还有职业，只要人类还在寻找职业自由之路，生涯发展理论就不会停止前进的脚步。

【联结自我】

1. 你认为职业生涯发展理论的发展在未来将会面临什么样的困境？

2. 有人说既然职业生涯发展理论的趋势有"模糊化的倾向"，那又何必要设定职业生涯发展规划的目标呢？为什么不能随遇而安？

3. 现代社会的"大数据"定位可以给职业生涯发展理论带来什么样的契机？

第三节　职业生涯发展理论

在《现代汉语词典》中，"理论"一词被解释为"人们由实践概括出来的关于自然和社会的知识的有系统的结论"。从这个概念中可以看出，理论是前人实践经验的总结，具有系统的结构，并在一定领域中具有普遍的适应性。在职业生涯管理领域，前人积累了丰富的经验，研究者们总结出了众多的理论，为人们的职业生涯管理提供了很好的思考框架与行为范式。本节将对常用的4种理论与后现代的2种具有代表性的生涯发展理论逐一介绍。

一、传统生涯发展理论

（一）帕森斯的特质–因素理论

特质–因素理论是最早提出的职业辅导理论，也是职业选择与职业指导最经典的理论之一，核心是人格特性与职业因素的匹配。该理论由美国职业指导专家帕森斯于20世纪初期创立，后期由美国职业心理学家威廉斯加以发展。

1. 基本内容　特质–因素理论指的是人们依据人格特性及能力特点等条件，寻找具有与之对应因素的职业的理论。帕森斯将其运用在职业指导方面，提出了职业选择的"三步范式"法。第一步，进行人员分析，评价个体的生理和心理特征；第二步，分析职业对人的要求，并向求职者提供有关的职业信息；第三步，人–职匹配，个人在了解自己的特点和职业要求的基础上，借助职业指导者的帮助，选择一项既适合自己又有可能成功获得的职业。

2. 核心概念　特质–因素理论有三个核心概念。首先是"特质"，主要指个人的心理特质，包括能力倾向、兴趣、价值观和人格等因素，这些因素可以通过心理测量工具来加以测量；其次是"因素"，指工作岗位必须具备的条件或资格要求，这些要求可以通过对工作流程、工作性质和工作目标的分析得以掌握；第三个是"匹配"，帕森斯认为匹配是职业指导的关键环节，就是把特质与因素相比较的过程和结果。因为特质源于人，因素源于职业，匹配是关键，所以帕森斯的特质–因素理论又称帕森斯的人–职匹配理论。

3. 基本假设　特质–因素理论的提出源于四个基本假设，并且四个假设在长期实践中均被证明是可行的。一是特质的独特性和可知性，每个人都有一系列独特的特性，并且可以客观而有效地进行测量；二是因素的共性与差异性，相同的职业对特质有共同的要求，不同职业需要配备不同特质的人员；三是匹配的可操作性，选择一种职业或选拔一名员工均是可实现的，并且人–职匹配是完全可行的；四是匹配对成功的预测性，个人特性与工作要求之间匹配度越高，职业成功的可能性越大。

4. 特质–因素理论的地位与不足　特质–因素理论之所以受到广泛的重视、产生了深远的影响，成为后来许多理论的基础，就在于这种理论为人们的职业选择提供了最基本的指导原则——人－职匹配原则。这一原则清晰明了、简便易行，加上当时各种心理测量工具和美国出版的大量职业信息书刊也为之提供了良好的支持，因此具有很强的可操作性。

特质－因素理论的局限性主要表现在两个方面：首先，该理论只强调个人特质要和工作要求相匹配，忽视了社会因素、经济因素等对职业选择的影响和制约作用；其次，该理论以静态的观点看待个人的特质和职业因素，忽略了个人和职业都是不断变化发展的这一基本事实。

【联结自我】

请回忆你的大学专业选择经历或一次工作选择经历（可以是临时性的）。思考并回答以下问题：

1. 你做出此次选择时考虑了哪些因素？

2. 你是如何做出选择的？

3. 你如何评价此次选择？

4. 如果按照特质－因素理论的思考框架来重新做出选择，你会补充考虑哪些因素？

5. 按照人－职匹配的原则，大学期间你将如何为将来的职业选择做准备？

（二）霍兰德的类型理论

1. 主要理论观点　霍兰德认为职业选择是人格作用的结果，人们对不同职业的兴趣是因为其人格属于不同的类型，不同的人格存在着差异性。他曾说："职业选择反映了人的动机、知识、人格和能力。职业代表一种生活方式、生活环境，而不仅仅是一些工作职能和技巧。做一个木匠不只意味着要使用什么工具，也意味着特定的地位、社会角色和生活模式。"霍兰德还相信人们对职业有着刻板的印象，就像人们常相信留胡须的中医师更有经验，女性更适合从事护理，会计精于心机，科学家不善社交，演员喜欢以自我为中心等，而这些不科学的职业成见却有着一定的准确性。

2. 基本假设

（1）从事工作的人都可以归纳为六种类型：实际型、研究型、艺术型、社会型、企业型和事务型。

（2）工作环境也可以分为以上相应的六种类型。

（3）人们更愿意在符合自己个性类型的环境中工作，这类环境有利于发挥个人的才能，获得成就，与个人的态度与价值相一致。

（4）职业行为是人格与环境交互作用的结果。"人和环境的匹配所导致的结果是可以用我们关于人格类型和环境模型的知识去预测和理解的"。

3. 人格类型与职业类型匹配模型　在上述理论假设的基础上，霍兰德进一步提出了人格精英与职业类型的匹配模型。霍兰德认为，同一类型的劳动者与职业互相结合，便能够达到适应状态，其结果是劳动者找到适宜的职业岗位，职业岗位获得了合适的人才，劳动者的才能与积极性便会得以很好发挥。霍兰德划分的六种劳动者类型及六种职业类型的具体内容，如表2-1所示。

表 2-1　人格类型与职业类型的匹配模型

类型	劳动者的人格特点	相对应的职业类型
现实型 R	（1）愿意使用工具从事操作性强的工作 （2）动手能力强，做事手脚灵活，动作协调 （3）不善言辞，不善交际	主要指各类工程技术工作、农业工作。通常需要一定体力，需要运用工具或操作机器。主要职业：工程师、技术员；机械操作、维修安装工人，木工、电工、鞋匠等；司机；测绘员、描图员；农民、牧民、渔民等

续表

类型	劳动者的人格特点	相对应的职业类型
研究型 I	（1）抽象能力强，求知欲强，肯动脑，善思考，不愿动手 （2）喜欢独立和富有创造性的工作 （3）知识渊博，有学识才能，不善于领导他人	主要指科学研究和科学试验工作。主要职业：自然科学和社会科学方面的研究人员、专家；化学冶金、电子、无线电、电视、飞机等方面的工程师、技术人员；飞机驾驶员、计算机操作人员等
艺术型 A	（1）喜欢以各种艺术形式的创作来表现自己才能，实现自身价值 （2）具有特殊艺术才能和个性 （3）乐于创造新颖的、与众不同的艺术成果，渴望表现自己的个性	主要指各种艺术创作工作。主要职业：音乐、舞蹈、戏剧等方面的演员、艺术编导、教师；文学、艺术方面的评论员；广播节目的主持人、编辑、作者；绘画、书法、摄影家；艺术、家具、珠宝、房屋装饰等行业的设计师等
社会型 S	（1）喜欢从事为他人服务和教育他人的工作 （2）喜欢参与解决人们共同关心的社会问题，渴望发挥自己的社会作用 （3）比较看重社会义务和社会道德	主要指各种直接为他人服务的工作。如医疗服务、教育服务、生活服务等。主要职业：教师、保育员、行政人员；医护人员；衣食住行服务行业的经理、管理人员和服务人员；福利人员等
企业型 E	（1）精力充沛、自信、善交际，具有领导才能 （2）喜欢竞争，敢冒风险 （3）喜欢权力、地位和物质财富	主要指那些组织与影响他人共同完成组织目标的工作。主要职业：经理企业家、政府官员、商人、行业部门和单位的领导者、管理者等
事务型 C	（1）喜欢按计划办事，习惯接受他人的智慧和领导，自己不谋求领导职位 （2）不喜欢冒险和竞争 （3）工作踏实，忠诚可靠，遵守纪律	主要指各类与文件档案、图书资料、统计报表之类相关的各类科室工作。主要职业：会计、出纳、统计人员；打字员；办公室人员；秘书和文书；图书管理员；旅游、外贸职员、保管员、邮递员、审计人员、人事职员等

4. 霍兰德职业类型理论的应用　应用霍兰德职业类型理论进行职业生涯探索的重点是找到属于自己的职业兴趣类型，具体的工具是"霍兰德职业兴趣量表"。测量后，在六个维度上会得到不同的分数，把这些分数由高到低排列起来，选取得分最高的一种或几种类型，然后在霍兰德发明的六角形模型（图 2-2）上找到自己的领地，就会很容易地发现属于自己的职业类型了。

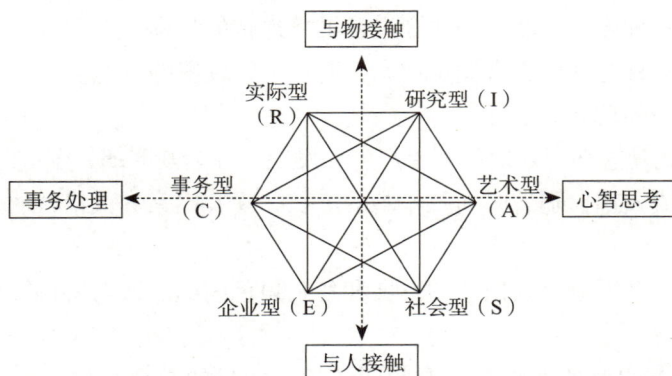

图 2-2　霍兰德职业类型理论模型

六角形模型是霍兰德理论精华之一。在六角模型中类型越接近的，它们之间的相似之处就越多；相距越远，类型间在行为方式或性格特征上差异越大。在图 2-2 中还可以看见有一个横轴和一个纵轴，两极分别代表事务处理—心智思考和与物接触—与人接触两组相反的职业兴趣测量维度。这两个轴同样可以对职业兴趣进行解读，从另一个角度对霍兰德模型进行验证。

通过大量的研究，霍兰德对职业进行了分类编码，用得分最高的三个类型字母表示该职业，表示某职业最主要的三种类型表现，使我们对职业有了更直接的理解；另外，霍兰德还对职业场所进行了分类，按照六类人群所占比例由高到低的顺序进行编码，用特定的代码表示职业特征，比如某类学校的代码是 SIACRE，可以使我们直观地了解到该组织内的人员以社会型、研究型最多的职业氛围特征。

测评系统的开发与职业世界的分类是霍兰德理论对生涯发展理论的两大贡献。由于代码的引入，职业分类被开发成一种职业全景图，使得职业匹配过程变得更加容易，寻求生涯发展的人不仅可以从自身职业类型出发进行职业规划，更可以突破对某一职业的认识，在相邻职业领域进行更多的探索。

【联结自我】

根据霍兰德职业类型理论开发的测评工具是职业生涯管理中应用非常广泛的工具之一，请你用一段安静的时间做做这个测试，思考并回答如下的问题：

1. 你的霍兰德职业代码是什么？

2. 这与你对自己职业兴趣的认识一致吗？

3. 你怎样看待这个测评的结果？

4. 对你有何启发？

5. 你觉得还有哪些方法能帮助你进一步探索或确认自己的职业兴趣？

（三）舒伯的职业生涯发展理论（阶段理论）

1. 生涯发展阶段理论　人生是奇妙的，人生阶段是起伏跌宕的，早在舒伯之前，人们就对人生有着各自不同的阶段划分。在心理学界，弗洛伊德从精神病理角度把幼年到成年划分为五个阶段，艾里克森则把人生划分为八个阶段。舒伯把人生阶段引入职业领域，以对待生命的态度研究职业生涯的过程，令他的生涯发展理论成为最有影响力的职业生涯管理理论之一。

舒伯根据布尔赫勒（Buehler，1933）的生命周期理论和列文基斯特（Lavighurst，1953）的发展阶段论，发展出一个诠释职业生涯发展的概念模式，提出了关于职业生涯发展的 12 个基本主张。

（1）职业发展是一种连续不断、循序渐进且不可逆转的过程。

（2）职业发展是一种有秩序、有固定形态，而且可以预测的过程。

（3）职业发展是一种动态的过程。

（4）一个人的自我观念在青春期就开始产生和发展，并渐渐明朗，于成年期转化为职业概念。

（5）自青少年至成人期，随着时间及年龄的渐长，现实因素如人格特质及社会因素，对个人职业的选择愈加重要。

（6）父母的认同，会影响个人角色的发展和各个角色间的一致与协调，以及对职业计划及结果的解释。

（7）职业升迁的方向及速度与个人的聪明才智、父母的社会地位、本人的地位需求、价值观、兴趣、人际技巧以及经济中的供需情况有关。

（8）个人的兴趣、价值观、需求、父母的认同、社会资源的利用、个人的学历，以及所处社会的职业结构、趋势、态度等，均会影响个人职业的选择。

（9）虽然每种职业均有特定要求的能力、兴趣、人格特质，但却有一定的弹性，所以允许不同类型的人从事相同的职业，或一个人从事多种不同类型的工作。

（10）工作满意度视个人能力、兴趣、价值观等个人特质是否能在工作中得到适当发挥而定。

（11）工作满意度与个人在工作中实现自我观念的程度有关。

（12）对大部分人而言，工作及职业是个人人生的重心。

舒伯的理论又叫自我概念发展理论，他把生涯发展划分为成长、探索、建立、维持和衰退五个阶段，每个阶段都设定了待完成的发展任务。每一阶段都有相应的成就水准，且是整个生涯的缩影，即从一个阶段转换到下一个阶段通常也是一个职业生涯循环，也要经历成长、探索、建立、维持和衰退的过程。如果不能完成发展任务，就不能顺利进入下一个阶段，有可能退回前一阶段重新"修炼"。

舒伯将生涯分为下面五个阶段。

第一阶段：成长阶段（出生到 14 岁）。该阶段是自我概念形成阶段，包括前职业期、幻想期、兴趣期和能力期四个时期，主要生涯任务有关心未来、增加对自己生活的控制、在学校和工作中取得成绩和获得胜任工作的习惯和态度。

第二阶段：探索阶段（15～24 岁）。该阶段是职业意识形成期，个体开始将生活和工作相联系。其阶段发展任务主要是职业偏好的结晶化、具体化和现实化。这三个任务相当于我们通常所说的职业规划、职业准备和实习实践的过程。

第三阶段：建立阶段（25～44 岁）。该阶段是职业领域的确立期，主要任务包括工作的稳定、巩固和提升。

第四阶段：维持阶段（45～65 岁）。该阶段为职业成就的保持期，其主要任务包括保持个人职业地位、更新知识和技能、创新做事的方法或发现新的挑战。

第五阶段：衰退阶段（65 岁以上）。该阶段为职业退出期，主要任务是学会休闲、准备退休和开始退休生活。

舒伯的职业生涯发展阶段理论比较全面完整，他所提出的 12 项基本主张，阐述了将个人特征与职业匹配的动态过程，并将制约个人职业选择和发展的心理因素和社会因素有机地结合在一起，对职业生涯发展的研究具有较高的理论价值和一定的实际指导意义。

2. 角色理论与生涯彩虹图　舒伯在生涯发展阶段理论的基础上，加入角色理论，他认为人在一生当中必须扮演九种主要角色，从幼到老依次为儿童、学生、休闲者、公民、工作者、夫妻、家长、父母和退休者，总结出基于生活广度和生活空间的生涯发展观，将生涯发展阶段与角色彼此间交互影响，描绘出一个多重角色生涯发展的生涯彩虹图，如图 2-3 所示。

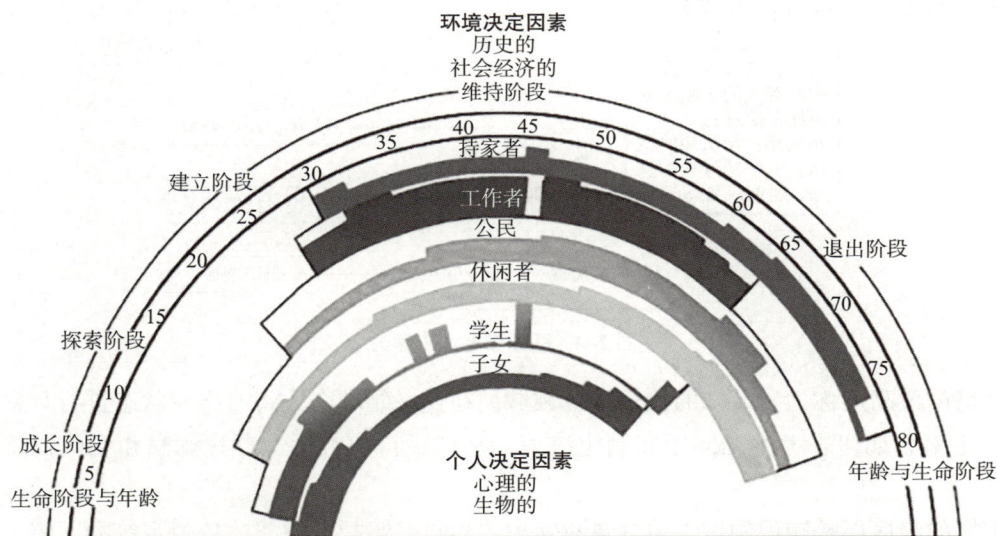

图 2-3　生涯彩虹图（Super，1976）

在生涯的彩虹图中，横向层面代表的是横跨一生的生活广度。彩虹的外层显示人生主要的发展阶段和大致估算的年龄：成长期、探索期、建立期、维持期以及衰退期。纵向层面代表的是纵贯上下的生活空间，由儿童、学生到父母和退休者九类职位和角色组成。生涯彩虹图常用于职业测量和职业生涯指导活动中，通过活动促进个体对人生的规划和角色定位进行全景思考，是非常有启发意义的职业发展工具。

【联结自我】

请结合舒伯的生涯发展阶段理论与角色理论内容，绘制自己的生涯彩虹图，并请完成如下思考题：

1. 请记录下你在绘制过程中比较明显的内心感受变化？

2. 这种变化会促使你采取什么行动？

3. 请描述你对所绘制的图中各个角色的角色期待是什么？

4. 这些角色之间存在冲突吗？你准备怎样来对待这些冲突？

5. 你认为他人（如父母、爱人、孩子、上司、下属、好友等）对你所承担的这些角色会有怎样的角色期待？

6. 问题 3 与问题 5 中的两种视角的"角色期待"之间有差异或冲突吗？对这种差异或冲突你怎么理解？

（四）皮特森的职业信息加工理论（决策理论）

1991 年，彼得森、桑普森和里尔敦三人合著了《职业生涯开发和服务：一种认知的方法》。在书中，他们提出了一种新的看待职业生涯发展的视角，即从信息加工取向看待生涯问题解决的认知信息加工理论。

1. 基本观点　职业信息加工理论认为，生涯发展是关于一个人如何做出生涯决策及在生涯决策过程中是如何使用信息的。该理论认为一个人仅仅掌握了自己的内在特质和外部工作世界的信息，未必就能做好生涯决定，解决生涯问题的能力，取决于个人的知识和认知操作的有效性，而生涯发展和规划的过程被视为学习信息加工能力的过程。

2. 理论模型　职业信息加工理论提出了信息加工金字塔模型，由知识领域、决策技能领域和执行加工领域组成。如图 2-4 所示。

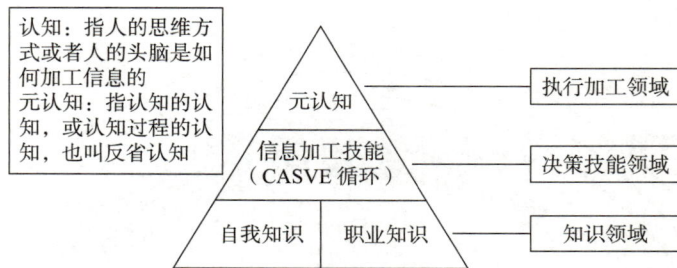

图 2-4　职业信息加工理论

金字塔的最高层称为元认知的执行加工领域。在这一领域个人将对自身状态进行觉察、监督和调控，主宰着如何思考生涯问题和制定决策，它包括自我对话、自我觉察和元认知监控三种方式。

金字塔的最底层是知识领域，包含自我知识（对自己兴趣、技能、价值观等的了解）和职业知识（对特定职业、专业等的认识）。知识领域相当于计算机的数据文件，需要我们进行存储，这是职业生涯决策的基础。

中间层是决策技能领域，关注的是"个体如何做决策"，其功能相当于计算机的程序软件，让我们所存储的信息进行加工处理。这个领域的信息加工技能包括交流（communication）、分析（analysis）、综合（synthesis）、评估（valuing）和执行（execution）五个阶段，缩写为 CASVE，这五个阶段，如图 2-5 所示。

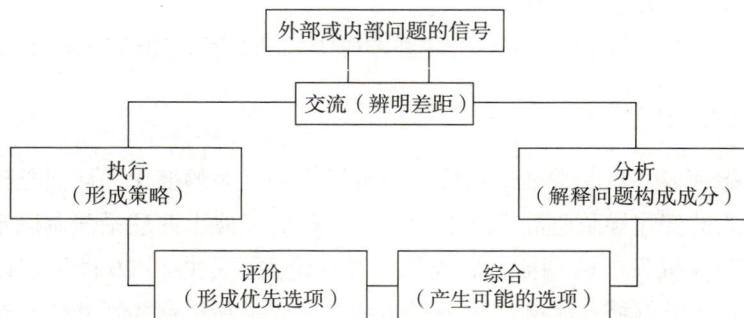

图 2-5　CASVE 认知决策过程

［资料来源：于泳红，汪航 . 当代国外职业决策理论模型解析［J］. 宁波大学学报，2008，30（6）：91-95.］

3. CASVE 职业决策的过程　信息加工理论重点关注的是如何决策，它展示了解决职业生涯问题的过程。在这三个领域中，知识领域是基础，没有全面且准确的自我认知和职业认知，个人将无法做出科学合理的职业决策，而执行领域则对知识领域和技能领域进行调控。其中任何一个层次出问题，都会影响职业生涯规划决策的质量。

（1）沟通　个人确认需求的过程，指当个体接触到外部或内部的信号后，开始意识到问题的存在及理想与现实的差距，于是进一步意识到有做出职业选择的需要。个人如果没有意识到自己的需要，后面的步骤则无从谈起。而外部和内部问题的信号刺激，可以产生外部沟通或内部沟通。

（2）分析　将问题的各组成部分相互联系起来，对现状进行评估，对所有的信息进行分析。检索自己在兴趣、技能、价值观、职业、学习机会、工作组织、行业类型等方面的信息，考虑和分析可能影响职业决策的积极或消极因素，其目的在于决策时避免冲动、盲目行事。

（3）综合　把前一步骤分析阶段提供的各种信息收集到一起，进行综合和加工，制定出消除问题或缩短差距的具体方案。在此阶段，个体首先要搜索查找各种解决问题的可能性，列出解决问题的选项，对每一个选项进行比较；然后再逐步缩小选项的范围，一般至少筛选出 3～5 个选项。

（4）评估　从可行性和满意度两方面评估保留下来的选择方案，从每一种选择对自己和他人的代价和利益两方面的差距进行考虑，并按照评估结果予以排序，得出最终的选择，且确保最有效地消除在沟通阶段所确定的，存在于现实与理想状态之间的差距的那个选择排在第一位。

（5）执行　指的是整套 CASVE 的最后一个环节，它意味着对你的选择付诸积极行动，并解决在沟通阶段所确定的职业问题。需要注意的是，决策是一个循环的过程，也就是说，在行动之后，还需要对自己的决定及其结果进行评估，有些可能进入新一轮的决策过程。

职业信息加工理论是帮助我们解决职业生涯问题和进行决策的简单而有效的方法。它关注的是在决策制订中，如何定位、存储和使用信息，并且能提供此人在解决职业生涯问题和进行生涯决策方面有效性的相关信息，帮助个人改善信息加工的质量。个人所做职业决策的成败与否，取决于每个信息加工环节完成质量的好与坏。如果沟通环节中的信息越充分，在分析环节中个体了解自己和自己的职业目标的程度越高，在综合环节对选项锁定越清晰，在评价环节中的策略就越可行，以及在执行环节中做到了监控与协调，则决策的效果越好。

【联结自我】

结合职业信息加工理论思考并回答如下问题：

1. 你的职业信息加工金字塔是什么样的？

2. 你面临的职业决策最主要的障碍是什么？

3. 职业信息加工理论可以为你解决职业生涯发展中面临的哪些问题？请具体分析说明。

二、后现代生涯理论

全球化、信息化和多元化的发展给当代工作世界带来巨大的变化，从而导致职业的多变性和组织流动性。而职业的变化导致生涯形式的改变，传统的经典生涯理论强调确定和可预测的生涯路径已不能完全满足生涯发展的特征。后现代生涯理论主要是指在20世纪末以来，西方后现代世界观和方法论进入生涯领域，生涯理论不断革新并形成了新观点和新变化。这里主要介绍在这些观点影响下提出的无边界职业生涯理论和生涯建构理论。

后现代生涯理论注重多变的社会环境和真实的个体生涯情境，它强调生涯的个体性，包容个体生涯发展的差异性；它用"混沌""无边界"等词语描述生涯的特征，正面接纳生涯的不确定性；同时，它强调"发展""适应"，而非完全"匹配"，关注个体因生涯角色转变并与之保持平衡的能力。后现代生涯理论还有一个显著特征，即个体决定自己未来的生涯方向，且作为生涯的主动创造者。

（一）无边界职业生涯理论

20世纪90年代以来，随着知识经济和信息技术的快速发展，企业的组织结构发生了根本性的变化，从传统阶级体现向更扁平的组织形式发展，虚拟化、分散化、小型化等多元发展趋势逐渐出现，无边界组织结构也逐步显现出来。

1. 基本内涵 1994年，Arthur在《组织行为》杂志首先提出，指超越单个就业环境边界的一系列就业机会；1996年，他又进一步修正和丰富了无边界职业生涯的内涵，指出个体的职业生涯不再是"绑定"或者受组织约束的，即使组织内职业路径日渐减少，也并不意味着个体工作机会的减少，职业路径应该包含跨越单一组织边界的一系列工作机会。无边界职业生涯理论将超越组织边界的职业生涯概念化，满足了长期以来对更宽更广、更具包容性的职业生涯概念的需求。

2. 无边界职业生涯与传统职业生涯的区别 无边界职业生涯的显著特征是人们跨越单一的组织，来往于多个组织，其职业具有一定的流动性。其中无边界职业生涯在雇佣关系、组织承诺、个人学习等维度上都与传统职业生涯有了明显区别，无边界职业生涯更具有灵活性，是通过个人能力来获得更高报酬的，其报酬的浮动能力也比较大，它注重过程和经历，与所获得的社会网络等息息相关。详见表2-2。

表2-2   无边界职业生涯与传统职业生涯的区别

维度	无边界职业生涯	传统职业生涯
雇佣关系	以绩效获取就业能力，实行弹性契约	以工作安全换取忠诚，实行固定契约
边界	多个公司	一个或两个公司

续表

维度	无边界职业生涯	传统职业生涯
身份	独立于雇主	依赖于雇主
技能	可迁移的	特定于公司
生涯管理责任方	员工个人	组织
生涯成功衡量标准	心理感觉上有意义的工作	薪酬、晋升、地位
培训	在职培训与学习、即时开展	正式程序开展培训计划
方式	短暂的、螺旋型	直线型、专家型
工作态度	工作满意度、职业承诺	组织承诺
生涯发展阶段	与学习相关	与年龄相关

3. 无边界职业生涯理论在职业生涯发展规划教育中的应用　无边界职业生涯对组织和个体都提出了新的挑战，对组织而言，为了吸引高素质人才，不仅在薪资、岗位、职业地位等方面加大投入，还要在工作满意度、职业满意度和社会认同感等方面给予更高的条件，从而全面有效地在各阶层进行管控；对个体而言，为了寻求更多更好的职业发展平台和发展机会，他们会在不同的组织中流动，全面提升自己的核心竞争力。

（1）树立良好的责任意识，以主人翁的姿态面对工作需要　在现代无边界职业生涯环境里，学生群体在管理自身的职业生涯时，应当具有更强的责任感，勇于担当和应对职业发展过程中的风险与不确定性。无边界职业生涯对职业人员提出了相对更高的要求，促使学生群体敢于从原来相对稳定的雇佣环境里走出来，直面和应对更具有多变性的职场复杂环境，并结合自身的职业内外部环境因素，有计划地开展职业生涯管理。更重要的是迫使大学生摒弃长期以来形成的职业依附心理和"铁饭碗"的职业态度，使他们更加明确责任意识在自我培养、自我发展中的重要性。

（2）重视自我认知，以主观认知形成职业成功的主要判断依据　客观、准确地开展自我认知有助于大学生对职业兴趣、价值观、性格、能力倾向、技能等方面的了解和科学合理地开展职业生涯规划的制订。在面对无边界职业生涯的管理中组织扁平化和外部环境的难以预测性时，能准确判断职业成功的依据将主要体现在对工作和职业的满意度、核心竞争力、胜任力、再教育与培训机会、社会尊重与认同等方面，着重体现在职业者主观认知的程度，而不是传统组织领域对职业成功评价标准的薪酬水平、职位水平上。

（3）坚持终身学习的理念，优化提升就业核心竞争力　对于无边界职业生涯理论的引入，很多学生对其认知并不是非常全面，在了解到无边界职业生涯的各种"自我"条件的同时，忽略了无边界职业生涯的实施条件和适应范围。学生个体在进行职业规划时容易形成空、大的盲点，常常会采取一些容易实现的短期利益来开展决策。比如一味强调工作的自由度和高薪的待遇，频繁转换工作岗位，错误地把这种经历认为是阅历的增加、工作经验的积累。实际上，用人单位会因为频繁跳槽人员的不稳定因素而放弃对其的青睐。无边界职业生涯理论关注的是个体的可持续发展，在这个过程中，终身学习的态度可以更加全面地增加参与就业的各种能力，从而使学生个体在职场上的核心竞争力不断加强。同时，因工作需要而开展的培训与再学习，是收集和分析职业相关信息的有效途径，可以有针对性地增强和提升自己的职业能力，以适应新职业环境的需求。

【联结自我】

1. 无边界职业生涯理论给自己开展职业生涯发展规划带来了什么挑战？

2. 结合学习实际思考，自己可以从哪些方面提升能力以适应无边界职业生涯环境。

（二）生涯建构理论

在快速变化和充满不确定的信息科技时代，组织或社会主导的传统生涯模式受到极大的冲击，由稳定、安全的雇佣关系变得灵活复杂。这种转变，是个体从根据社会职业规范的自我组织向根据职业成长规划的自我延伸的进步体现，体现的是个体的职业生涯建构过程。

生涯建构理论是由美国职业辅导实践与研究的资深学者 Mark L.Savickas 教授在 2002 年正式提出的，主要探讨个体如何通过一系列有意义的职业行为和工作经历来构建自身职业生涯发展过程。

1.基本内涵　生涯建构理论认为，个体职业发展的实质是追求主观自我与外在客观世界相互适应的动态建构过程，而不同个体以"适应"为核心的生涯建构模型所建构的内容和结果也是不一样的。该理论指出，个体应综合考虑自己的过往经验、当前感受以及未来抱负，做出职业发展行为选择，而职业生涯发展则是个体围绕职业生涯的人生主题而展开的主观建构过程。

2.生涯建构理论的组成部分

（1）人生主题　生涯构建理论的第一个重要组成部分是人生主题，源于 Super 的理论，即职业生涯发展的动态展示。工作为个体提供了一个发展的情境，每一个个体人生的重要定位，对于个体而言都是有意义的。过去，社会组织希望找到合适的员工来塑造职业成功和工作满意的典范，而人生主题观点则让个体通过建立关联来整合主观与客观世界，通过具体工作体验来体现自身价值、能力和意义。人生主题一方面使个体对所从事的工作承担责任，另一方面使得个体关注他们所从事的工作对社会的贡献以及对他人产生的影响，从而增强其社会价值感。

生涯故事是生涯建构理论提出的一个概念，旨在揭示个体用于做出有意义的选择和适应工作角色的主题。通过这些关于工作人生的原型故事，揭示在个体面临的职业发展任务、职业转变和工作创伤中的生涯建构的动力，让个体理解伴随工作人生的动机与现实意义。

（2）职业人格　职业人格涉及与个体生涯相关的能力、需求、价值观和兴趣。在个体为最终进入工作世界做准备的过程中，每个个体职业人的形成与发展受到家庭、学校和社会环境的多重影响。生涯建构理论更倾向于将兴趣和其他与生涯相关的物质视为适应的策略，而非现实的状态或者特点。Savickas 认为，兴趣是不断变化的，与生涯相关的能力、兴趣和价值观是相互关联的现象，它们共同反映社会建构的意义。

生涯建构理论还认为，工作环境中因为控制和管理而产生的相似性，导致具有不同潜能的个体，形成各种职业人格类型和职业群体，因此，应该更加重视个体在工作中会发生什么变化，而不是他们在工作前是什么状态。

（3）生涯适应力　生涯适应力是生涯建构的核心，它是指个体在应对各种工作任务及角色转换中进行自我调整的准备状态或社会心理资源，体现了个体在生涯发展过程中面对外部挑战所具备的核心能力。生涯建构理论认为，建构活动构成了一个适应周期，当新的变化出现时，此周期会阶段性地重复出现。例如，对于每个员工而言，每次新工作的开始都意味着一个新角色的成长阶段也即将开始，包括探索工作职业和薪酬、工作要求和工作流程等，随后逐渐适应这个角色，并在一定时间期限内管理这个角色，最终或是为了寻求更好的发展而转向其他角色，或是组织关系的变化导致其职位的变化。

一般有生涯适应力的个体比较关注职业前景，具有较强的对自身职业未来的掌控力，并具有较强的实现自我期望的信心。

3. 生涯建构理论的应用

生涯建构理论不但能帮助个体了解整个生命周期的职业行为和职业人格类型的内容，以及不同人的职业偏好，还能考察人生主题赋予职业行为意义的动力，以及如何通过不同方式使自己的工作适应其生活。生涯咨询师和研究者，可以探索个体如何通过利用人生主题，把职业人格的自我组织性和生涯适应力的自我延伸性整合为一个整体，引导个体进行职业选择，提高其职业适应能力并建构自己的职业生涯。

【联结自我】

1. 运用生涯建构理论，分析你是如何成为今天的你。

2. 分组讨论：

幼儿园或小学低年级时，我们都听过灰姑娘的故事。听了之后，老师或父母还会问我们，你最喜欢哪个人物？（大家一般都选择灰姑娘）。故事里谁最坏？（也没有任何悬念，当然是继母）。只是，这个故事，我们可不可以运用生涯建构理论来进行不同的解读？

（1）灰姑娘为什么在舞会上能引起王子的注意？

（2）如果继母没有让灰姑娘去参加舞会，灰姑娘还能遇到王子吗？如果你是继母，你会让灰姑娘去参加这个舞会吗？为什么？

（3）如果没有老鼠、仙女等的帮助，灰姑娘能到达舞会，并遇到王子吗？为什么？

（4）如果灰姑娘自己不去，还会有后面美好的结局吗？请说说原因。

通过生涯建构理论的运用理解，你有什么感受？

【教学案例】

只想问路在何方

西撒哈拉沙漠中有一个名叫比塞尔的小村庄。它因依傍在一块 1.5 平方公里的绿洲旁而风光旖旎，游客如织，现在是一个很有名的旅游胜地。

但是在此之前，却没有一个人能从这里走出去。据说不是这里的村民不愿离开这块贫瘠的土地，而是他们尝试过很多次都没能走出来。1926 年，英国皇家学院的院士肯·莱文听说此事，感到不可置信。他利用三昼夜的时间从沙漠边沿赶到了比塞尔，用手语向这儿的人们询问原因，结果每个人的回答都一样：从比塞尔向外，无论往哪个方向走，最后都会转回比塞尔。肯·莱文当然不迷信这个说法。为了推翻这种说法，他做了一次试验，从比塞尔村向北走，结果三天半就走了出来。

为什么比塞尔人就走不出来呢？感到非常纳闷的肯·莱文只得雇了一个比塞尔人，让他带路，看看到底是怎么回事？做好了充分的准备后，他们出发了。10 天过去了，他们走了大约 800 英里的路程，第 11 天的早晨，一块绿洲出现在眼前，他们果然又回到了比塞尔。原来，比塞尔人之所以走不出大漠，是因为他们根本就不认识北斗星！

在一望无际的沙漠里，一个人如果跟着感觉往前走，他会走出许许多多、大小不一的圆圈，最后的足迹十有八九是一把卷尺的形状。比塞尔村处在浩瀚的沙漠中间，方圆上千公里，没有指南针，想走出沙漠，确实是不可能的。

肯·莱文在离开比塞尔时，带上了和他合作的那位名叫阿古特尔的青年。他告诉这个青年，要他白天休息，夜晚赶路，而夜晚要始终朝着北面那颗最亮的星星走。阿古特尔照着去做了，三天之后，阿古特尔果然很顺利地来到了大漠的边缘。

现在的比塞尔早已成为撒哈拉沙漠的一颗璀璨明珠，每年有数以万计的游客来到这里，为比塞尔带来了丰厚的收入。作为比塞尔的开拓者，阿古特尔的铜像被竖在小城的中央。铜像的底座上刻着一行字：新生活是从选定方向开始的。

案例分析问题：

1. 为什么比塞尔小村庄的村民总是走不出去？

2. 比塞尔小村庄通往外界的路是什么？

3. 在职业生涯发展规划的实施中，如何才能摆脱卷尺状的职业生涯轨迹？

实践探索

大一新生刚刚经历了高考的洗礼，迈入梦寐以求的大学校园，人生开启了一个全新的篇章。长期以来，考个"好大学"如航标灯一样指引着学子们不分寒暑地努力学习，生活过得虽单调但却很充实。进入大学校园，同学们开始了自主安排学习和生活的新阶段，对很多同学来说意味着终于可以远离"无微不至"的父母的监管，获得渴望许久的"自由"。但是很多同学在如释重负的同时也陷入了深深的迷茫和苦恼之中，"就业"虽然离自己还很远，但仍免不了时不时让自己紧张和担忧。

请运用本章中所学习的职业生涯发展规划相关理论（至少用 3 种理论）来综合分析：

1. 大一新生为何会出现这样的问题？

2. 有什么样的措施可以帮助这些同学度过迷茫和苦恼的状态？

扫一扫，查阅本章数字资源，含PPT、音视频、图片等

【写给学生】

认识内在自我，包括职业性格、职业兴趣、职业技能和职业价值观方面的自我认知和探索。进行科学、客观、全面地自我探索，做到真正认识自我、了解自我，是职业生涯规划的起点，也是使自我实现成为可能的基本前提。本章的重点是掌握探索职业性格、兴趣、技能和价值观的方法。在学习方法上要注重紧密联系自身实际，注重实践运用，积极自觉地运用相应的方法进行自我认知，从而为自身职业生涯规划及发展奠定基础。

【引导案例】

学子心声

心声一："我是被调剂到这个专业的，曾经也努力地投入过。可现在越学越没有兴趣，对未来十分迷茫，不知道自己今后能做什么……"

心声二："朋友和家人都说女生学中医好，学一门技术，工作稳定，好就业，我觉得他们说的也有道理，可是入学后发现，我对中医专业课和大量需要记忆内容的学习实在没有兴趣，这该怎么办啊？"

心声三："我想在北上广深地区找个三甲医院当医生，可现在用人单位要求越来越高、机会越来越少，就是留在学校所在地也很困难，怎么办？"

心声四："考上大学以后，反而对未来更迷茫了。未来是选择考研？就业？还是出国留学呢？是先就业再考研？还是读完研究生再就业呢？"

心声五："我面试了不少医药企业，表现还都不错，现在手里拿到了好几个offer，我不知道应该怎么选择？"

心声六："我就是一个普普通通的大学生，学的专业很一般，成绩并不出色，也没有什么特长，感到自己的能力非常不足，缺乏很多技能。想到找工作，我就发怵。"

心声七："我毕业后想做我喜欢的事情，可是我的父母坚持认为我应该从事更有'钱'途的工作。他们让我考研的专业我一点也不喜欢。"

你是否也曾遇到或者听到与上面类似的问题？究竟问题的根本原因在什么地方？我们该怎么办？在传统的职业模式中，一个人的职业生涯很少发生变动，即使有变化也在组织内部，通常与一位雇主保持长期的雇佣关系。但在科技日新月异、社会迅速变革的今天，新的职业不断产生，终身依附一个组织的固定职业不断削减，独立的、不依赖于任何组织的自由职业不断产生。外在职业环境的变化使得从一而终、单一发展方向的职业生涯模式逐渐退出历史舞台。当代中国人在

个人的职业生涯发展中，拥有了越来越多的选择机会和自主权利。可以说每个职场人的职业生涯都掌握在自己手里，同时也受着职业大环境的影响，永远都不知道下一个职业生涯的拐点会在何时出现，加强自我职业生涯管理是时代对个人提出的要求。自我认知是自我职业生涯管理的基础，唯有不断认识自我、完善自我，才可能更加从容地面对职业和职业环境的改变。

第一节　自我认知概论

"认识自己"这句镌刻在古希腊德尔菲城神庙里唯一的碑铭，犹如一把千年不熄的火炬，表达了人类与生俱来的内在要求和至高无上的思考命题。对自我的探索是大学生认识自我、悦纳自我、发展自我、完善自我过程中的首要问题。我到底是什么样的人？我到底要成为什么样的人？我到底要过什么样的生活？我为什么要努力奋斗？一生中对我最重要的到底是什么？我的职业目标是什么？我喜欢什么职业？我的性格适合从事什么职业？我能做什么？诸如此类的疑问时时困扰着当代大学生，下面我们就一起来开启自我探索之旅，了解自我认知的方方面面。

一、自我认知的概念

自我认知（self-cognition），也叫自我意识，是对自己的洞察和理解，是主观自我对客观自我的认识与评价，是自己对自己身心特征的认识，包括自我观察和自我评价。自我观察是指对自己的感知、思维和意向等方面的觉察；自我评价是指对自己的想法、期望、行为及人格特征的判断与评估。正确的自我认知，对个人的心理及其行为有着重要影响。

自我认识在自我认知系统中具有基础地位，属于自我认知中"知"的范畴，其内容广泛，涉及自身的方方面面。对自我认识的探索，重点放在三个方面。

第一，认识到自己的身体特征和生理状况。

第二，认识到自己在集体和社会中的地位及作用。

第三，认识到内心的心理活动及其特征。

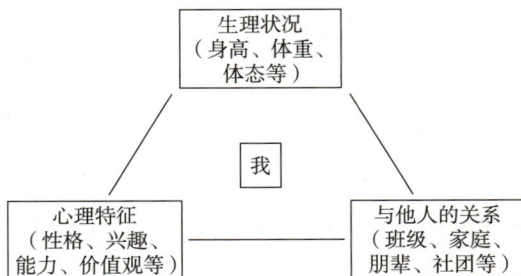

图 3-1　自我认识

二、自我认知的作用

（一）自我引导作用

个人需要按照保持自我看法一致性的方式行动。自我认知在引导一致行为方面发挥着重要的作用。自我认知探索积极的学生，成就动机和学习投入及成绩明显优于自我认知探索消极的学生。在学生职业发展的过程中，引导他们形成积极地自我探索，对于职业生涯规划有着非常重要的意义。

（二）自我解释作用

一定的经验对于个人具有怎样的意义，是由个人的自我认知探索决定的。每一种经验对于特定个人的意义也是特定的。不同的人可能会获得完全相同的经验，但他们对于这种经验的解释却可能很不同。自我认知就像一个"过滤器"，进入心理世界的每一种知觉都必须通过这一"过滤器"。知觉通过这一"过滤器"时，它会被赋予意义，而所赋予的意义则高度决定于个人已经形成的自我概念。

（三）自我期望作用

自我概念积极的学生，自我期望值高。消极的自我概念不仅引发了消极的自我期待，而且也决定了人们只能期待外部社会消极的评价与对待，决定了他们对消极的行为后果有着接受的准备，也决定了他们不愿更加努力学习，决定了学习对于他们不再有应有的吸引力，丧失了信心与兴趣。

（四）自我成败归因作用

社会心理学家海德（Fritz Heider）和温纳（Weiner）提出并建立了一套从个体自身的立场解释自己行为的归因理论。该理论提出，一个人具有积极的自我概念，相信自己的努力，将成功归因于自己的努力程度，把失败归因于自己的粗心或疏忽，自己需要承担责任。从主观上找原因，凡事决定于自己的主观努力，命运掌握在自己手中，形成积极的自控信念，可以提高人的自我实现的能力。

三、自我认知的方法

自我认知的方法有很多种，本章节主要从橱窗分析法、测评法两方面入手，借助一定的测评软件与测评方法来进行自我探索。

（一）橱窗分析法

心理学家把对个人的了解比作橱窗，为了便于理解，我们把橱窗放在直角坐标系中：坐标横轴正向表示别人知道，坐标横轴负向表示别人不知道；纵轴正向表示自己知道，负向表示自己不知道，这样就形成了四个橱窗，这个模型最早是由杰瑟夫·卢夫特和哈里·英格拉姆提出的，因此也叫杰哈里窗模型。如图 3-2 所示。

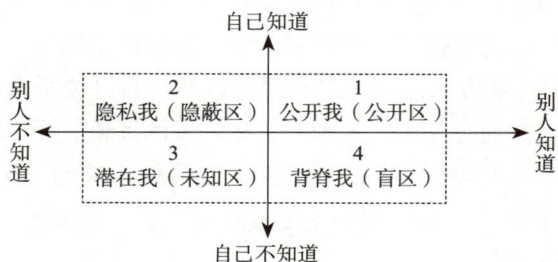

图 3-2　橱窗分析法

橱窗 1："公开我"。即自己知道、别人也知道的部分，属于个人展现在外、无所隐藏的部分。
橱窗 2："隐私我"。即自己知道、别人不知道的部分，属于个人内在的私有秘密部分。

橱窗3："潜在我"。即自己不知道、别人也不知道的部分，是有待开发的部分。

橱窗4："背脊我"，即自己不知道而别人知道的部分，犹如一个人的背部，自己看不到，别人却看得很清楚。

显然，在进行自我探索的时候，自己不知道的这一部分即橱窗3和橱窗4是需要重点探索的部分。

橱窗3是"潜在我"。科学家研究发现，每个人都有巨大的潜能。通常我们对大脑资源的使用只有不到5%，如果我们能发挥50%的大脑功能，将轻易地学会40种语言，背整套百科全书，拿12个博士学位。由此可见，认识、了解"潜在我"，是自我认知的重点之一。每个人都应该积极参与各种活动，发掘自己的潜能。

橱窗4是"背脊我"。了解背脊我的前提是诚恳地向熟悉自己的人征求信息，也可以借助录音、录像等设备来了解自己。做到开诚布公，有则改之，无则加勉；否则，别人不会描述一个真实的你。

（二）测评法

测评法是借助一些与职业相关的测评工具来认识自己。主要包括两种方式，一种是正式测评，另一类是非正式测评。

1. 正式测评　正式测评是在职业咨询专家的指导下，采用正式测评工具对自我进行多方面评价的方法。通常包括以下几个方面：

（1）人格测试　人格是个人带有一定倾向性的、比较稳定的、本质的心理特征的综合，包括气质、能力、性格、兴趣等心理特征。目前，常用的人格测试工具有迈尔斯－布瑞格斯人格类型指标测评（MBTI）、卡特尔16PF测评、艾森克人格问卷等。

（2）智力测试　智力具有抽象性与隐蔽性的特点，难以把握，有必要了解一些智力测试的方法，以便于我们提高自我探索的水平。常用的智力测试工具有韦克斯勒智力量表和瑞文推理测验量表等。

（3）职业能力测试　职业能力测试的内容和工具都比较多，如言语能力、数学能力、逻辑推理能力、分析能力、机械推理、空间关系、手指协调等。但是其中最为核心的能力是前面四种，有研究表明这四种能力与现在社会上大多数的职业密切相关。

（4）职业兴趣测试　职业兴趣测试常用的工具有爱丁堡职业倾向问卷、霍兰德职业兴趣问卷、明尼苏达职业兴趣问卷表等。

2. 非正式测评　非正式测评是指运用一些相关评估工具对自己进行多方面的了解。包括性格测试、情绪测试、观察力测试、应变能力测试、创造能力测试和人际关系测试等。常用的职业相关测评工具有360度评估、生涯彩虹图、生涯生命线、我的墓志铭等。

（1）360度评估　这种评估方法是通过自我评价以及与自己联系密切的人员的评价来充分认识和了解自己的优点和缺点。通过家人、老师、亲密朋友的评价，同学以及其他社会关系的反馈清楚地知道自己的不足、长处与发展需求，使以后的发展更为顺畅。360度评估可以帮助我们提高对自我的洞察力，更加清楚自己的强项和需要改进的地方，进而制订下一步的能力发展计划，可以激励人们不断改进自己的行为。

（2）生涯彩虹图　著名职业生涯规划大师舒伯（1953）依照年龄将每个人生阶段与职业发展配合，提出一个更为广阔的新观念——生活广度、生活空间的生涯发展观，这就是彩虹图，详见第二章图2-3。

在生涯彩虹图中，纵向层面代表的是纵观上下的生活空间，由一组职位和角色组成，它们交互影响交织出个人独特的生涯类型。需要强调的是：

第一，彩虹图可以很好地表示各个角色的变化，角色之间是互相作用的，某一角色上的成功，能带动其他角色的成功，反之，一个角色的失败，也可能导致另一角色的失败。而且，为了某一角色的成功付出太大的代价，也有可能导致其他角色的失败。

第二，人的社会任务或职业生活不断变化，角色也随之变化。角色转换从根本上说是社会权利和义务的变化。而大学生就业后的社会角色转换不是瞬间发生和完成的，而是要有一个过程。

第三，每一个人的生涯彩虹图都不同，所以，我们从彩虹图中可以看到不同的生涯规划。

（3）生涯生命线　生命线简单来说就是给自己的生命定个期限，然后按照时间顺序来叙述自己人生的大事件。写生命线的目的是可以对自己的人生有所展望和安排，以增加人生的目的性和规划性，为创造理想人生打下基础。

生涯生命线的规划步骤：

①自由联想。准备好纸笔，放松心情，在一个安静舒适的地方坐好。回顾一下自己的成长历程：印象最深刻的、最难忘的人、事件、事物、时光有哪些，对自己有什么影响（积极的影响、消极的影响），用纸笔记下描述这些联想内容的关键词。

②画出自己的生命线。在生命线的时间轴上标注从出生到自己假定的寿命的年限。将在自由联想步骤中记下来的从出生到现在的关键时间点标在时间轴上，有重大影响的时间点可以突出标注。从现在开始到自己假定的寿命结束，标注自己规划要做的事。最好以一段时间为一个单位，便于达到目标；但一定要有一条事业主线，否则就没有意义了。如你现在 20 岁，给自己的生命线的终点定为 70 岁，那你就有 50 年的自由支配时间，你可以将 20 ～ 24 岁定为大学学习期间，24 ～ 27 岁为积累期间，28 ～ 30 岁去某知名企业做管理咨询工作，35 岁自己创办管理咨询公司……如图 3-3 所示。

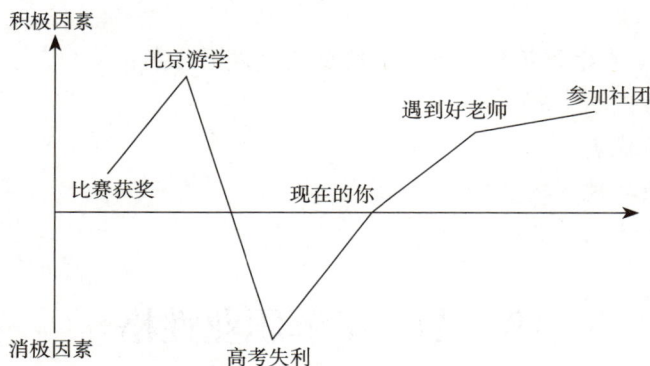

图 3-3　生涯生命线

③分析自己的生涯生命线。对上述步骤中标注的从出生到现在的重点事件进行分析，搞清这些事件对自己有什么影响，消极影响还是积极影响，积极影响的事件标在生命线上方，消极影响的事件标在生命线的下方。

④分析对自己影响重大的事件。在重大事件中，自己是如何表现的？其他人是如何表现的？当时自己有什么感受？对自己产生了哪些影响？这些事件如何影响自己今后的人生之路？

⑤分析未来的生涯之路。对自己从现在到未来规划中要做的事，要成为什么样的人进行分析和解释。并展望未来，制订自我管理和发展的规划。

（4）我的墓志铭　俗语说"人过留名，雁过留声"。墓志铭作为一种悼念性文体，是对一个人一生的评价，通常包括一个人的生平和一生中的主要成就与为人。在生涯规划中借用这种形式，主要目的在于引导学生思考自己的人生长远目标，明确自己将要成为一个什么样的人。在实际操作中，需要把握书写的四个基本原则。

畅想性原则：墓志铭是写给未来的自己的，需要个体结合自己的实际情况，展开对未来的畅想，构建未来的自己。

全面性原则：个体在对未来的设想中要注重主要角色的描述，突出自己整个人生过程中的角色定位的责任。

成就性原则：对个体一生中主要成就的记述，是墓志铭中最主要的部分。在生涯规划中个体要为自己明确将来的成就领域与关键成就。

概括性原则：概括性的评价是墓志铭的重要表现形式，文字越简练越好，通常就是用几句高度概括的话来表述。

（5）自我反省法　曾子曰："吾日三省吾身——为人谋而不忠乎？与朋友交而不信乎？传不习乎？"内省是自我修炼的重要方法。在进行重要决策之前，或遇到让自己困惑的事情时，找个舒适安静的环境，倾听自己内心深处的声音：你为什么要进行这样的选择，不同的选择会带来怎样不同的结果？将事情的始末像过电影一样慢慢回放，品味细节，特别是那些给自己带来困惑和震动的情节，总结分析问题的关键点，从中加深对自己价值观、性格、兴趣、能力等方面的认知。自我反省帮助自己每时每刻都在重新了解自己，每时每刻都在成就着自己的未来。

实践探索

我的墓志铭

目的：思考生命，认识生命的意义。

操作：请想象在你生命终结时，家人要在你的墓碑上刻上一段文字，你希望这段文字是怎样的，请写出来。

内容：墓志铭除了生年死年外，最低限度要包括以下几点：

- 一生的最大目标。
- 在不同年纪时的成就。
- 对社会、家庭或其他人的贡献。
- 我是一个怎样的人。

第二节　了解职业性格

大学生常常会面临这样的困惑："我的性格好像不适合所学的专业，该怎么办？""我到底适合什么类型的工作？大学毕业以后将会如何择业？"这些问题往往会使大学生感到困惑与焦虑。那么要探求自己究竟适合什么样的工作，对职业性格的探索是一个重要和必需的环节。心理学专家认为，根据性格选择职业，能使自己与职业工作相吻合，更好地发挥自己的才能，从而得心应手地驾驭本职工作。性格与职业的高度匹配可使得每个人的工作效率大大提升。

那么职业性格有哪些类型？不同的职业性格其特点又是什么呢？不同的职业性格适合什么类型的工作？怎样才能了解自己的职业性格类型呢？这些问题就是本节要学习的内容。

一、职业性格概述

为什么有的同学健谈，而有的同学却总让人感到他们和别人无话可说？性格的特征不同，其行为习惯就不同，行为习惯的差异，就决定了职业选择的不同。下面我们就从性格入手，进一步了解职业性格及其影响因素。

（一）性格与职业性格的概念

公元前 3 世纪希腊学者提奥夫拉斯塔在《各种各样的人》一书中，把在不同人身上表现的"阿谀奉承""吝啬""贪婪""粗野""虚荣""自私"等 30 种特征都用"性格"一词加以概括。多年来，哲学家、文学家、心理学家都对性格进行了不同的论述。性格在心理学上的定义是指人在现实的稳定的态度和习惯化了的行为方式中表现出来的个性心理特征，是一种与社会相关性最密切的人格特征。性格是一个人在对待客观事物态度和行为方式中所表现出来的比较稳定的个性心理特征。我国心理学界倾向于把性格定义为：一个人经由生活经历所积累的稳定行为习惯倾向。性格的成因较为复杂，是外部因素与内部因素交互作用的产物。性格已成为个体之间差异的重要特征，这些差异在不同程度上影响着个体的职业选择和职业发展。

职业性格是人们在长期特定的职业活动中所形成的对职业的态度和行为方式中所表现出来的比较稳定的个性心理特征。例如，有的人对待工作总是一丝不苟，踏实认真；在待人处事中总是表现出高度的原则性、果断、活泼、负责；在对待自己的态度上总是表现为谦虚、自信、严于律己等，所有这些特征的总和就是他的职业性格。性格类型与职业之间存在一定的关联性：一方面是不同性格类型适应不同的职业环境及职业要求；另一方面是从事某种特定职业的人，会按照职业要求不断巩固或调整原有的性格特征。但性格与职业之间并不存在严格的一一对应关系，不同性格类型的人在同一职业领域中能够各具特色，同一性格的人在不同的职业领域中也会各显魅力。

（二）性格与人格

性格是一种与社会相关性最密切的人格特征，也称人格特质。那么性格与人格又有什么关系呢？

人格是伴随着人的一生不断成长的心理品质。当前，对于人格的定义仍然众说纷纭，没有一个是大家公认的。但在众多定义中有一个基本相似的看法，即认为人格是与人的行为风格或行为模式有关的概念，可以概括得出：人格是指个体在对人、对事、对己等方面的社会适应中行为上的内部倾向性和心理特征。

弗洛姆认为人格是先天与后天的全部心理特征的总和，是心理特性相对稳定的组织结构。其中的先天特征指的是"气质"，后天特征则指的是"性格"。从心理学角度说，人格包括性格，性格从属人格，性格是人格的核心。两者形成过程不同，气质具有很大的先天性，形成早，不易改变；性格具有很大的社会性，形成晚，可塑性大。

从职业生涯规划的视角，性格影响着一个人的职业选择与发展，与职业的相关性较大，因此本教材侧重介绍职业性格相关的内容。

（三）影响职业性格的因素

性格的形成受到个人经历、遗传、家庭教养、学校教育、民族文化等多种因素的影响，从而形成自己的独特个性，在不同的情境中表现出特定的行为。

1. 家庭因素　家庭对个人的影响体现在方方面面，对职业性格的形成也是如此。父母是子女的第一任老师，在父母的言传身教下，孩子会经常观察和模仿家长的行为，长此以往，在子女身上会逐步表现出父母身上的某些个性特征。在现实生活中，人们也常常看到，一些家庭几代人在性格、能力、职业选择方面都有很多相似之处。

2. 自身因素　自身因素主要指外表和身体的功能对个人职业性格的影响。人的容貌、体形的好坏对人的个性都会产生直接的影响。身体外部条件好的人容易产生愉快、满足、自信之感，这种自豪感容易使人产生积极向上、活泼开朗的外向个性。反之，容易形成一种心理压力，甚至产生自卑感。此外，年龄也会对人的个性产生影响，不同的年龄段，个性会有明显的区别，这与人的思想发展、知识面扩大、经验的丰富有较大的关系。

3. 职业因素　当一个人走向社会后，为了适应日益扩大的生活领域和人际交往范围，在反复学习担当各种新角色、新工作应有的行为方式和对事物态度的同时，也形成和改变着某些职业性格特征。职业的种类、薪酬待遇、获得荣誉以及与上下级关系都会对个性的变化起着重要的作用。

4. 自我教育　在性格发展到一定阶段，个人对性格的自我培养更具有重要的意义。特别是对于即将走向社会的大学生，由于自我意识的发展和自我调节功能不断增强，能够在自我分析、自我认识和自我评价的基础上，不断运用自我激励、自我暗示、自我反省、自我约束等方式进行自我教育。内因是变化的根据，因此，自我教育对性格形成、发展的作用是非常大的。从一定意义上说，我们每个人都在塑造自己的性格。

俗话说："江山易改，本性难移。"指的是人的态度和行为方式具有稳定性。那么，它能否改变呢？很多人持怀疑态度。弗洛姆却坚信，一个人只要具备以下 4 个条件，那么就可以改变自己的性格：①知道自己有问题；②找出问题产生的原因；③认识到这些问题是有办法克服的；④为了解决问题，树立起一定的行为规范和改变现在的生活方式。这 4 点归纳起来应该是：在自己性格的问题上，如果我们能做到知行统一，坐言起行，我们就完全有可能完善自己的性格。

二、性格与职业发展

美国"职业生涯规划之父"弗兰克·帕森斯认为，每个个体都有自己的个性特征，而每一种职业由于其工作性质、环境、条件、方式的不同，对任职人的能力、知识、技能、性格、气质、心理素质等都有不同的要求。

心理学研究也表明：性格能影响一个人对职业的适应性。因此，在我们制订职业规划的时候，要考虑自己的性格特征，尽可能去选择适合自己性格特点的职业。

（一）性格特征与职业要求高度相关

每一种职业对从业者的性格品质都有特定的要求，要适应这一职业就必须具备这个职业所要求的性格特征。例如，作为一名教师，除了要具有丰富的知识外，还应具备热爱教育事业、认真、负责、奉献、有爱心、以身作则等良好品质。作为一名医生，除了具备扎实的理论知识和精湛的临床技能外，还要有救死扶伤的人文主义品质，对患者的同情和责任，以及缜密严谨、兢兢业业的工作作风和热心耐心的工作态度。当前，许多企业在进行人才招聘时，往往将性格测试放在首位，当性格与职业匹配时，再对其能力进行测试。他们认为性格比能力更为重要，一个人能力不足，可通过学习培训来提高；但一个人性格与职业不匹配，改变起来则困难得多。

（二）性格影响个体对职业的适应

不同职业对任职者的性格要求不同。人们在选择职业时，要根据自己的个性特征来选择与之相对应的职业类型，即实现"人职匹配"。如果性格和岗位能实现较好的匹配，那么工作就相对容易开展，个体对职业环境的适应就快；相反，如果性格和职业无法实现较好的匹配，势必导致工作的积极性受挫，产生工作的适应不良。总体而言，一个人的性格在与职业适应的过程中可能会出现渐渐地被同化或改变的趋势，但这种改变往往只是形式上的转变，性格中核心的品质很难变化。即便职业性格与职业要求不完全对应，性格也能调动其他因素积极地去适应工作，从而使不同性格类型的人在同一职业领域里表现得一样精彩。就工作而言，性格无好坏之分，只有适合与不适合。每一种性格都有独特的品质和潜在的盲点，重要的是认清自己并接纳自己。只有认清自己的性格特征，了解与性格相对应的工作环境，才能帮我们设计最科学、最合理的职业发展路径，做出最佳的职业生涯规划，从而最大限度地发挥自己的潜能，取得职业生涯与事业发展的成功。

（三）性格影响工作绩效的发挥

由于性格是最具有核心意义的个性心理特征，它不仅决定着职业发展的长远，同时与职业的匹配也决定着事业的成功与否。每个人都有自己独特的性格，不同性格的人对同一事物的理解也明显不同，有的人看待事物总是乐观的，对工作也能保持乐观的态度，而有些人则倾向于悲观乃至厌世，对工作也容易产生悲观情绪。当面对工作的挑战时，具有乐观人格的人可能视其为成长的机会，会加倍努力，从而创造佳绩；而悲观人格的人则可能视其为人生的障碍或领导故意出难题，从而导致消极怠工，绩效不良。当然，并非悲观的人就会在工作上一事无成，如果让他们当产品的检查员，给方案提意见，却可以大大避免冲动决策带来的不利后果。

（四）性格决定工作风格，从而影响职业的发展

不同性格倾向的人由于行事风格的不同，会产生不同的工作风格。一个成功的组织或工作团队需要不同性格的人相互支持配合以完成组织目标。有的人喜欢冲锋陷阵，求新求异；有的人则喜欢随大流，对领导言听计从；有的人长于思考，却行动力差；有的人善于操作，却有时顾此失彼，这些人物如同《西游记》里的取经小组，缺了谁也不行。如果一个人能了解自己的性格特征，并加以利用，与别人共进退，必将取得职业上的成功。

资料链接

小张的性格与工作烦恼

小张，女，中医学专业，性格内向，喜欢科学研究，在校期间实验课成绩较好，但该生平日里不愿意与周围同学沟通交流，独来独往。毕业后该生听从家里安排选择从事教育管理的相关工作，在工作中，该生由于性格原因，不能很好地与周围同事交流合作，导致不能适应工作，特别地苦恼。

这个案例说明一个人在进行职业生涯规划的过程中性格起到了很大作用，性格与职业选择相一致，可以促进职业发展；如果性格与职业选择背道而驰，则会影响一个人的职业发展。

三、职业性格的测评

性格集中体现了一个人的处事方式，了解自己的性格才能知道自己适合做什么样的工作，适

合什么样的职业。下面介绍几种常用的性格测试工具。

（一）MBTI（迈尔斯 – 布瑞格斯性格测试）

在职业选择与发展领域，应用最广泛的是基于著名心理学家荣格的心理类型理论而开发的"迈尔斯 – 布瑞格斯心理类型指标"（Myers–Briggs Type Indicator，简称 MBTI）。MBTI 帮助确定人的性格特征，有许多研究数据的支持，属于信度、效度较高的心理测评工具，已经成为当今全球最为著名和权威的性格测试。在世界 500 强企业中，有 80% 的企业有 MBTI 的应用经验，是目前国际上应用较广的人才甄别工具。

MBTI 衡量的是一个人性格类型偏好或性格倾向。是一种迫选型、自我报告式的性格评估工具，它是以瑞士著名心理学家卡尔·荣格（Carl Jung）的性格理论为基础，由美国的布瑞格斯（Katherine Cook Briggs）和她的女儿迈尔斯（Isabel Briggs Myers）共同研制开发而成，因此被称作 Myers–Briggs Type Indicator，简称 MBTI。

MBTI 衡量的是个人的类型偏好，或称为倾向。所谓偏好，是一种天生的倾向性，是一种特定的行为和思考方式。这些偏好没有好坏优劣之分，却形成了人与人之间的不同。MBTI 是用四维度偏好二分法来评估一个人的类型偏好，在每个维度上有相对应的二极组成，具体见表 3–1。

表 3–1　MBTI 维度解释

1. 能量倾向：你更喜欢将自己的注意力集中于何处？你从何处获得活力？E–I 维度	
□外倾 extroversion（E） 注意力和能量主要指向外部世界的人和事，从与人交往和行动中得到活力 ·关注外部环境 ·喜欢用谈话的方式进行沟通 ·通过谈话形成自己的意见 ·用实际操作或讨论的方式能学得最好 ·兴趣广泛 ·好与人交往，善于表达 ·先行动，后思考 ·在工作和人际关系中都很积极主动	□内倾 introversion（I） 注意力和能量集中于自己的内心世界，从对思想、回忆和情感的反思中得到活力 ·关注自己的内心世界 ·更愿意用书面的方式沟通 ·通过思考形成自己的意见 ·用思考、在头脑中"练习"的方式学得最好 ·兴趣专注 ·安静而显得内向 ·先思考，后行动 ·当情境或事件对他们具有重要意义时会采取主动
2. 接收信息：你如何获取信息？S–N 维度	
□感觉 sensing（S） 用自己的五官来获取信息。喜欢收集实实在在的、确实已出现的信息。对于周围所发的事件观察入微，特别关注现实 ·着眼于当前的实际情况 ·现实、具体 ·关注真实的、实际存在的事物 ·观察敏锐，并能记住细节 ·经过仔细周详的推理一步步得出结论 ·通过实际运用来理解抽象的思维和理论 ·相信自己的经验	□直觉 intuition（N） 通过想象、无意识等超越感觉的方式来获取信息。喜欢看整个事件的全貌，关注事实之间的关联。想要抓住事件的模式，特别善于看到新的可能性 ·着眼于未来的可能 ·富于想象力和创造性 ·关注数据所代表的模式和意义 ·当细节与某一模式相关时才能够记得 ·靠直觉很快得出结论 ·希望在应用理论之前先能对之进行澄清 ·相信自己的灵感
3. 处理信息：你是如何做决定的？T–F 维度	
□思考 thinking（T） 通过分析某一行动或选择的逻辑后果来做出决定。会将自己从情境中分离出来，对事件的正反两方面进行客观地分析。从分析和确认事件中的错误并解决问题中获得活力。目标是要找到一个能应用于有相似情境的或标准的原则	□情感 feeling（F） 喜欢考虑对自己和他人来说什么是重要的，会在头脑中将自己放在情境所牵扯到的所有人的位置上并试图理解别人的感受，然后在此基础上根据自己的价值判断做出决定。从对他人表示赞赏和支持中获得活力。目标是创造和谐的氛围，把每一个人都当成一个独特的个体来对待

续表

·容易分析的	·善于体贴他人、感同身受
·运用因果推理	·受个人价值观的引导
·以逻辑的方式解决问题	·衡量决定对他人产生的后果和影响
·寻求一个合乎真理的客观标准	·寻求和谐的气氛和积极地人际交往
·喜欢讲理的	·富于同情心
·可能显得不近人情	·可能会显得心肠太软
·公平意味着每一个人都能得到平等的待遇	·公平意味着每个人都要被作为独特的个体来对待

4. 行动方式：你如何与外部世界打交道？J–P 维度

□判断 judging（J）	□知觉 perceiving（P）
喜欢将事情管理得井井有条，过一种有计划的、井然有序的生活。喜欢做出决定，完成后继续下面的工作。生活通常会比较有规划、有秩序，喜欢把事情敲定下来。照计划和日程安排办事情对他们来说很重要。从完成任务中获得能量	喜欢以一种灵活、自发的方式生活，更愿意去体验和理解生活而不是去控制它。详细的计划或最后决定会使他们感到被束缚。愿意对新的信息和选择保持开放，直到最后一分钟。足智多谋，善于调节自己适应当前场合的需要，并从中获得能量
·有计划的	·自发的
·喜欢组织管理自己的生活	·灵活
·有系统有计划	·随意
·按部就班	·开放
·喜欢制订短期和长期计划	·适应，改变方向
·喜欢把事情落实敲定	·不喜欢把事情确定下来，以留有改变的可能性
·力图避免最后一分钟才做决定或完成任务的压力	·最后一分钟的压力会使他们感到活力充沛

在 MBTI 测评结果中，每个维度上一个人只能选择一种偏好，如果一个人是内向，就不能再选择外向，是知觉型就不会再是判断型的。但值得注意的是，你选择了外向并不代表你的性格特征里完全没有内向特征的存在，它只是说明在你身上外向的特征比内向的特征更明显些。所以，性格测评的结果要辩证来看，不要把它当作绝对的真理。

（二）MBTI 的 16 种职业性格类型及其适应的职业领域

人的性格非常复杂，每个维度都会彼此影响。因此，将四个维度结合起来，是全面正确解读性格的方法。在 MBTI 中，四个维度中的两极两两组合，便得到了 16 种职业性格类型，这 16 种性格类型特点及适合的职业领域见附录三。

有研究数据表明，S–N、T–F 两种维度的组合 ST、SF、NF、NT 与职业的选择更为相关（Hammer and Macdaid，1992）。

ST 型的人更关注通过实效和实际的方式应用详细资料，如商业领域。例如，一位 ST 型的心理咨询硕士将会成为心理测评和应用方面的专家。

SF 型的人喜欢通过实践的方式帮助别人，如健康护理和教育领域。例如，一位 SF 型的心理咨询硕士将关注自己的管理、督导技能，以发展和促进同事之间有效的工作关系。

NF 型的人希望能通过在宗教、咨询、艺术等领域的工作来帮助人们。例如，一位 NF 型的心理咨询硕士将成为临床专家来帮助人们成长、发展，学习如何更好地了解自己和他人。

NT 型的人更关注理论框架，如科学、技术和管理，喜欢挑战。例如，一个 NT 型的心理咨询硕士将运用他的战略重点和管理技巧，成为人力资源领域的管理者。

工作安全感则受 IJ、IP、EP、EJ 的影响最大，其中 EJ 类型的人最易有工作安全感，而 IP 类型的人常常在工作中对组织、未来等缺乏安全感。

根据你的 MBTI 类型，在附录三中找到适合你的职业倾向：_____

以上列举的 MBTI 各种类型及适合的职业领域只是给我们提供一个参考的视角，或者说是一种选择上的倾向，在解读性格与职业的关系时，请不要局限于以上列举的有限职业进行分析，不要陷入具体类别名称的描述，重要的是看到这一类别工作的特点，寻找它们之间的内在联系。MBTI 的核心规则可以概括为以下三个方面。

1. 倾向不是能力　MBTI 类型不显示能力的强度。问卷测试通过偏好来确定倾向而不是能力的强度。

2. 自己的判断才是最符合的判断　个人所认为的自己的类型往往最符合自己的判断，MBTI 测试只是一种参考指标，还应结合自身的实际加以具体分析。

3. 类型无好坏对错之分　往往不同偏好的人有着不同的天赋。

（三）其他常见的性格测评工具

心理学家已经开发出很多种有关性格的分类方法，如卡特尔 16 种人格因素测试（16PF）、艾森克人格问卷（EPQ）、五大人格量表（NEO-FFI）、九型人格、明尼苏达多项人格测验、DISC 性格测试和 DPA 动态性格测试、投射测验罗夏克墨迹测验 RIBT 和主体统觉测验 TAT。

大学生在查验自己职业倾向或做职业性格测试时，要明确以下两点：一是每个人现在或将来从事的职业不一定都符合自己的性格特点，可能会受到现实因素的制约。职业发展能否取得成功，还会受到职业价值观、职业技能、职业兴趣等因素的影响，此外，后天的努力也至关重要。二是职业性格类型没有好坏对错之分，只有类型的不同。每种类型都是独特的，都有适合自己的环境。世界上没有一个人的性格会百分之百地适合某种职业的需求，也没有人百分之百不适合某种职业的性格，学会利用自己的性格特点，扬长避短，才是认知职业性格的目的。

【联结自我】

1. 分别列出自己所学专业对应的职业，调查这些职业对从业者的性格要求，看看自己的性格与这些要求哪些是相符的，哪些是不相符的。

2. 你如何理解性格与职业发展的关系？

3. 对照 MBTI 性格类型，查找自己的性格类型特点，分析产生这种性格类型的影响因素或原因。

四、医学专业毕业生常见职业性格分析

在医学领域范畴内，性格有其独特的人格特征和概念界定。医学领域范畴内的性格也叫医学职业人格，是我们民族文化中广为关注的人格典范，它体现了社会及文化的基本特征和价值观念。在医学领域中，这一职业人格包含多方面的含义，最为核心的内涵就是尊重患者，这是由医学职业的特殊性决定的。医学这一职业需要患者和医生的共同努力，建立起医患之间的良好信任。医患关系发生在互不认识但却利益攸关的陌生人之间，患者将生命健康权托付给医者，它是人最根本的权益。只有医生认识到自己所从事职业的特殊性，对医学职业有着天然、崇高的尊敬和热爱，才能促使其具备神圣的敬业精神，追求医学的不断进步。

尊重患者会促使医生关爱患者，设身处地为患者着想，对每一个直接和间接影响患者的细微环节都认真对待，形成高度的职业良知以及职业责任感。医生才会为医学而执着，不计较个人得失，具有奉献精神。所以，性格具有稳定性，一旦形成较难改变。根据职业性格测评和 MBTI16 种职业性格类型对应的职业领域进行归纳总结，现将中医药类专业主要性格类型与对应的职业领域归纳如下，详见表 3-2。

表 3–2　中医药类专业学生主要性格类型与适合的职业倾向

主要性格类型	中医药类专业适合的职业领域
ISTJ 型	·销售 / 服务 ·教育 ·卫生保健
ISFJ 型	·卫生保健 ·社会服务 / 教育 ·商业 / 服务
ISFP 型	·教育 / 咨询 ·健康保健
INFJ 型	·咨询 / 教育 ·健康保健 / 社会服务
INTJ 型	·教育 ·健康保健 / 医药
INFP 型	·教育 / 咨询 ·健康保健
ESFP 型	·教育 / 社会服务 ·健康护理 ·商业 ·服务业
ESTJ 型	·营销 / 服务 ·管理 ·专业人员
ESFJ 型	·卫生保健 ·社会服务 / 咨询 ·商业 ·销售 / 服务业

资料链接

名人名言

1. 我们的性格即我们的自身。　　　　　　　　　　　　　　——柏格森
2. 习惯形成性格，性格决定命运。　　　　　　　　　　　——约·凯恩斯
3. 所谓的性格是一种习惯，那不假思虑地自然而然从灵魂流露出来的一定的行为。
　　　　　　　　　　　　　　　　　　　　　　　　——伊卜恩·斯依恩那
4. 每个人都有三重性格：他所表现出来的性格，他所具备的性格和他认为自己所具有的性格。
　　　　　　　　　　　　　　　　　　　　　　　　　　　　——卡尔
5. 一个人无论做出多少件事来，我们都可以在里面认出同样的性格。　——爱献生
6. 性格是一个人看不见的本质。　　　　　　　　　　　　　——德·穆迪

第三节　发现职业兴趣

兴趣是最好的老师，它可以使人集中精力做事情。如果人们能够从事自己感兴趣的职业，他就可以全身心地投入工作，并在自己的工作领域取得更大的成绩。通过本节内容的学习，去解开

职业兴趣的谜团。

一、职业兴趣概述

（一）兴趣与职业兴趣的概念

兴趣是人们力求认识某种事物和从事某项活动的心理倾向，它表现为人们对某件事、某项活动的选择性态度和积极的情绪反应。兴趣对人的实践活动具有促进和维持的作用。当一个人对某种事物产生浓厚的兴趣时，他一定会对这个事物保持充分的注意，并积极地进行探索。

当兴趣指向与职业有关的活动时，就被称为职业兴趣（occupational Interest）。职业兴趣是一种稳定的个性差异，表现为个体对某种工作活动或环境的偏好或行为倾向。它是兴趣在职业选择方面的一种表现，是人们职业生涯取得成功的重要推动力，浓厚的职业兴趣能够最大限度地调动人的潜能，对职业成就感、职业满意度和职业稳定性有重要的作用。职业是一个人与社会最密切、最直接的连接点，与职业活动相关联的职业兴趣，自然贯穿到职业活动的全过程。因而，个人的职业兴趣在寻求专业或职业的过程中起着至关重要的作用。

（二）职业兴趣的特点

1. 倾向性　不同的个体由于年龄、文化程度、所处环境等的不同，其感兴趣的事物也有所不同，从而导致兴趣的指向存在一定的差异。同为一个专业的大学生，兴趣倾向也会不同。

2. 广阔性　职业兴趣的广阔性主要指职业兴趣的广度，说明一个人的职业兴趣范围的大小。每个人职业兴趣范围是不同的，有的人兴趣广泛，有的人兴趣单一。一般说来，兴趣广泛的人知识面也比较广，职业选择的范围就越大。

3. 持久性　兴趣的持久性主要指兴趣的稳定程度。兴趣的持久性对一个人的学习、工作都很重要。持久稳定的兴趣，能促进个体系统地学习知识，深入钻研，在某项工作中持久努力并取得成就。

（三）影响职业兴趣的因素

1. 个人需要　兴趣是在需要的基础上产生的，也是在需要的基础上发展的。按照美国心理学家马斯洛的需求层次理论，将人的需求分为生理需求、安全需求、社交需求、尊重需求和自我实现需求。不管人的兴趣是什么，都是以需要为前提和基础的，人们需要什么就会对什么产生兴趣。

2. 个人认识和情感　兴趣的大小与个人认识和情感密切相联。如果一个人对某事物缺乏认识，也就不可能产生情感，因此也不会对它产生兴趣。同样，一个人如果缺乏职业知识或根本不了解这种职业，那么他也就不会对这种职业感兴趣。反之，对职业认识越深刻，情感也就越丰富，兴趣也就越深厚。

3. 家庭环境　家庭环境的熏陶对一个人职业兴趣的形成具有较为明显的导向作用。一个人从小就在家庭环境中感受其父母的职业活动，随着年龄的增长，自己对职业价值的认识也就不可避免地带有家庭教育的印迹。主要体现在择业趋同性与协商性方面。

4. 职业需求　职业需求是影响个人职业兴趣的客观因素。职业需求越多，类别越广个人选择职业的余地就越大。当职业需求减少时，就会抑制个人不切实际的职业取向，或引导个人产生新的职业取向。

5. 受教育程度 一般来说，个人学历层次越高，接受职业培训范围越广，其职业取向领域也就越宽。

此外，社会因素、个性因素等都会对职业兴趣产生影响。

二、职业兴趣与职业生涯发展

职业兴趣不是天生的，其形成与个体所处的历史环境、实践活动和自身能力有着密切的关系，对于大学生而言，职业兴趣的发现和培养，有助于大学生在未来职业选择过程中能明确方向，少走弯路，在工作中始终保持较高的积极性，不断推动职业的发展，最终实现职业成功。

（一）职业兴趣对职业发展的影响

1. 职业兴趣影响人的职业选择和职业定位 首先，职业兴趣影响职业的选择。一个人对某项职业活动的兴趣会促使其对该职业投入更多的或给予优先的关注，付之以深厚的情感，享受从事该职业的乐趣，形成明显的职业倾向，进而显著影响其在职业行为中的表现和职业道路的选择。

第二，职业兴趣影响职业定位的形成。在职业发展的过程中，如果这个人通过不断积累关于该职业的各种知识，甚至会通过实习等行为积极参与到该项活动中，享受该职业带来的回报，就会在职业倾向的基础上形成职业定位，把这份职业作为自己终身热爱的职业，实现由乐趣向志趣的转变。职业兴趣可以产生强大的职业动机，提高应对工作压力的坚持性和抗挫折性，甚至可以在某个职业上矢志不渝。

第三，职业兴趣也会影响甚至阻碍职业的发展。主要表现在三个方面：一是兴趣过窄，过于执着于某职业，当职业环境发生突变时，不能适应环境变化，造成职业生涯断崖式跌落，或情绪长期难以自拔。二是当职业目标在某个时期得以实现，兴趣得以充分满足后，由于新的目标没有建立或选择，就会产生职业发展的彷徨。由于这种情况多发生于事业有成者身上，故被称为"职业高原现象"。三是由于职业压力过大及工作生活失衡等因素造成职业兴趣下降，表现出"不愿意去工作场所、不愿意接触同事"等失去工作与生活目标的危机情形及身心失调的情况。由于这种情形多发生于中年职业人身上，被称为职业发展的"中年危机"。以上三种兴趣失调若不及时调整，势必影响职业发展的进程。

2. 促进技能开发，挖掘职业潜能 古人说：知之者不如好之者，好之者不如乐之者。一个人对于某一事物具有较为浓厚的兴趣，就会激发他对寻求该事物相关知识的欲望以及探索热情，并促使他调动全身心的积极性，以饱满的情绪投入到学习和工作之中。这时，他的智力和体力都能够进入最佳状态，从而最大限度地调动主观能动性和创造性，发挥自身潜能，充分施展才华，取得意想不到的成功。

利用兴趣进行职业能力的开发是非常有效的方法。但有一点需要特别注意：职业兴趣只是技能开发的引爆点，而不是全部。职业发展所需的技能是多种多样的，有的难，有的易，有的与我们兴趣一致，有的令我们厌烦。求学过程中只是学我所爱是不够的，更多的要靠理性和意志要求我们爱我所学，择我所需，随着职业生涯的发展不断澄清与培养职业兴趣。

3. 增强职业适应，促进个体的职业成功 职业兴趣可以使人更快地熟悉并适应职业环境和职业角色。有关研究资料表明，如果一个人对某一项工作有兴趣，他便能发挥其全部才能的80% ~ 90%，并且能够长时间、高效率地工作而不感到疲劳；相反，如果某个人对所从事的工作不感兴趣，他在工作中只能发挥其全部才能的 20% ~ 30%，并容易产生疲劳和厌倦。

同时，职业兴趣可以激发一个人的探索欲和创造力，当个人的职业兴趣与职业环境一致时，更容易在具体的职业活动中，促使他充分调动整个身心的积极性，创造性地开展工作，积极思考，大胆探索，进而促进个体能力的充分开发，最终有助于实现个体的职业成功。

4. 保持工作积极性，提高职业满意度　心理学研究证明，当一个对自己所从事的职业有着浓厚的兴趣时，即使工作再苦再累，他也会感到精神愉快，生活充满乐趣。相反，如果一个人从事了一项自己不喜欢的工作，他就不可能积极主动地去做，甚至有时还不自觉地表现出被动或消极的工作态度。如果个体从事与自己兴趣相吻合的职业，意味着他的偏好得到满足，大部分工作时间都能保持一个愉悦的心情，即使枯燥无味的工作也会变得丰富和有意义，工作的满意度会得到明显提高。

（二）在职业发展中培养职业兴趣

既然职业兴趣如此重要，我们不可能任凭职业兴趣自生自灭，而是要以职业目标为导向，有意识地培养自己的职业兴趣，使它成为职业发展的助推力。一个人的职业兴趣受多个方面的影响，有的来自父母与家庭成员的影响，有的来自榜样的示范，有的来自偶发事件的启示，有的则来自不断地认识与实践。我们认为，培养稳定的可以成为志趣的职业兴趣可从以下几个方面着手。

1. 培养广泛的兴趣　具有广泛兴趣的人往往视野开阔，能有效解决遇到的各种问题，在职业上也具有多样化的选择，容易获得较大的发展。大量的教育实践证明，培养大学生广泛的兴趣是大学生全面成长的需要。因为，不同领域之间的交叉和融合是当今社会的基本特点，也是未来发展的趋势，建立起对多个领域的广泛兴趣有助于快速适应时代发展的潮流，实现个体的全面成长。兴趣范围狭窄、涉足面小的人，对新事物的适应性就要差些，在职业规划上所受的限制也多些。

2. 要培养中心兴趣　一个人应该培养广泛的兴趣，但是要注意的是，兴趣也不能太泛，要有重点，要有中心兴趣，这样才能具有确定的职业规划方向。如果没有形成职业发展的中心兴趣，最直接的表现是没有明确的职业发展方向，不知道自己喜欢干什么，导致职业选择的迷茫。

3. 积极参加与专业有关的职业实践　对于大学生而言，未来职业的选择更多的与现在所学的专业紧密相联，对专业的兴趣直接影响着未来的职业发展。有资料显示，目前我国大学生对自己所学专业的认同度不高。许多学生对自己所学的专业不感兴趣，荒废了大部分在校学习时间。造成这一问题的原因是多方面的，其中一个最主要的原因是对自己所学的专业了解不深、不全面，对该专业未来的职业领域和范围也缺乏足够的了解。实践表明，学生参加职业（专业）实践活动，通过生产实习、社会实践、参观访问及组织兴趣小组等活动，是有意识地培养职业兴趣的重要渠道。

4. 通过客观评价自己的能力来确定职业兴趣　职业兴趣是影响职业成功的重要因素，但职业成功也离不开从业者所具有的职业能力。因此，大学生在努力培养自身职业兴趣的同时要客观评价自己的能力，通过实践来客观评价自己的能力是否适合职业的要求。一个人的职业兴趣是可以推动其职业能力发展的。而职业能力的提升也会使我们在职业兴趣方面得到更大的满足。

三、职业兴趣的识别

鉴于职业兴趣在职业发展中的重要作用，作为中医药院校的大学生，了解自己的职业兴趣对于专业发展和职业道路的选择是十分有益的。大学生正处于职业探索阶段，对职业尚缺少全面的了解，可能对各类职业都存在一定的兴趣，广泛而不稳定的兴趣为职业兴趣的识别带来一定的困难。因此，大学生的职业兴趣探索主要集中于基本兴趣的探索，对职业兴趣探索的结果具有阶段性的特点，只能作为职业设计的参考指标之一，在职业决策时要综合多种自我认知结果而定。

职业兴趣的识别通常有活动探索法和心理测量法。活动探索法是一种非正式测量方法，通常以个体或团体活动的方式开展，心理测量法作为一种正式测量方法，常常需要在专业人员的指导下进行操作。关于职业兴趣的测量，目前使用比较广泛的是根据霍兰德的职业类型理论开发的兴趣测试。

（一）自我探索法

霍兰德曾说，虽然我们做了几十年的研究，但预测个人职业选择最有效的方法却是询问这个人自己想做什么。对于职业兴趣的识别我们通常可以通过自己学习与生活中的各种体验来进行自我分析。作为在校大学生，一般我们可以通过如下两种个体经验来探索自己的职业兴趣。

1. 分析你喜欢干又干得好的成就事件　在从小到大的生活中，总有这样一些情形出现：一些事情你喜欢干，又干得比较好的，由于干得好又更喜欢干，我们把这些事情称为你的"成就事件"。回顾你的成长经历，把这些"成就事件"写出来，并按照"人－物""资料－观念"两个维度来对事件进行分类，将分类的结果在图 3–4 的兴趣坐标中标示出来，从图中"成就事件"的分布可以大致判断你的兴趣领域是更喜欢跟人打交道还是更喜欢跟物打交道，是更喜欢跟资料打交道还是更喜欢跟观念打交道，以此来识别你的职业兴趣领域。

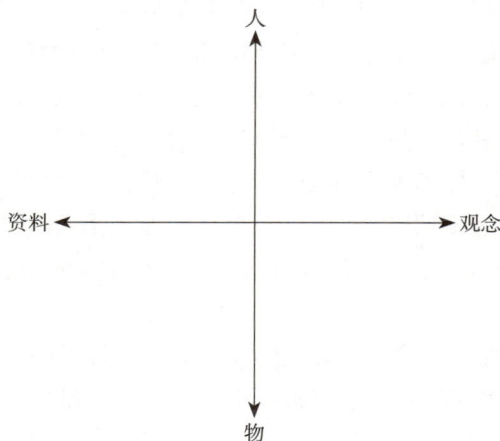

图 3–4　兴趣坐标

2. 分析你的学科兴趣　对于我国在校大学生来说，职业实践经历相对较少，兴趣识别最可靠的方式还是依赖个体的成长经历。借助于大学生的学习经历来探索其可能的职业兴趣领域，就成为一个具有较好实践性的方法。

调查表明，大多数在校大学生并不重视其所学专业的人才培养方案，也不了解学校整个选修课程的设置情况，整个大学期间都需要学习哪些课程，往往是随着课程的开展，才逐步了解到的。从大量的个体咨询案例的实际应用来看，大学里的专业人才培养方案或学校的公共选修课清单是一个辅助识别学生职业兴趣的工具。具体操作中通常可以遵循以下三个步骤：首先，让学生从整个人才培养方案中的课程清单和公共选修课清单中，选出自己最感兴趣的课程和最不感兴趣的课程；第二，对这些选出的课程进行编号，并将其所涉及的具体内容按照霍兰德职业类型理论中的职业环境的六个类型进行分类；第三，将这些课程代码标注在霍兰德职业兴趣类型六边形上，根据这些课程在六边形上的分布可以很清楚地了解自己感兴趣与不感兴趣的职业领域所在；

第四，在自己的职业兴趣领域中寻找自己感兴趣的具体职业，并做深入地了解。

（二）职业兴趣测试法

职业兴趣测试是一个常见的了解个体职业兴趣的方法。本书附录为大家提供了霍兰德职业兴趣测试工具，请首先回顾第二章霍兰德兴趣类型理论，然后完成这部分测试，查看有关的结果分析，相信一定会加深对自我职业兴趣取向的理解。

在进行职业兴趣测试时要注意以下几个问题。

1. 测试工具的选择　当前，测试工具类型众多，在选择测试工具时，要尽量选择正规、权威的测试工具，尽量选择符合心理测量基本标准（提供参照常模，具有良好信度和效度）的工具。20 世纪 90 年代末期，白利刚、凌文辁、方俐洛分别以霍兰德职业兴趣理论为依据，结合我国国情和职业分类体系特点，编制的霍氏中国职业兴趣量表已经在各个领域得到广泛使用。现在国内有很多引进和自主研制的测验，网上也有很多免费的测验，因此，在进行具体测试前要进行优化选择。

2. 测试的实施及对结果的解释　在使用测试工具时，首先要看清指导语，然后严格按照施测要求进行测试。关于结果的解释，一般来说要求由生涯辅导专业人员实施测试（自助式测试除外），并对测试的结果进行专门的解释和说明，帮助被测试者正确理解测试的含义。当前，国内测试工具尚不够成熟，专业的生涯辅导老师也缺乏，在解释说明方面还处于较混乱的状态。因此，在施测时要特别注意不能滥用和迷信测评，以免被误导。

3. 怎样看待职业兴趣测试　准确地说，兴趣测试的结果不能简单地解释为"哪种职业适合我"，只能说是根据测试的常模样本，拥有某种兴趣特征的人通常会更多地选择某种职业，并且在这样的职业中感觉比较满足、愉快。由于同一种职业在不同的组织机构内其性质和工作内容也会有很大差别，因此要具体情况具体分析。做兴趣测试的目的是增进对自我及工作世界的认识，从而拓展自己在职业上的发展思路，为未来职业发展提供方向性的指导，而不是限定自己。所以不要局限于测试结果所建议的职业，也不要盲目地给自己的职业类型贴标签、下定论。

4. 职业兴趣测试的局限性　随着测量理论的发展和测量技术的进步，职业兴趣测试的质量得到了较大的发展。但由于很多兴趣测试都是根据个人的认识而做出判断，就不可避免地会出现一些偏差。如有的人对自己的喜好并不清楚，有的人在施测时心理状态不稳定，导致测试难以做出符合要求的判断；有的人在兴趣测试时受到自己价值观、能力的影响而得到与自己实际职业兴趣偏离的结果；还有的人受到环境和实践经历的影响而导致自己的兴趣没有被发现或意识到，使得测试结果出现几种兴趣类型的分值相差不多。考虑到上述局限，大学生在做职业兴趣测试时要树立这样的观念：测试重要的不是得出某个确定的职业结果，而是以兴趣类型作为自己探索和定位的参考依据。

资料链接

这里介绍一个有趣的职业兴趣自我探索活动：假设你获得了一次免费的岛屿度假机会，唯一的要求是你必须与岛上的居民一起生活至少半年。请不要考虑其他因素，仅凭自己的兴趣挑出你最向往的岛屿。

A 岛：美丽浪漫的岛屿。岛上有美术馆、音乐厅，弥漫着浓厚的艺术文化气息。同时，当地的原住民还保留了传统的舞蹈、音乐与绘画，许多文艺界的朋友都喜欢来这里找寻灵感。

I岛：深思冥想的岛屿。岛上人迹较少，建筑物多僻处一隅，平畴绿野，适合夜观星象。岛上有多处天文馆、科博馆及科学图书馆等。岛上居民喜好沉思、追求真知，喜欢和来自各地的哲学家、科学家、心理学家等交换心得。

C岛：现代、井然的岛屿。岛上建筑十分现代化，是进步的都市形态，以完善的户政管理、地政管理、金融管理见长。岛民个性冷静保守，处事有条不紊，善于组织规划。

R岛：自然原始的岛屿。岛上保留有热带的原始植物，自然生态保持得很好，也有相当规模的动物园、植物园和水族馆。岛上居民以手工见长，自己种植花果蔬菜、修缮房屋、打造器物、制作工具。

S岛：温暖友善的岛屿。岛上居民个性温和、十分友善、乐于助人，社区均自成一个密切互动的服务网络，人们多互助合作，重视教育，弦歌不辍，充满人文气息。

E岛：显赫富庶的岛屿。岛上的居民热情豪爽，善于企业经营和贸易。岛上的经济高度发展，处处是高级饭店、俱乐部、高尔夫球场。来往者多是企业家、经理人、政治家、律师等。

你总共有15秒的时间回答以下问题：

1.不要考虑其他因素，仅凭自己的兴趣挑出最想前往的第一个岛屿，你会选择哪个岛屿？

2.其次你会选择哪一个岛屿？

3.第三你会选择哪一个岛屿？

4.你无论如何都不愿意选择哪一个岛屿？

依次记下答案，并与结果比对：六个岛屿代表六种典型的职业生涯兴趣类型，第一个是主要兴趣，第二、三个是辅助兴趣。

答案：六个岛屿分别代表艺术型（A）、研究型（I）、实际型（R）、社会型（S）、企业型（E）和常规型（C），具体内容请查询附录二霍兰德职业索引。

四、中医药类学生职业兴趣类型与典型职业的匹配

根据霍兰德职业索引——职业兴趣代号与其相应的职业对照表进行分析总结，现将中医药类专业学生的职业兴趣的基本类型与对应的典型职业归纳如下（详见表3-3），需要说明的是对照的霍兰德职业索引未经本土化改造，与中国的现存职业可能会有一定的偏差，在此仅供参考。

表3-3　中医药类专业学生职业兴趣类型与适合的典型职业

职业兴趣类型	中医药类专业所对应的典型职业	霍兰德职业代码对应的典型职业
ISA型	中医医师（妇产科医生、眼科医生、五官科医生）、中西医结合医师（妇产科医生、眼科医生、五官科医生、内科医生）	普通心理学家、社会心理学家、临床心理学家、妇产科医生、眼科医生、五官科医生、医学实验技术专家、民航医务人员、护士
IRA型	中医医师（外科医生）	外科医生
IAS型	中医医师（内科医生）、中西医结合医师（内科医生）	心理学家、内科医生
ISR型	中医医师（骨科医生）	牙科医生、骨科医生
IES型	中药调剂员、临床药剂师	生理学家、医院药剂师、药房营业员
SIA型		心理咨询者、大学各学科教师、研究生助教
SIE型	健康管理师、营养师	营养学家、校长

续表

职业兴趣类型	中医药类专业所对应的典型职业	霍兰德职业代码对应的典型职业
SIR 型	针灸科医师、推拿按摩科医师、理疗师、针灸师、推拿按摩师、保健按摩师	理疗员、手足病科医生
SEI 型	中等职业学校教师	大学校长、学院院长、医院行政管理员、职业学校教师
SRC 型		护理员、护理助理
IRS 型		药物学家、生物化学家
ECS 型	医药商品购销员、中药购销员	售货员、采购员
CEI 型	销售代表	推销员

实践探索

回答问题——职业兴趣探索

请具体、详细地回答下列问题，如有可能，请与一位同伴相互讲述自己对问题的思考和回答，通过互相提问帮助讲述的人探询细节和原因。这个练习可以回忆并梳理日常生活中有关个人兴趣的一些代表性事件，增进自己对自我职业兴趣的觉察，同时起到探索作用。

• 排除所有现实的考虑，把经过上述活动获得的最有兴趣的职业中相关专业写上来。

• 假如你现在得到一个机会，可以让你在一夜之间精通三种专业，你希望它们都是什么？

• 你喜欢阅读哪一方面的杂志或书籍，读哪方面的书籍或杂志，真正让你感到有趣？请写在下面。

• 你喜欢阅读报纸上的什么文章？什么主题的特别报道能令你真正感兴趣？请将答案写在下面。

• 你喜欢浏览什么网站？这些网站实际上属于哪个专业？哪些网站令你真正着迷？将答案写下来。

• 我们生活中都有过一些时刻，因为专注于某种工作或某方面的学习而忘记了休息时间，如果这种事情发生在你身上，会是什么工作让你如此全神贯注，废寝忘食？写下来。

回答完上面的问题，需要仔细寻找一下答案里面有什么共同点？是否可以归纳为什么主题或关键词？这些主题或关键词可能和霍兰德的哪些类型相对应？如何能让这样的主题在今后的生活中得到发展？

第四节　探索职业能力

"我能做什么？"是经常困扰在校大学生的又一个常见问题。如何识别自己的能力优势？在大学学习中如何培养自己的职业能力？这是大学生职业发展规划中的重要主题。本节内容主要帮助学生了解什么是能力，什么是技能，技能在职业生涯规划中起到的重要作用，以及中医药类专业学生应当具备的职业技能。

一、能力与职业能力概述

（一）能力的概念

人们对于"能力"这个词的理解，非常宽泛而且模糊，在英文中，通常用 ability 和 competence

这两个词来表述。究其内涵，我们通常认为 ability 侧重于生理和心理特征的描述，并似乎与禀赋和素质相关联；而 competence 则更多倾向于知识、技能，以及经验和态度的总和。从心理学角度来看，能力是指顺利完成某种活动所具备的、稳定的个性心理特征，是顺利完成某一活动所必需的主观条件，直接影响活动完成的效果。能力总是和人完成一定的活动联系在一起，人的能力是在活动中形成、发展和表现出来的。离开了具体的活动，既不能表现人的能力，也不能发展人的能力。

（二）职业能力的概念

职业能力是指个体将所学的知识、技能和态度在特定的职业活动或情境中进行类化迁移与整合所形成的能完成一定职业任务的能力，是人们从事某种职业必须具备的，并在该职业活动中表现出的多种能力的综合。因此，职业能力不仅是指其中的某一种能力，而是多种能力的叠加与复合。例如，教师只具有语言表达能力是不够的，还必须具有对教学的组织、管理能力，对教材的理解、使用能力，对教学问题和教学效果的分析、判断能力，对学生学习的指导、启发能力。

（三）职业能力的特征

职业来自产业现场，职业能力也一定是与特定的产业现场相联系的。职业能力在工作过程中的表现形式为按照工作要求执行规范、解决问题、完成任务。执行规范实际上是指专业技能和知识在特定条件下的应用，这对于劳动者职业能力的养成，具有形成性意义；解决问题，实际上是指专业技能和知识在不同条件下的运用，这是经验积累的过程，是能力发展的必由之路，解决问题的能力实际上是职业能力的核心；完成任务就是指通过业绩表现来检验能力的表现过程，这是职业能力物化的最终表现形式，通常被作为标定职业能力程度的主要标尺。职业能力具有以下五个方面的普遍特征。

1. 应用性（职业性）　职业能力以满足社会需求和市场需求为目标。

2. 层次性（复合性）　人才素质日益向通用型、复合型靠拢，多层次、多领域的能力要求是现代职业发展的方向。

3. 专门性（方向性）　针对职业而言，既包括适合职业社会的通用能力，又包括针对某具体职业的专门能力。

4. 个体性（差异性）　职业能力具有个体属性，不同的个体既有能力倾向上的差异，也有能力水平高低的差异。

5. 可变性（动态性）　一方面，社会发展对同一职业的职业能力要求会不断发展；另一方面，一个人所经历的同一职业的不同岗位对职业能力的要求也是不同的。

（四）职业能力的分类

20 世纪 70 年代初，德国劳动和社会学家梅尔腾斯（D.Mertens）在对劳动市场与劳动者的职业适应性进行研究时，提出了"关键能力"概念，并将其看成是"进入日益复杂的和不可预测的世界的工具"，是"促进社会变革的一种策略"，在西方社会和教育界引起高度关注。他的研究表明了职业能力有结构层次上的差异，他从未来劳动领域需求的角度，强调培养人的能力，而能力的培养不能仅局限于一项专门的技术内容上，还应适应多种职业。关键能力区别于与工作岗位相关的知识和技能，它既不会过时，又可以应用于各种工作。

　　自 20 世纪 90 年代以后，几乎所有的英联邦国家的职业教育领域都接受了核心技能（core skills）或关键技能（key skills）这一重要概念，将其视为职业能力的重要组成部分，德国专家雷斯诺认为在关键能力之外，能力还包括由简单知识和初等技能构成的基础能力，由专门开发的高层次知识和技能构成的"特殊能力"。而一个人要想更好地、更有效地运用上述能力，关键能力是至关重要的。

　　通常意义上，关键能力包括以下三个方面的内容：

　　1. 专业能力　会系统、综合地学习和掌握专业知识与技能。

　　2. 方法能力　掌握并具有自我学习、处理和解决问题的方法和能力，适应未来不断变化的需求。

　　3. 社会能力　具有与人交往合作的能力，具有责任意识和组织纪律性等。

　　具体来说，社会技能主要是指劳动者对职业关系的适应和建构能力，包括在工作情境中与他人交往和协调的能力、调控和改变社会成员之间关系的能力，以及有效从事各种社会活动的能力，如交流技能、合作技能等。方法技能主要是指劳动者在职业生涯中对机遇、责任和限制等情景做出解释、思考、判断和设计的技能，通常指从事职业活动所需要的工作方法与学习方法，包括制订工作计划、解决实际问题、独立学习等，反映在思维技能上，还包括分析与综合、全局思维与系统思维、逻辑思维与抽象思维、决定与迁移等技能。

　　我国在 20 世纪 90 年代中期，劳动部职业技能鉴定中心开始引入核心技能（能力）的概念，并将职业技能划分为职业专门技能（能力）、行业通用技能（能力）和核心技能（能力）。如果把职业能力比做"冰山"，那么职业专门技能处于"冰山"浮出水面的部分，是职业能力的表层结构，通过具体的职业行为可以观察到；核心技能（包括社会技能和方法技能）处于"冰山"隐藏于水面之下的部分，是职业能力的深层结构，通过内在的经验模式支持外在的行为表现，很难通过行为表现直接观察到，却具有广泛的可迁移性，因而又被称为"可迁移技能"；行业通用技能则处于"冰山"与水面交接的过渡带，如图 3-5 所示。

图 3-5　冰山理论模型

　　通过对我国工业化程度、技术应用水平和社会结构变化等因素的研究，我国学者认为现阶段产业现场的核心技能包括以下几个方面。

　　1. 交流技能或沟通技能　即应用语言和文字，通过交谈讨论、当众演讲、阅读等方式，获得、呈现、分析、评价和分享信息资源的技能。

　　2. 演算技能　指数字应用技能，获取、解释、呈现、分析和运用数字材料，并以运算为基础对数字材料进行评价和得出结论的技能。

　　3. 解决问题技能　确定问题存在，分析问题情境的关键要素，运用规范和经验等有效资源，提出解决问题的计划方案并付诸实施，以及检查解决效果的技能。

4. 创新技能　在不同条件的工作情境中，分析需求差异、权衡优劣得失、吸取不同意见、合理承担风险，并提出改进或革新的方案，或从多种选项中择优判断的策略性技能。

5. 与人合作技能　正确认识自己，并根据工作活动的需要，与他人交往、协作，共同完成工作任务的技能。

6. 自我提高技能　或称独立学习技能，即根据工作岗位和个人发展的需要，计划和评价自己的学习和行为，运用各种有效的方法和途径，通过独立学习和自我训练改善工作状况的技能。

7. 信息处理技能　应用信息技术处理日常工作的技能。

8. 外语应用技能　在跨文化的工作情境中，运用非母语的语言和文字工具，应用多种方式获得、呈现、分析、评价和分享信息的技能。

上述技能的基本特点是跨职业性、非技术性和可迁移性。核心技能对于劳动者职业生涯的发展具有极其重要的作用，它能增强劳动者运用专门技能完成工作任务的能力，并增强其发展的"弹性"和"张力"。一般来说，核心技能独立于具体的职业活动，并通过特定的职业活动内容得以呈现，因而，核心技能的养成和评价都应基于具体的职业活动和行为。

美国学者辛迪·梵（Sidney Fine）和理查德·鲍尔斯（Richard Bolles）研究发现，技能可以分为三类，分别是知识技能、可迁移技能和自我管理技能。

1. 知识技能　知识技能是通过教育或者培训才能获得的特别的知识或能力，即个人所学习的科目、所懂得的知识。一般用名词表示。例如，中医基础理论知识、中药学知识、中医内科学知识、英语、办公软件的操作等。

知识技能的表达方式：我学习过，我还学习过……

2. 可迁移技能　人所获得的各种技能之间往往可以相互作用，已经掌握的技能可能对新的技能具有促进作用，也有可能会妨碍学习新的技能，这种现象叫技能的迁移。例如，一名医生在临床工作中因经常与患者进行沟通，锻炼了语言表达能力，后因工作突出，该医生被调任管理岗位，这样该医生在临床工作中学到的语言表达能力就迁移到了医院管理工作，这就是技能的迁移。

可迁移技能的表达方式是：我善于……

表 3-4　可迁移技能词汇表

服务	照顾	执行	洞察	适应	控制	烹调	协调	分析	联络	驾驶	鼓励	编辑	协助	写作	设计	调和	解释
探索	表达	咨询	倾听	唱歌	维修	追随	预见	管理	演讲	讲解	激励	调解	安排	测量	记忆	示范	支持
种植	激发	服从	帮助	想象	操作	组织	研究	观察	翻译	绘画	安装	互动	摄影	计划	销售	记录	
发明	调查	判断	创新	计算	学习	交际	宣传	分类	总结	绘制	促进	收集	应变	领导	准备	打字	描述
影响	创造	制图	搜集	评价	预测	交流	忍耐	评估	权衡	分享	推理	提问	审视	引导	修改	合成	建议
指导	监督	编程	遵守														

3. 自我管理技能

自我管理技能是指个人依靠自己的主观能动性，按照一定的目标，有意识、有目的地对自己的思想、行为、价值观进行控制的能力。良好的自我管理技能能够帮助个体更好地适应周围环境，应对工作中出现的问题，因此它也被称为"适应性技能"。自我管理技能常常被看作个性品质，被用来描述或说明人具有的某些特征，常以形容词或副词的形式出现。

自我管理技能的表达方式是：我是一个……的人。

表 3-5　自我管理技能词汇表

诚实	正直	自信	开朗	合作	耐心	细致	慎重	认真	负责	可靠	灵活	幽默	友好	真诚	热情	投入	高效
冷静	严谨	踏实	积极	主动	豪爽	勇敢	忠诚	直爽	现实	执着	机灵	感性	善良	大度	坚强	随和	聪明
稳重	热情	乐观	朴实	渊博	机智	敏捷	活泼	果断	敏锐	公正	宽容	勤奋	镇定	坦率	慷慨	清晰	明智
坚定	乐观	亲切	好奇	独立	成熟	谦虚	理性	周详	客观	平和	独特	独创	同情	自发	文雅	礼貌	准时
有创意	有激情	有远见	有抱负	有策略	有条不紊	善于观察	坚忍不拔	足智多谋	精力旺盛	头脑灵活	多才多艺						
善解人意	吃苦耐劳	深思熟虑															

（五）职业能力的发展过程

根据职业能力的定义，职业能力是在学习和掌握知识、技能，并具备了一定的态度和经验的基础上形成的。具体地讲，职业能力形成的条件包括知识、技能和态度三种因素，而从心理学和教学学的角度看，能力的形成过程正是知识、技能和态度的类化迁移和整合的结果。也就是说，知识、技能、态度等的习得或会应用，并不等于已具备了职业能力。学生职业能力的形成和发展，必须参与特定的职业活动或模拟的职业情境，通过对自己的知识、技能、态度等的类化迁移，并得到特殊的发展与整合，从而才能形成职业能力。

中国学者在观察产业现场的工作过程中发现，劳动者职业生涯的成长，常常伴随着职业能力发展的五个基本阶段。

第一阶段：入。就是劳动者进入特定就业岗位进行必要的训练，使其初步具备上岗的基本要求。

第二阶段：会。在基本训练的基础上，能够按照预定的工作方法和步骤，完成特定职业领域中日常的、可预见的基本活动。

第三阶段：熟。通过经验的积累，技能发展可以处理不可预见性的专业活动，以持续地维持生产的效率和产品的品质，并能指导基层员工的规范性工作。

第四阶段：精。长期的经验积累，使其在特定工作领域内，针对特殊的工作活动，通过对规律的把握，能够不断改善工作品质，提高工作效率。如改进工具和工艺、指导团队进行技术革新、维护生产现场的日常生产并在一定范围内支配相应的资源等。

第五阶段：通。这是职业能力发展的重要境界。能够通过比较和分析技能的发展，在不同条件和不同领域中广泛地从事专业性工作和处理工作中出现的特殊问题。这个阶段，强调员工在多条件、多领域的工作情景中解决问题的技能、创新的技能和指导不同团队的技能，在更大的范围内支配生产性资源和现场维护能力。

具体来说，劳动者职业能力发展的五个阶段在产业现场中呈现出一个螺旋式向上成长的过程，如图 3-6 所示。

当劳动者运用规范执行工作的时候，他将不断遇到各种问题（如工作环境、工作条件等因素的变化）。只有创造性地运用知识和经验才能解决这些问题，并完成任务。劳动者在不断解决问题的过程中实现了经验积累，学习的过程就已经蕴含其中；当新的策略得到构建，并融入劳动者的行为模式中，他的能力就得到了提升。当累积的能力通过业绩持续得到呈现，他就可能得

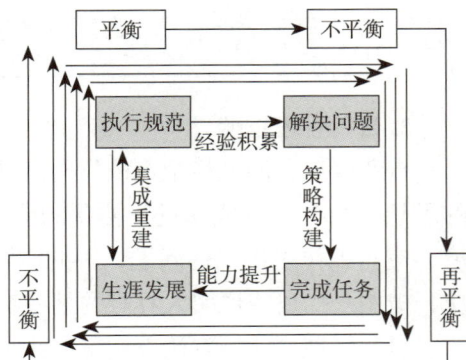

图 3-6　职业能力发展过程

到晋升的机会——但新的工作任务（一般来说，更高级别将产生工作范围、工作责任的变化）又导致新的不胜任情况的出现，能力与任务的平衡性再次被打破——新的学习又在新工作过程发生了。先前的经验需要在工作任务平台的重建过程中得到集成，以适应更大范围、更大责任以及更高产出的要求。如是盘旋，由熟而精，由精而通。

二、能力与职业的适应性

职业的成功与否与一个人的职业能力密切相关，职业能力强的人更容易获得成功。大学生在职业选择时，应考虑自己的能力优势，选择最有利于发挥自己能力优势的职业，提高自身的职业适应性。职业适应性是指一个人从事某项工作时必须具备的生理、心理素质特征。它是在先天因素和后天环境相互作用的基础上形成和发展起来的。职业适应性可分为一般职业适应性和特殊职业适应性两大类。一般职业适应性，指从事一般职业所需的基本生理、心理素质特征。特殊职业适应性，指从事某一特定职业所需具备的特殊生理、心理品质特征。以下表 3-6、表 3-7 分别为职业能力类型与职业适应性对照表、特殊能力与职业适应性对照表。

表 3-6　职业能力类型与职业适应性对照表

职业能力类型	特点	适宜的职业类型
操作型职业能力	以操作能力为主，运用专业知识或经验，掌握特定技术或工艺，并形成相应的职业技能与技巧的能力	打字、驾驶、种植、操纵、机床、控制仪表等
艺术型职业能力	以想象能力为核心，运用艺术手段再现社会生活和塑造某种艺术形象的能力	写作、绘画、演艺、美工等
教育型职业能力	以教育、教学、引导能力为主	教育、宣传、思想政治教育工作等
科研型职业能力	以人的创造性思维为核心，通过实验研究、社会调查和资料检索等手段进行新的综合、发明与发现能力	研究、技术革新与发明、理论等
服务型职业能力	以敏锐的社会知觉能力和人际关系协调能力为主，借助人际交往或直接沟通使顾客获得心理满足的能力	商业、旅游业、服务业等
经营管理型职业能力	以决策能力为核心，能广泛获得信息，并以此独立地做出应变、决策或形成谋略的能力	经理、厂长等中高层管理人员
社交型职业能力	以人际关系协调能力为核心，深谙人情世故，能掌握人际吸引规律，善于周旋、协调，且能使对方通力合作的能力	联络、洽谈、调解、采购等

表 3-7　特殊能力与职业适应性对照表

特殊能力类型	特点	适宜的职业类型
语言表达能力	指对词的理解和适应能力，对词、句子、段落、篇章的理解能力，以及善于清楚而准确地表达自己的观点	教师、营业员、服务员、护士等
算术能力	指迅速而准确运算的能力	会计、出纳、统计、建筑师、药剂师等
空间判断能力	指能看懂几何图形、识别物体在空间运动中的关系、解决几何问题的能力	医生、裁缝、电工、木匠、无线电修理工、机床工等
形态知觉能力	指对物体或图像的有关细节的知觉能力，如对于图形的阴暗、线的宽度和长度做出视觉的区别和比较，能看出细微的差异	生物学家、建筑师、测量员、制图员、农业技术员、动植物技术员、兽医、画家、药剂师等
事务能力	指对文字或表格式材料细节的知觉能力，发现错字或正确地校对数字的能力	设计人员、出纳、会计、文秘等

续表

特殊能力类型	特点	适宜的职业类型
动作协调能力	指迅速准确和协调地做出精确的动作及运动反应能力	驾驶员、飞行员、运动员、舞蹈员等
手指灵巧度	指手指迅速准确和协调操作小物体的能力	纺织工、打字员、裁缝、外科医生、五官医生、护士、雕刻家、画家等
手腕灵活度	指手灵巧而迅速活动的能力	运动员、舞蹈家、画家等

需要说明的是，上述划分是相对的，具有某种典型职业能力的人是存在的，但是大部分人属于混合型。每个人要全面认识自己，区分清楚自己的职业能力优势，从而在职业发展中能够扬长避短。

三、识别职业技能优势

"知己知彼，百战不殆"。识别职业技能优势的目的主要是帮助我们判定职业技能，正确认识我们的职业定位。只有全面、充分、准确地识别出自我职业技能优势，才能找到自我定位与社会定位的恰当结合点，做出适合自己的职业定位。可见，识别职业技能优势是我们胜任职业的前提。

（一）成就经历法

成就经历法是根据辛迪·梵和理查德·鲍尔斯的技能分类产生的技能开发工具。技能的规范描述与提取是有效运用成就经历法的关键，通常需要遵循以下三个要点。

第一，使用描述技能的规范句式。标准格式为"（主语）+ 状语（副词）+ 谓语（动词）+ 宾语（名词）"，如"我成功策划过一次全校性的晚会"就是把三种技能结合起来的表达方法。

第二，准确提炼规范句式中的技能描述用语。管理技能与可迁移技能通常可以参考相关技能词汇表中所列的用语，知识 / 专业技能需要准备提炼出所涉及的某项具体知识或专业技能，这是技能提炼描述中的难点。如"全校性的晚会"其本质是一次人数众多、程序复杂、有特定意义的大型活动，用"大型活动"代替"全校晚会"更能反映出知识 / 专业技能描述的准确性，因而宜用"成功地策划大型活动"这样的技能描述，依此类推。

第三，提取技能描述句中的"技能"。一般来说状语（副词）概括的是"管理技能"，谓语（动词）概括的是"可迁移技能"，宾语（名词）概括的是"知识 / 专业技能"，可参见表 3-8 中的具体示例。

表 3-8　成就经历法中技能识别方式举例

管理技能（副词）	可迁移技能（动词）	知识 / 专业技能（名词）	故事来源例子
成功地	策划	大型活动	成功地策划了一次全校晚会
系统地	掌握	药物分离技术	毕业前在药物分析室实习半年
独立地	操作	针刀	师从针刀名师临床两年
大量地	记忆	处方	参加方剂背诵比赛获二等奖
有韧性地	执行	枯燥任务	每天坚持跑 2000 米

利用成就经历法来识别技能，通常可以按照以下三个步骤来进行：

第一步：成就经历表的准备。用一张 A4 白纸竖放在自己面前，在上面写上题目，如"张三的技能识别表"。将纸纵向折为左右两部分，左侧占 2/3，右侧占 1/3，并在左侧的上方写上"成就经历描述"，在右侧上方写上"可识别出的技能"。

第二步：撰写成长经历故事。回忆生活、学习、成长的经历，把认为自己做得好的经历逐一记录下来，越具体越好，而且最好给每个经历起一个名字。之后你就会发现，记录得越详细，可识别的技能就会越多。

第三步：提炼描述技能的规范句式。将经历故事中的具体事件改写为前述技能描述规范句式，分别识别出该具体事件中使用的管理技能、可迁移技能和知识 / 专业技能（参见表 3-9）。

表 3-9　王同学的技能识别表

成就经历描述	可识别出的技能
在某中医药大学附属医院做导诊志愿者 大三年级，我报名参加了某中医药大学附属医院组织的导诊志愿者招募活动。我利用周末休息时间，坚持每个月至少参加两次活动，每次 3 个小时。 服务地点是附属医院一楼门诊大厅，周末就诊的人也很多，许多患者及家属需要帮助，如不清楚就诊科室的具体楼层，不知道中药房、西药房的具体位置，不会使用自助打印机等。我热情并耐心地解答问题，还帮助住院患者拿行李，他们很感谢我，我也很有成就感。但是一些人并不信任学生志愿者，问完我又叫导诊台的护士，刚开始我有点儿生气，真想过去责问他们，但我忍住了，我想，毕竟大家是看病着急，要学会换位思考。在志愿服务过程中，我发现，很多患者及家属对医院周边的餐厅、药店、医疗器械等有需求，于是，我组织志愿者同学们制作了图标示意图，这样既节省时间又使用方便，受到医院领导、患者及家属的大力支持和认可	无私地服务他人 积极地安排生活 有规律地执行计划 主动地帮助弱者 宽容地理解不信任 有效地处理负面情绪 及时地发现问题 创造性地探索解决方案 成功地达成满意的结果

（二）职业能力测评法

职业能力倾向测验是个人了解自己能力倾向的一种有效方法。根据测验分数，个人可以了解自己的长处和短处，对于确定自己的职业发展方向，具有一定的参考价值。当前，职业能力倾向测验也被广泛用于人才选拔和员工考评。主要有两类：一类是通用能力倾向测评，以测量各职业都涉及的通用能力为目的，如一般能力倾向测验（简称 GATB）、差异能力倾向测验（简称 DAT）、雇员能力倾向测验（简称 EAS）；另一类是特殊能力倾向测评，以测量特定职业所需能力为目的，如我国的行政职业能力测验。

四、中医药类大学生应具备的职业技能

不同的职业具有不同的职业特点，对从事这一职业的从业人员具有特定的要求。而对于个人来说，没有人是全能的，也没有人的职业技能与能力是与生俱来的，都需要经过后天的锻炼和学习获得。中医药类职业具有其特有的职业特点，对中医药类大学生的职业技能与能力有特定要求。

（一）中医药类大学生从事中医药专业典型职业所需职业技能分析

我们借鉴美国"全国大学生与雇主协会"关于美国雇主们最为重视的职业技能和个人品质的调查结论，按其中的项目对中医药专业典型职业所需职业技能进行分析。在表 3-10 中，以"强""较强""一般"等来表示各典型职业对某一项职业能力的要求强度。

表 3-10　中医药类专业大学生从事典型职业所需职业技能分析表

技能类型	所属能力	临床医生	护士	医药购销人员	医药研究人员	医药行政管理人员	其他职业
可迁移技能	沟通能力	强	强	强	较强	强	
	领导能力	一般	一般	一般	一般	强	
	人际交往能力	较强	较强	强	一般	强	
	适应能力	较强	较强	强	较强	强	
	分析和解决问题的能力	强	较强	强	强	较强	
自我管理技能	积极主动性	较强	较强	强	较强	强	
	团队合作精神	较强	强	强	较强	强	
	诚实正直	强	强	较强	强	较强	
	职业道德	强	强	较强	强	较强	
知识/专业技能	学习能力	强	较强	一般	强	较强	
	专业技术	强	强	一般	强	一般	

如果你将要从事的不是以上五种典型职业，也可在最后一列"其他职业"中填写上，并逐条进行分析。

（二）中医药类专业大学生从事典型职业所需核心职业技能

2001 年国际医学教育组织（HME）公布了《全球医学教育最基本要求》（GMsR），对医学类学生提出 7 种核心能力、60 个标准，包括职业价值、态度、行为和伦理，医学科学基础毕业生必须具备坚实的医学科学基础知识、沟通技能、临床技能、群体健康和卫生系统、信息管理、批判性思维和研究等。根据这些要求并结合上面的分析，中医药类大学生要根据职业发展需要重点培养核心职业技能与能力，具体见表 3-11。

表 3-11　中医药类专业大学生从事典型职业所需核心职业技能表

典型职业	核心职业技能
临床医生	临床技能、应急能力、沟通表达能力、学习能力、批判思维能力
护士	临床护理技能、应急能力、沟通表达能力、操作技能、学习能力
医药购销人员	学习能力、沟通能力、说服能力、抗压能力
医药研究人员	专业能力、创新能力、求异思维能力、执行力、学习能力
医药行业行政管理人员	专业知识、组织协调能力、沟通能力、执行力、学习能力
其他职业	

如果你未来从事的不是以上五种典型职业，也可在最后一行"其他职业"中填写上，并尝试列出核心职业技能与能力。

实践探索

回忆自己的成就事件

回忆自己到目前为止取得过的自认为感觉很好、给自己带来成就感的事情，并把它们逐条列出。内容要包括完成的事情、当时遇到的困难、大体的行动步骤和最终的结果。

注意：成就事件不一定必须是大事件，也可以是一些微不足道的小事，既可以是工作中的，也可以是学习上的，还可以是生活中的事情。其评判标准并非世俗所公认的"成功"，而是个人内心的真实感受，如喜欢做这件事时体验到的感受，或完成后自己觉得有成就感，或获得了他人的认可和表扬等。

（1）_____
（2）_____
（3）_____
（4）_____
（5）_____
（6）_____
（7）_____
（8）_____
（9）_____
（10）_____

请将以上成就经历中体现出的技能进行总结，并填入下面的表格。

我做得很好	我可以做，但做得不是那么好
我只要努力，就可以做得好	不是我所擅长的能力

第五节　澄清职业价值观

职业价值观是自我认知的重要组成部分，直接关系到一个人的职业规划和未来的职业发展。对于在校大学生而言，了解和明确自己的职业价值观意义重大。职业价值观决定了大学生职业生涯发展的方向，澄清职业价值观将有助于确立明确而稳定的职业目标，并激发出努力成才的内动力。本节将重点介绍什么是职业价值观、职业价值观与职业发展的关系、职业价值观的识别与澄清及中医药类学生应具有的核心职业价值观等内容。

一、价值观与职业价值观概述

每个人对职业的期望和偏好不完全相同，具有明显的个体差异性。比如，在求职过程中，有的人比较注重职业的收入和薪酬，有的人比较看重职业的地位和权力，有的人比较注重职业的自由度，而有的人比较注重工作的稳定性等。这些各有侧重的价值选择反映的就是人们的价值观和职业价值观。为能在毕业后顺利走上工作岗位，每一位大学生都需要全面认识和明确自己的价值观和职业价值观。

（一）价值观

1. 价值观的定义　价值观是指推动并指引一个人采取决定和行动的经济的、逻辑的、科学的、艺术的、道德的、美学的和宗教的原则、信念和标准，是一个人思想意识的核心，即价值观决定着一个人的生活态度。

2. 价值观的特点　主要有以下五个方面。

（1）当某些价值观被这个社会的大多数人所承认和接受时，这个价值观就变成了一种普通的社会道德规范。

（2）由于社会生活的多样性和丰富性，形成了人与人之间，不同社会阶层之间，不同地区、不同民族之间价值观念的差异性。

（3）一个人所选择的价值观将影响这个人对事物进行价值判断，进而影响这个人对待某一事物的态度和行为方式。

（4）一个人认知能力的发展和社会环境、教育的影响，是决定一个人形成何种价值观与价值观发展的主要因素。

（5）大学生处在价值观迅速发展的时期，逐渐由具体变为抽象、由重视外在价值转向注重内在价值。

3. 价值目标分类　针对人们关于客观事物价值的追求与志向，美国学者 G.W. 奥尔伯特等人认为，人们的价值目标主要有六种。

（1）**经济价值**　人们认为生活追求的主要目标是财产的得失和多少，即以个人财富的多少作为价值目标。

（2）**理论价值**　人们渴望在知识体系中发现新事物，渴望找到能揭示客观事物及其规律的理论依据，即以从事理论或科学研究为价值目标。

（3）**审美价值**　人们把现实美作为人生的根本意义，把对美的发现、创作与追求当成毕生的目标，如摄影、绘画、雕塑。

（4）**权力价值**　人们认为人生的目标就在于获得权利并支配他人，当官成为其一生的奋斗目标。

（5）**社会价值**　人们认为人生最有意义的工作是增进社会福利、为他人服务、为别人解除痛苦。

（6）**宗教价值**　崇尚宗教价值的人会把精力用在追求新奇神秘的事物上，为神灵而斗争是其不变的目标。

除了奥尔伯特等人所列的价值目标外，还有：

名誉价值：人们倾向于追求的目标是为了获得社会或他人的褒奖与认可，得到好的名声。

心理价值：人们希望达到某些目标仅仅是为了心理上的一种满足或内心的平衡。

证明价值：人们坚持做某些努力，仅仅是为了证明自己是正确的或是为了证明自己比别人强。

4. 价值观的激励作用　美国心理学家马斯洛将人的欲望与需求分为 5 个等级，即生理需求、安全需求、社交需求、尊重需求和自我实现需求。马斯洛认为低层次的需要在一定程度上满足后，个体才会企求更高层次的需要；当低层次的需要得到满足后，仍以原来的方式进行激励，效果会较差。一个人由于所处的职业生涯发展阶段、社会环境不同，需求也会有所不同，价值目标追求也会变化。图 3-7 是不同层次的需求与对应的价值观。

（二）职业价值观

1. 职业价值观的定义　职业价值观又称为工作价值观，是价值观在职业选择或发展问题上的具体体现。舒伯（Super，1970）认为，职业价值观是个人追求的与工作有关的目标，即个人的内在需求及在从事活动时所追求的工作特质或属性。纵观国内外学者对职业价值观的定义，我们发现职业价值观既可以是一种外在的特定职业因素的价值衡量标准，也可以是职业人的内在信念与态度。为此，我们择取了五位学者对职业价值观进行界定，以帮助我们进一步深刻理解职业价值观的内涵（表 3–12）。

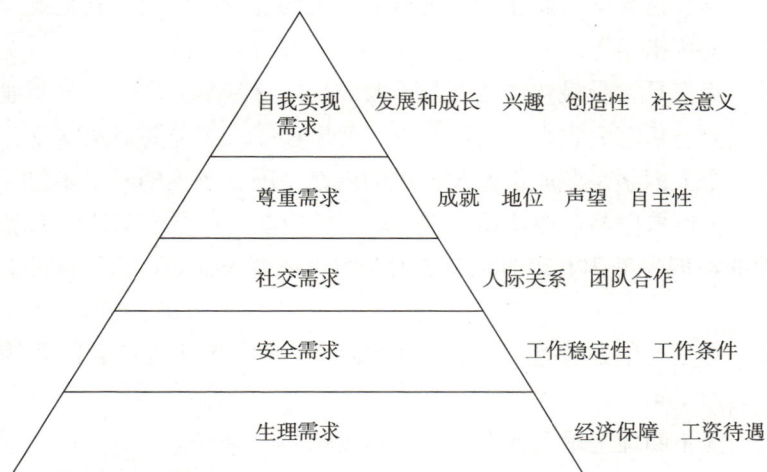

图 3–7　马斯洛的需求层次模型与对应的价值观

表 3–12　关于职业价值观的各种定义

学者	观点
易里哲（Elizur D，1984）	职业价值观就是个体认为某种工作结果的重要性程度
罗斯（Ros M，1999）	职业价值观就是人们从某种职业中所能取得的终极状态（如收入高）或行为方式（如与同事一起工作）的信念
施活兹（Schwartz SH，1999）	职业价值观是指人们通过工作而达到的目标或取得的报酬，它是更一般的个体价值观在职业生活中的表现
凌文辁（1999）	职业价值观是人们对待职业的一种信念和态度，或是人们在职业生活中表现出来的一种价值取向
黄希庭（1994）	职业价值观是人们对社会职业需求所表现出来的评价，是人生价值观在职业问题上的反映

2. 职业价值观的特点

（1）差异性　职业价值观存在一定的个体差异，在同一社会背景下的不同个体，其职业价值观会因为个体的差异而有所不同。导致职业价值观产生差异的原因是多方面的，包括个体的性别、年龄、文化程度、工作经历、家庭背景等。

（2）稳定性　职业价值观一旦形成，会变得相对稳定和持久，不会轻易发生改变。但是，随着各种条件和环境的改变，职业价值观也会发生一定的变化，但随后又会进入相对稳定和持久的状态。

（3）渐成性　职业价值观不是天生的，而是人们在社会活动中逐渐形成的。职业价值观的形成不是一朝一夕的事，是随着个体认知水平的提高逐步形成的。另外，职业价值观的形成与个体条件、周围环境、社会背景等关系密切。

（4）多元性　职业价值观不是单一的，而是一个由多种价值观所形成的价值观系统。在择业时，这些价值观都会发挥一定的作用，只是发挥作用的大小不同而已。

3. 职业价值观的影响因素　从内外因结合考虑，主要影响因素包括社会因素、学校因素、家庭因素和个人因素四个方面。

（1）社会因素　个体存在于社会中必然受到社会各种因素的影响，影响因素主要包括经济体制变革的影响、社会文化转变的影响和就业制度改革等。

（2）学校因素　学校是大学生职业价值观形成的主要场所，影响因素主要包括学校环境、课程体系、德育内容、就业指导等。

（3）家庭因素　家庭是接受最初的教育与不断成长的最基本的环境，是职业价值观形成的重要场所，影响因素主要包括家庭收入、父母职业、父母素质、父母期望及职业定位等。

（4）个人因素　个人因素是职业价值观形成的内在主因，影响因素主要包括性别、学历、专业知识与技术能力、价值取向与职业认识水平、职业适应能力、社会交往能力等。

4. 职业价值观的类型　美国心理学家洛特克（Milton Rokeach）将人的职业价值观分为以下13 种类型。

（1）利他主义　总是为他人着想，把直接为大众的幸福和利益尽一份力作为自己的追求，别人也会因为你的行为而受惠颇多。

（2）审美主义　能不断地追求美的东西，得到美感的享受。

（3）智力刺激　不断进行智力开发、动脑思考、学习和探索新事物，解决新问题。

（4）成就动机　提升社会地位，得到社会认同；希望工作能受到他人的认可，对工作的完成和挑战成功感到满足。

（5）自主独立　工作中有弹性，可以充分掌握自己的时间和行动，自由度高；能够充分发挥自己的独立性和主动件，按自己的方式、想法去做，不受他人干扰。

（6）社会地位　所从事的工作在人们的心目有较高的社会地位，从而使自己得到他人的重视与尊敬。

（7）权力控制　获得对他人或某事的管理权，能指挥和调遣一定范围内的人或事物。

（8）经济报酬　获得优厚的报酬，使自己有足够的财力去获得自己想要的东西，使生活过得较为富足。

（9）社会交往　能和各种人交往，建立比较广泛的社会联系和关系，甚至能和知名人物结识。

（10）安全稳定　希望不管自己能力怎样，在工作中要有一个安稳的局面，不会因为奖金、加资、调动工作或领导训斥等而经常提心吊胆、心烦意乱。

（11）轻松舒适　希望将工作作为一种消遣、休息或享受的形式，追求比较舒适、轻松、自由、优越的工作条件和环境。

（12）人际关系　关心他人，与别人分享、协助别人解决问题；希望一起工作的大多数同事和领导人品好，相处在一起感到愉快、自然。

（13）追求新意　希望工作的内容经常变换，使工作和生活显得丰富多彩，不单调枯燥。

二、职业价值观与职业发展

职业价值观与职业发展密切相关，二者相互影响、相互作用。在任何一个职业领域，没有与之相适应的职业价值观，就不会有真正长远的职业发展。同样地，职业发展过程顺利与否、长久与否也直接影响着职业价值观的稳定与发挥，甚至会从根本上改变人们既定的职业价值观和职业选择。

（一）职业价值观在职业发展中的作用

职业价值观从根本上决定了人们的职业选择，影响着人们对职业发展过程中问题的认识和判断，指引着人们用正确的态度与方法完成利益上的取舍，分清工作上的主次，设定行为方式的优先权重。职业价值观在职业发展中的作用主要体现在两个方面。

1. 导向作用　职业价值观决定了人们的职业选择倾向，会引导人们关注与之相应的行业领域。对于大学生而言，大学时期正是职业价值观初步形成、逐渐定型的阶段。也正是在这一时期，每一位大学生逐步形成并确立了自己的职业发展方向：或倾向于选择高收入的职业，或倾向于选择带有权力地位的工作，或倾向于选择自由独立的工作，或倾向于选择相对稳定的工作等。职业价值观促使大学生对职业的认知水平不断提升，并对众多职业进行筛选。

2. 驱动作用　职业价值观从根本上决定了人们的工作态度和工作积极性，对职业发展具有很强的驱动作用。只有职业价值观匹配职业发展，人们才能调动出从事职业工作的内动力，并获得职业幸福感。也只有这样，人们才能战胜职业倦怠，更好地面对和解决职业发展过程中遇到的问题和困难，促进职业良性发展。事实上，职业价值观是人们职业发展动力的源泉，离开相适应的职业价值观，职业发展就成了无源之水、无本之木。

（二）职业发展对职业价值观的影响

职业发展过程不是一成不变的，具有波动性甚至变动性。职业发展过程的变化会对职业价值观产生影响。与预期一致的职业发展变化会强化职业价值观，反之会削弱甚至改变价值观。一般而言，职业发展过程对职业价值观主要有两个方面的影响。

1. 升华职业价值观　职业发展符合预期时，人们的需要得到一定程度的满足，就会得到必要的正向激励，从而在职业发展中寻求新的价值需求。一方面会巩固和强化人们原有的职业价值观，另一方面会深化和升华原有的职业价值观，使职业价值观更好地发挥导向和驱动作用。职业发展对职业价值观的升华，主要体现在人们对职业的认同度和投入度上，最直接的作用就是极大地提高人们工作的积极性。换言之，理想的职业发展会推动人们由物质追求向精神追求、由个人诉求向团体价值方面发展，体现了一种精神的升华和人生境界的完善。

2. 澄清职业价值观　职业发展遇阻时会冲击职业价值观。也就是说，在职业发展不如预期时，人们会反思职业价值观，并依据现实情况进一步调整职业价值观。职业价值观得到恰如其分的澄清和明确后，将能从根本上促进职业发展。对于大学生而言，由于个人阅历所限，对职业价值观的认识难免存在局限性。比如，有的大学生在择业时既想工作条件好，又想薪水高，还想离家人近，令自己的就业困难重重；或把择业条件硬性限定为不去郊区、不做营销等，最终因无法实现而心中苦闷。这些情况都需要根据个人实际情况来修正职业价值观。

三、职业价值观的识别与澄清

（一）职业价值观剖析

职业价值观决定了人们的职业期望，影响着人们对职业方向和目标的选择。职业价值观是理想、信念、欲望、偏好等对职业产生影响的载体和体现。对于大学生而言，在为自己做职业生涯规划之前，一定要清楚和明确自己的职业价值观。职业价值观决定了在职业规划和发展中哪些因素对自己是重要的，哪些是不重要的，哪些是要优先考虑的。

对自己的价值观，特别是职业价值观进行剖析时，可以参照本教材前面所提出的价值目标分类和职业价值观类型，看自己到底属于哪一种。另外，我们可以把不同职业价值观的内容加以归结，根据它们所体现的主要方面，来确定自己的职业价值观中主要的因素是什么。张再生教授把这些因素总结为三类，我们也可以从这三个方面剖析职业价值观。

第一，发展因素，包括符合兴趣爱好、机会均等、公平竞争、工作有挑战性、能发挥自身才能、工作自主性大、能提供培训机会、晋升机会多、专业对口、发展空间大、出国机会多等，这些职业要素都与个人发展有关，因此称之为发展因素。

第二，保健因素，包括工资高、福利好、保险全、职业稳定、工作环境舒适、交通便捷、生活方便等，这些职业要素与福利待遇和生活有关，因此称之为保健因素。

第三，声望因素，包括单位知名度、单位规模和权力大、行政级别和社会地位高等，这些职业要素都与职业声望地位有关，因此称之为声望因素。

职业价值观是一个复杂的多维度的心理因素，对职业的选择和衡量有多种要素的参与，但各要素起的作用是不同的。从当前的实际来看，许多调查显示，大学生的职业价值观越来越重视发展因素，而对保健因素和声望因素的重视程度则因人而异，差别较大。

在职业价值观剖析过程中，必须处理好职业价值观不同要素之间的关系，并根据不同时期、不同情况明确自己的职业核心需求，以便合理制订自己的职业生涯规划和相关策略。

1. 职业价值观与金钱的关系　金钱是一种成就的报酬，是在确立职业价值观时首先要面对的问题。部分大学生将金钱作为求职的首选价值观，虽未有错，但其所拥有的知识、能力、经验和阅历还不足以使其一走上社会就获得高额的金钱回报。过分追求金钱易被不法分子利用，误入歧途。最好是理性降低对金钱的期望值，把眼光放长远，将自我成长与自我实现作为求职时的首选价值观。

2. 职业价值观与兴趣、特长的关系　职业价值观与兴趣、特长是大学生在择业时需要考虑的最重要的三个因素。在确定价值观时，一定要考虑其是否与自己的兴趣、特长相适应。只有选择了自己喜欢的工作才能充分调动潜能，获得职业发展的动力。

3. 职业价值观的排序与取舍　职业价值观的特性决定了人们的职业价值观是多元的，所以要对自己的职业价值观进行排序，找出自己认为最重要的方面，并提醒自己不可能什么都能得到。否则就会患得患失，不清楚自己到底想要什么，难以获得职业的成功和对社会的贡献。

4. 职业价值观中个人与社会的关系　人不能离开社会而独立存在，人也只有在工作中为社会作贡献才能实现自己的职业价值。在确立职业价值观时，既要考虑个人因素，也要考虑社会责任。反对只为个人考虑，而不考虑国家和社会需要的职业价值观。

5. 淡泊名利与追逐名利关系　追逐名利是人的欲望，既可以使人成就大的事业，也可使人自我毁灭。要以合理、合法、公正、公平的方式追逐名利，要在进取中对社会有益。要处理好追逐名利与淡泊名利的关系，把握尺度。

在认识、分析以上职业价值观和不同要素之间关系的同时，我们还要清晰地认识到，职业价值观的发展不是抽象的，而是具体的，具有社会性和历史性。中国医学生必须始终将"人民至上"作为核心的职业价值观，以"为人民服务，为中国共产党治国理政服务，为巩固和发展中国特色社会主义制度服务，为改革开放和社会主义现代化建设服务"作为终身的职业奋斗目标。作为新时代的医学生，在树立职业价值观过程中，既要培养过硬的医疗能力，又要擦亮医学生的政治底色，坚持"四个自信"，坚持集体主义精神，坚持勇于奉献、先人后己的职业操守，成为具有较高政治素养、人文情怀和科学精神的复合型医疗人才。

【**联结自我**】

自我询问

在规划自己的职业生涯或者选择职业时，可以针对以上 13 种职业价值观类型，分别问自己以下几个问题：

（1）我重视的职业价值观是什么？（选择 5 个）

（2）我所选择的这五个职业价值现是我一直都重视的吗？如果曾经改变过，是在什么时候？

（3）有哪些职业价值观是我父母认为重要的，而我却不同意的？有哪些是我和父母共同拥有的？

（4）职业价值观的改变是否曾经改变我安排的生活和学习方式？

（5）我理想的工作状态与我的职业价值观之间是否有任何的联系？

（6）我是否因为谁说的一句话或某件事情，例如考试的成绩，而对自己的职业价值观感到怀疑？

（7）以前我曾经崇拜哪些人？他们目前对我有什么影响？

（8）我的行为可以反映我的职业价值观吗？例如重视工作的不断变化与挑战的你，会选择单调枯燥、一成不变的工作吗？

以上 8 点是了解自己职业价值观的基础。回答这些问题并不容易，甚至在短时间内难有完整的答案，但可以尝试着去分析和回答。

（二）职业价值观澄清

在前面的分析中，我们已经指出，价值观会随着自身条件和环境的改变而进行调整，我们需要经常地重新评估我们的价值观。事实上，对职业价值观的澄清可以有效地帮助我们分清哪几种价值观是最重要的，哪些价值观属于比较重要的，并进一步帮助我们从重要的价值中找出哪些是第一位的，而另一些是可以放在最后的。依据自己的认知逻辑对重要价值观进行排序的过程就是价值观的澄清过程。

职业价值观澄清的方式，总体上分为横向筛选和纵向挖掘两类。

1. 职业价值观的横向筛选性澄清　职业价值观的横向筛选性澄清一般需要遵循以下七个步骤，也称之为七个"标准"，其中前三个属于第一个层次——选择层次；后两个属于第二个层次——珍视层次；最后两个属于第三个层次——行动层次。

第一，自由选择。自己自由选择，不存在别人的强迫，拒绝各种形式的强制选择，包括父母以爱的方式给予的强制性选择。只有自由的选择，才体现了自己真正的价值取向。

第二，从多种可能中选择。如果不存在多种可能，那么也就不存在自由选择的问题了。个人的自由选择是从多种可能中进行选择的。如果给你以下几种选择：毕业后当教师、当医生、在医药企业工作、在卫生管理部门当公务员等，你会选择哪种？每一种职业对应的价值观都不一样，教师工作代表着收入稳定，但收入偏低；医生工作代表着高威望、高收入，但相对压力较大；公务员代表着权力和地位、高威望。

第三，对结果衡量后做出选择。个体在选择时，需要对各种选择的可能后果做出分析，反复衡量其利弊，最后做出决定，因为每一种选择都可能带来正面或负面的后果。例如，有一份工作，收入丰厚，但距离较远，上下班单程需要 2 小时，更换 5 次交通工具或交通方式；另一份工作距离较近，但收入不高。这时你需要对每一种选择的后果进行比较衡量后再做出决定。

第四，珍爱自己的选择。珍惜和爱护自己的选择，为自己能做出这样的选择而感到自豪，并从中得到极大的满足和成就感，这表现为具有明确的价值取向。反之，当一个人对自己的选择没有感到自豪，这种活动本身也不为他所珍爱，那么这肯定不是价值，也没有反映他的价值取向。

第五，坚持和维护自己的选择。当我们拥有一份选择，我们乐意公开承认自己的选择，不会因这种选择而感到羞愧，有时甚至迫切希望告知公众我们的选择。相反，如果我们倾向于掩盖自己的选择，不愿让别人知道自己的选择，这意味着不是真正的价值观，也没有反映自己的价值取向。例如，有的人特别害怕在校园之外的公共场合碰见学生喊他（她）"老师"；有的人不愿意公开承认自己是一名优秀的药品营销人员。其实这些职业在许多人看来都值得羡慕，但是他们却从来不愿意主动表明自己的职业，这显然没有体现其真正的价值观。

第六，依据选择而行动。价值观会影响一个人的行为，我们需要根据自己的选择进行实际行动，通过行动反映我们的价值取向。相反，如果一个人没有按照他宣称的价值观行动，而是通过空想或理想化的想象他如何生活或工作，这只是一种愿望，而不是价值观，也没有反映他的价值取向。

第七，反复地和一贯地行动。一个人不断地从事与其价值观有关的活动，重复而一贯地行动，最后逐渐变成一种生活方式或工作方式。

这七步的澄清过程，不但可以帮助我们认清自己重要价值观的选择顺序，而且会在实践中不断验证它。

2. 职业价值观的纵向挖掘性澄清 职业价值观横向筛选性澄清的结果会对大学生的职业价值发现有所帮助，但也会带来一些困惑。比如，在一次教学活动中，有位学生表示："我通过价值观筛选发现，自己追求的都得到了，可为什么还是感到缺少点什么，至少现在不觉得自己幸福，这是为什么呢？是自己的选择有错吗？"应该说，这位学生选择的结果没有错，只是价值的层次比较低，或者说对价值观的认识比较浅，需要进一步深化、发现内在更核心的价值追求。

这就需要我们进一步深入认识工具型价值观和终极型价值观的概念。工具型价值观是指"事物"，是我们日常生活中的行动和行为方式，直接与我们的日常生活紧密联系。例如，有雄心的、富有想象力的、高收入的、有权力的等。而终极型价值观则是指"感觉"，与"生存的最终状态"有关，是一个人希望通过一生而实现的目标。例如，舒适的生活、自由、幸福、被信任、快乐、社会赞誉等。

为此，我们可以通过完成米尔顿·洛克奇的价值观调查表（Rokeach Value Survey，1973）来正确地区分终极价值观和工具价值观。

在表 3-13 中，我们看到了两类价值观诸因素的整体框架，每一类型都包括 18 项内容，自上而下按英文 A—Z 的顺序排列。

表 3-13 洛克奇价值观调查表

终极价值观（感觉）	排序	工具型价值观（事实）	排序
舒适的生活（富足的生活）		雄心勃勃（辛勤工作、奋发向上）	
平等（兄弟情谊、机会均等）		心胸开阔（思想开放）	
振奋的生活（有激情活力的生活）		能干（有能力、有效率）	
家庭安全（照顾自己所爱的人）		欢乐（轻松愉快）	
自由（独立自主的选择）		清洁（卫生、整洁）	
健康（身心均健康）		勇敢（坚持自己的信仰）	

续表

终极价值观（感觉）	排序	工具型价值观（事实）	排序
内在和谐（摆脱内心冲突）		宽容（谅解他人）	
成熟的爱（获得亲密感）		助人为乐（为他人的福利工作）	
国家的安全（免遭攻击）		正直（真挚、诚实）	
愉悦（愉快惬意的生活）		富于想象（大胆、有创造性）	
救世（救世的、永恒的生活）		独立（自力更生、自给自足）	
自尊（自重）		智慧（有知识、善思考）	
成就感（持续的奉献）		符合逻辑（理性的）	
社会认同（尊重、赞赏）		爱（温情的、温柔的）	
真挚的友谊（亲密关系）		顺从（有责任感、尊重的）	
睿智（对生活有成熟的理解）		礼貌（有礼的、性情好）	
和平的世界（没有冲突和战争）		负责（可靠的）	
美丽的世界（艺术与自然之美）		自我控制（自律的、约束的）	

通过对两种价值观的排序，你会发现对你影响最深的工具价值观和终极价值观分别是什么。同时通过认真的思考，你还会发现它们之间存在的联系。这样，你对价值观的认识不仅是全面的，而且是深刻的。而这种思考的结论也必然会影响你的人生观，影响你未来的职业选择。

（三）职业锚

职业锚这一概念，由美国麻省理工学院的埃德加·施恩教授提出，是指当一个人不得不做出选择的时候，他无论如何都不会放弃的职业中那种至关重要的东西或价值观。职业锚实际上就是人们选择和发展自己职业时所围绕的中心。

职业锚主要分为 8 种类型。不同类型的职业锚，反映了不同类型的职业价值观模式，如图 3-8 所示。

1. 技术／职能型　技术／职能型的人，追求在技术或职能领域的成长和技能的不断提高，以及应用这种技术或职能的机会。他们对自己的认可来自他们的专业水平，他们喜欢面对来自专业领域的挑战。

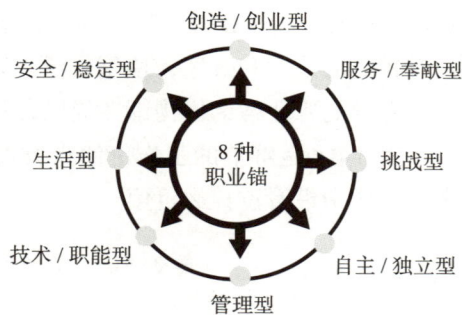

图 3-8　八种类型的职业锚

2. 管理型　管理型的人追求并致力于工作晋升，倾心于全面管理，独自负责一个部门，可以跨部门整合其他人的努力成果，具体的技术或功能工作仅仅被视为通向更高、更全面管理层的必经之路。

3. 自主／独立型　自主／独立型的人希望随心所欲地安排自己的工作方式、工作习惯和生活方式。他们追求能施展个人能力的工作环境，最大限度地摆脱组织的限制和制约，宁愿放弃提升或工作拓展机会，也不愿意放弃自由与独立。

4. 挑战型　挑战型的人喜欢解决看上去无法解决的问题，战胜强硬的对手，克服无法克服的困难障碍等。对他们而言，参加工作或职业的原因是工作允许他们去战胜各种不可能。新奇、变化和困难是他们的终极目标。

5. 服务／奉献型　服务／奉献型的人是指那些一直追求他们认可的核心价值观，例如帮助他人，改善人们的安全，通过新的产品消除疾病。他们一直追寻这种机会，即使这意味着他们将变换工作单位，也不会接受不允许他们实现这种价值观的工作变换或工作提升。

6. 创造 / 创业型　创造 / 创业型的人希望用自己的能力去创建属于自己的公司或创建完全属于自己的产品（或服务），而且愿意去冒风险，克服面临的障碍。他们可能正在别人的公司工作，但一旦他们感觉时机到了，便会创建自己的事业。

7. 安全 / 稳定型　安全 / 稳定型的人追求工作中的安全与稳定感。他们可以预测将来的成功从而感到放松。他们关心财务安全，例如退休金和退休计划。尽管有时他们可以达到一个较高的职位，但他们并不关心具体的职位和工作内容。

8. 生活型　生活型的人希望将生活的各个主要方面整合为一个整体。他们需要一个能够让他们实现这一目标的职业环境。他们在处理个人需要、家庭需要和职业需要时，甚至会牺牲职业需要。

（四）职业价值观的测量工具

既然职业价值观对一个人未来的职业发展具有如此重要的影响，那么测量自己的职业价值观就变得非常重要。职业价值观的测量需要一定的方法和工具。测量职业价值观的工具有定量与定性之分，但随着科学研究的深入，这两种方法之间的界限越来越模糊，往往是定性中有定量，定量中有定性。

为了便于区分，本书将比较客观的定量工具的方法称为测量法，将凭主观认知为主的定性方法称为澄清法。需要明确的是，无论测量法还是澄清法，其结果只是人们的一种认知倾向，价值观本身无对错之分。

职业价值观的测量工具有很多，大多是通过量表或问卷的方法进行的。在这些测量工具中，影响比较大的有舒伯于 1970 年编制的工作价值观量表（Work Values Inventory，MVI）、明尼苏达重要性问卷（Minnesota Importance Questionnaire，MIQ）、高登的职业价值观量表（Occupational Values Inventory，OVI）等。其中，舒伯的工作价值观量表，也有人称其为 SWVI，编制较早，具有较高的信度和效度，使用广泛。我国宁维卫最先修订了舒伯的工作价值观量表。目前，国内许多专门的职业咨询机构都在提供各种关于职业价值观的测评和咨询服务。

表 3–14 是舒伯的工作价值观量表，我们可以按照要求填写表中内容，来检查一下自己在未来的工作中最看重什么价值。

表 3–14　工作价值观调查表（Work Values Inventory，WVI）
舒伯　编制

下面的陈述描述了人们认为工作中重要的价值观，是人们对工作中追寻的目标或对工作结果满意的因素。人们认为这些价值观不是同等重要的，某种价值观对某些人非常重要，而对另外一些人不太重要。下面，请你仔细阅读每一句陈述，并决定它对于你的重要性程度，在你同意的数字上画圈。

题号	关于工作价值的描述	重要性评价				
1.	不断地解决难题	5	4	3	2	1
2.	帮助他人	5	4	3	2	1
3.	得到升职	5	4	3	2	1
4.	盼望工作变动	5	4	3	2	1
5.	我的地盘我做主	5	4	3	2	1
6.	工作领域内的声望	5	4	3	2	1

续表

题号	关于工作价值的描述	重要性评价				
7.	需要艺术能力	5	4	3	2	1
8.	成为团体的一员	5	4	3	2	1
9.	一辈子不失业	5	4	3	2	1
10.	成为理想中的人物	5	4	3	2	1
11.	得到上级公正对待	5	4	3	2	1
12.	喜欢工作环境的设置	5	4	3	2	1
13.	每天工作有愉快的感觉	5	4	3	2	1
14.	拥有凌驾他人的职权	5	4	3	2	1
15.	实践新的想法或建议	5	4	3	2	1
16.	创造某种新生事物	5	4	3	2	1
17.	从工作结果看，我干得很棒	5	4	3	2	1
18.	老板是一个讲理的人	5	4	3	2	1
19.	确信总有一份工作干	5	4	3	2	1
20.	让世界变得更美好	5	4	3	2	1
21.	自己能做决定	5	4	3	2	1
22.	收入增长足以应对生活支出	5	4	3	2	1
23.	经常遇到挑战	5	4	3	2	1
24.	运用我的领导才能	5	4	3	2	1
25.	单位有充足的休息室、厕所或其他设施	5	4	3	2	1
26.	拥有工作意义之外我喜欢的生活方式	5	4	3	2	1
27.	我和同事保持稳固的友谊	5	4	3	2	1
28.	别人都认为我的工作很重要	5	4	3	2	1
29.	不必整天重复同样的事	5	4	3	2	1
30.	工作中对他人有帮助	5	4	3	2	1
31.	造福于他人	5	4	3	2	1
32.	在工作中完成不同的任务	5	4	3	2	1
33.	在工作中得到别人的重视	5	4	3	2	1
34.	和同事保持良好的沟通	5	4	3	2	1
35.	工作带给我最喜欢的生活方式	5	4	3	2	1
36.	工作地点很好（安静、舒适等）	5	4	3	2	1
37.	对别人的工作进行计划和组织	5	4	3	2	1
38.	让头脑保持机警	5	4	3	2	1
39.	挣的钱足以维生	5	4	3	2	1
40.	做自己的老板	5	4	3	2	1
41.	开发出有吸引力的产品	5	4	3	2	1
42.	一份工作结束意味着另一份工作开始	5	4	3	2	1
43.	有一个细心周到的主管	5	4	3	2	1
44.	付出终有回报	5	4	3	2	1
45.	为别人出谋划策	5	4	3	2	1

注：5"非常重要"；4"重要"；3"一般性重要"；2"不太重要"；1"根本不重要"。

当我们完成了上面的调查，就进入统计计分程序，每项价值观会涉及表 3–14 中的三个题目，将表 3–14 中每个题号得分填入表 3–15 中的得分栏下面的短横线上，并把三个得分相加，填在计分栏中，作为该价值观项目的总分。表 3–15 还提供了该价值观项目的名称和解释，以便于参与者加深对概念的理解与思考。当所有的分数被计算出来后，按计分手册，1～3 分为"不重要"，4～6 分为"有点重要"，7～9 分为"还算重要"，10～12 分为"重要"，13～15 分为"非常重要"，这样，我们可以就根据计分的范围确定 WVI 中 15 项价值观各自的重要性程度，对这些价值观进行归类。

表 3–15　工作价值观调查计分表

题号	得分	计分	价值观因素及解释
15，16，45	＿＿＿＋＿＿＿＋		创造性：允许人们发明新产品或产生新想法
14，24，37	＿＿＿＋＿＿＿＋		管理：允许人们计划并管理他人的工作
13，17，44	＿＿＿＋＿＿＿＋		成就：给人一种成功完成工作的感受
12，25，36	＿＿＿＋＿＿＿＋		环境：在愉快的、室温适宜、无噪声和污染的环境中工作
11，18，43	＿＿＿＋＿＿＿＋		上下级关系：主管是一个为人正直并能与之和睦相处的人
10，26，35	＿＿＿＋＿＿＿＋		生活方式：允许人们按他们选择的方式和处事方式去生活
9，19，42	＿＿＿＋＿＿＿＋		保障：即使是在困境中也不会让员工失业
8，27，34	＿＿＿＋＿＿＿＋		交际：提供与自己喜欢的同事交往的机会
7，20，41	＿＿＿＋＿＿＿＋		美感：提供创造美和投身于美好世界的感觉
6，28，33	＿＿＿＋＿＿＿＋		声望：让人们拥有受人瞩目的地位和尊敬
5，21，40	＿＿＿＋＿＿＿＋		独立：允许人们以他们希望的快慢节奏开展工作
4，29，32	＿＿＿＋＿＿＿＋		变化：提供完成不同类型任务的机会
3，22，39	＿＿＿＋＿＿＿＋		报酬：工作报酬足够满足人们的需要
2，30，31	＿＿＿＋＿＿＿＋		利他：带给人们造福于他人的机会
1，23，38	＿＿＿＋＿＿＿＋		智力激发：提供人们独立思考和探索规律的机会

与任何心理测量结果的使用一样，对职业价值观测量结果的应用最好在职业指导人员的帮助下进行。作为自我评价的工具，我们在使用时最好全面理解评价体系后再做结论。由于大学生的社会经验不足，对工作有关概念与环境的理解可能存在一定的局限，这样就要多问自己几个为什么。如果发现自己几乎所有的工作价值观项目均处于最重要或最不重要的水平，说明测试参与者本身价值观倾向不清或对价值观条目缺少充分理解，需要重新测量或改用其他方法。

在应用中，价值观的测量结果还可以帮助一些学生扩展职业领域。如有的中医药院校学生经测量得知自己最重要的价值观倾向是美感，而中医药相关出版社、报社、杂志社、网络公司等都需要既懂美学、又懂医学的美编，这对其实现美感方面的价值是再合适不过的岗位选择了。

四、中医药类大学生应具有的核心职业价值观

通过前面内容的学习，我们知道职业价值观可以看作是人生目标和人生态度在职业选择方面的具体表现，即人们对职业的认识和态度以及对职业目标的追求和向往。由于职业自身的特殊性，中医药专业典型职业对职业价值观同样有着特定的要求。每一位学生都应清楚地认识到这一点，并从根本上重视职业价值观的形成。

大学生应具备的核心职业价值观应充分考虑和体现其所要从事职业的职业特点。为提高针对

性和参考价值，本教材选取中医药专业典型职业对中医药类大学生应具有的核心职业价值观进行
分析总结，主要分析项目包括职业特点、职业锚倾向、主要价值目标、核心职业价值观。中医药
类专业大学生的核心职业价值观主要包括社会主义核心价值观牢固、职业信念坚定、职业精神高
尚、人际关系融洽等方面。具体见表3-16。

表3-16 中医药类专业大学生从事的典型职业应具备的核心职业价值观分析表

中医药专业典型职业	职业特点	职业锚倾向	主要价值目标	核心职业价值观
临床医生	成熟周期长，专业性强，职业风险大，工作时间无规律，工作强度大、压力大	技术型/技能型服务型/奉献型	社会价值	利他主义、成就动机、社会地位
护士	技术性强，高职业危险性，精神压力大，工作时间规律性强，工作强度大	技术型/技能型服务型/奉献型	社会价值	利他主义、成就动机、经济报酬
医药购销人员	工作地点分散，时间弹性大，挑战性大，流动率高，压力大	挑战型	经济价值	经济报酬、社会交往、人际关系
医药研究人员	专业性强，创新性强，成果周期长	技术型/技能型	理论价值	智力刺激、追求新意、成就动机
医药行业行政管理人员	工作时间规律性强，计划性强，工作纪律性强，日常性、事务性工作为主	管理型服务型/奉献型	社会价值	社会地位、成就动机、社会交往
其他职业				

注：主要价值目标参照美国人格心理学家G.W.奥尔伯特的价值目标分类进行分析，核心职业价值观参照美国心理学家洛特克（Milton Rokeach）的职业价值观分类进行分析。

如果你将要从事职业的不是以上五种典型职业，也可在最后一行"其他职业"中填写上，并参照中医药专业典型职业的内容进行分析。

实践探索

工作价值观的拍卖会

在这个拍卖会上，每个"买家"都只有1万元的拍卖经费。在拍卖开始之前，作为"买家"，你需要先做个经费预算，你可以将1万元全部花在一个项目上，也可以分别花在几个项目上，并将预算金额列入表3-14中的第一列。当然，在真正举牌竞价时，不必被自己预算的金额所限制，只要认为值，可以花更多的钱买下某个项目，只是总数不要超过1万元。不管最后是否得到这个项目，请在表格的第二列中填上为这个项目所出的最高价。

如果你在某个项目上拍卖成功，那么你所花的钱需从1万元中扣除，只能用剩余的钱参加下个项目的竞价。

每个项目起抬价为100元，每次叫价以100元的整数倍进行。任何项目的叫价达到1万元，就停止该项目的竞价，并由出价1万元的买家获得该项目。

这是个团体活动，由公正的"拍卖师"主持拍卖会，拍卖项目由"拍卖师"从表格中随机抽取（见表3-17）。

在拍卖结束后，思考你所选择的项目，每个选择的项目都可能代表了你的好几种价值追求。想一想，当你选择其一个项目时，脑海中真正想要的价值是什么，并填入表格中的第四列。表3-18中列出了一些可能的价值。

如果真正参与了竞拍，跟其他人为了某个项目而竞争，你的感受是否有所不同？你对每个项目的出价接近自己的预算吗？还是在拍卖中你的情绪打乱了你原来理性的计划？

表3-17　工作价值观的拍卖清单

待售出的职业	你的预算价格	你的最高价格	你赢得的项目	与项目有关的价值
能够让我……的职业				
1. 具有吸引力，让每一个认识自己的人都喜欢自己				
2. 拥有健康——长寿而且没有疾病				
3. 有清晰的自我认识，知道自己是谁				
4. 每年至少赚100万元				
5. 成为团体或政党中最有影响的人				
6. 有时间过一个愉快的、有意义的家庭生活				
7. 为自己的宗教信仰献身				
8. 参加社会活动，如音乐会、戏剧、芭蕾表演或体育运动				
9. 在一个没有歧视、欺骗和不公正现象的环境中工作				
10. 为贫病人士竭诚服务				
11. 什么时候都能让自己做喜欢做的事				
12. 有一份稳定的工作和收入				
13. 能够寻找到生活的意义和真谛				
14. 精通专业，在所做的一切事情上都能取得成功				
15. 有学习的条件——有所需的全部书籍、电脑和各种辅助物				
16. 创造一个能让自己自由地给予和付出爱的氛围				
17. 冒险、迎接挑战，过精彩的人生				
18. 产生新思想，创造新的行为方式				
19. 自由决定工作的条件、时间、位置和服装等				
20. 制作有吸引力的物品，为世界贡献美丽				
21. 获得全国和世界性的荣誉和名望				
22. 休长假，什么都不做，只要开心玩				

表3-18　工作价值拍卖表中所涉及项目的价值

待出售的职业	有关项目的价值*
能够让我……的职业	
1. 有吸引力，受人欢迎的	容貌，被赏识
2. 健康状况良好	身心健康
3. 真正地了解自己	智慧，自我了解，内心和谐
4. 每年赚100万	财富，高收入，钱，利润
5. 最有影响力	权力，领导能力，晋升
6. 有一个温馨的家庭生活	家庭关系，生活方式
7. 实现自己的宗教信仰	对道德和宗教的关心，灵魂得救
8. 参加社会活动	审美，休闲，刺激

续表

待出售的职业	有关项目的价值*
9. 不抱偏见	公平，正义，诚实，道德
10. 给贫病人士以帮助	利他主义，帮助他人，友谊
11. 做喜欢做的事情	自主，独立，生活方式
12. 有自己渴望的工作或收入	工作保障，稳定，固定的工作收入
13. 了解生活的意义	智慧，真理，个人的成长
14. 达到精通和成功	成就，技能，赏识
15. 获得良好的学习条件	知识，智力方面的鼓励
16. 付出和接受爱	慈爱，爱，友谊
17. 冒险，迎接挑战	冒险，兴奋，竞争
18. 产生新思想	创造性，多样性，变化性
19. 自主决定工作条件	自由，独立，个人权利
20. 为世界奉献美	审美，艺术性的创造
21. 赢得荣誉和声望	被赏识，炫耀，威望
22. 休长假	休闲时间，放松，健康

注：* 与这些项目相关的价值不仅限于这里所提到的内容。这个价值表只是建议性的，可根据需要加上其他的价值。

【教学案例】

黄璐琦：新时代中医药事业担纲者

　　黄璐琦，江西婺源人，全国优秀共产党员，中国工程院院士。1985—1989 年就读于江西中医学院（现江西中医药大学）药学系，本科毕业后顺利考入中国中医研究院（现中国中医科学院）攻读硕士学位，1992—1995 年于北京医科大学（现北京大学医学部）攻读博士学位，毕业后分配到中国中医研究院中药研究所从事科研工作。在中药资源学与分子生药学领域，不断攻坚克难、开拓创新，以第一完成人获国家科学技术进步二等奖 4 项，2015 年当选为中国工程院（医药卫生学部）院士。

　　黄璐琦在博士毕业后的二十年里，迅速从一名莘莘学子成长为学界瞩目的中国工程院院士，书写了辉煌的人生篇章。究竟是什么精神激励着他取得如此成就？他又具备什么样的特质呢？

　　1. 背景分析　黄璐琦的成长经历与大多数普通读书人一样，既不出生于名门，也没有显赫的家族或社会背景。他成长于美丽的"书乡"婺源，自考入江西中医药大学就立志毕生为祖国中医药事业发展而努力奋斗。几十年如一日，矢志不渝。从本科、硕士、博士直至工作的三十年间，始终没有偏离为中医药事业发展而努力奋斗的目标。黄璐琦之所以能在中医药事业上取得辉煌成就，首先源于立志，在他心里，满怀着追求中医药学真谛的志向，一路从大学走到了今天。

　　2. 十年寒窗，矢志不渝（1985—1995）　在大学学习期间，他被中医药学的博大精深所震撼，刻苦学习，最终以第一名的优异成绩取得学士学位。"学之不如乐之，乐之不如好之"，他深深迷恋上了这门古老的科学。毕业后，他决心到北京深造。于是他报考了中国中医科学院的硕士研究生，师从同仁堂传人乐崇熙研究员。他如饥似渴地吸吮着知识的营养，不但扎扎实实地学习专业课程，还向老师认真学习传统中药技艺，出色地完成了自己的课题。毕业论文《栝楼属药用植物的染色体研究》获得国家中医药管理局青年论文一等奖。学习是没有止境的，他并没有为取得的成绩而自满，而是再接再厉，于 1992 年报考了北京大学医学部（原北京医科大学）的博士生，师从楼之岑院士、诚静容先生。在读博期间，"精益求精"的精神激励着他把栝楼属的研究扩大到世界范围。为了调查栝楼属的药用植物，他只身一人前往云南、四川、贵州、广西等地的深山老林。在山林里，他克服重重困难，完成了野外考察任务。毕业论文被专家评价为"是目前对世界性栝楼属最全面系统的研究，取得了创造性结果"，并因此获得了北京医科大学特等奖学金。多年后，由于黄璐琦在中医药领域的突出贡献，2017 年北京大学医学部向他授予了"杰出校友"的荣誉称号。

3. 潜心治学，勇攀高峰（1995 年至今）

（1）开拓进取，锐意创新——开创分子生药学学科先河

黄璐琦之所以能在中医药事业上取得成功的重要因素之一就是打破传统束缚，开拓进取、锐意创新。在他三十余年的研究工作中，凭借着不屈不挠的创新精神和创新方法，从一名基层研究人员一路攀登至科学的高峰。

1995 年，年仅 27 岁的在读博士黄璐琦，承担了"栝楼属植物的系统演化及其药材的分子标识研究"课题研究，在深入进行栝楼属方面的探索时，他发现很多问题用传统技法难以解决，于是他另辟蹊径，尝试从分子水平的研究角度来探索生药学，这或许能为生药学这门古老学科带来新的生机。功夫不负有心人，1996 年，黄璐琦以《展望分子生物技术在生药学中的应用》为题将自己长期以来的思考发表在《中国中药杂志》上，首次提出了"分子生药学"的概念，这在当时沉闷许久的生药学研究领域引起了强烈的反响。

科学技术的发展和学科间的交叉融合是一股强大的力量，对于中药研究来说，借助于这股力量会给这门古老的学科带来前所未有的生气和活力。在他的率领下，短短几年后，以这支团队的成员为核心，在有关中医药学者的积极参与和大力协作下，国内第一部从基因水平研究生药学的著作《分子生药学》得以问世，并标志着一门崭新的生药学分支学科——分子生药学在国内诞生。随着研究的不断深入与扩展，他又陆续提出了"中药资源生态学"与"本草考古学"、揭示了"道地药材形成机制"、推动了中药资源合成生物学研究的飞速发展。黄璐琦始终在科研的道路上不懈探索、求真笃行。

（2）脚踏实地，行而不辍——摸清中药资源"家底"助力乡村振兴

脚踏实地传承发展中医药事业，对黄璐琦来说从来不是一个口号，而是俯下身子在做的事情，他从未闭门造车。2011 年 11 月，国家中医药管理局启动了第四次全国中药资源普查，这是继 1983 年第三次全国中药资源普查后，对国内现存中药资源进行的一次"大摸底"，黄璐琦被任命为第四次全国中药资源普查专家指导组组长。在普查过程中，他带领团队入过深山，攀过险峰，在 31 个省（市、区）500 多个县留下了自己的足迹和汗水。在继承中医药学遗产和传统中药鉴别经验的基础上，运用现代自然科学的理论、方法和技术，系统地整理和研究中药的历史、来源、品种、产地、形态性状、显微特征、理化特性、化学成分、遗传物质等，建立规范化的质量标准及寻找和扩大新药源，对中药材进行"保质、寻新、整理、提高"；针对中药材供应短缺和品质下降的问题，开展中药资源创新及可持续利用研究，摸清资源种类和分布，保护濒危短缺资源，提高中药材质量，首创中药资源保护的五种类型，使保护工作更加明确有效；在对中药资源家底进行"把脉"的过程中发现了中药资源丰富地区与贫困地区呈现高度重合的特点，牵头开展中药材产业扶贫，助力乡村振兴。

这次中药资源普查工作成果斐然，发展了中药资源学学科、发现了新物种、形成了新认识、开发了新技术。为此，《Nature》杂志对黄璐琦进行了专访，详细报道了在中国政府领导下的第四次全国中药资源普查取得的重要成果及其对促进中药资源可持续利用和国民经济发展的重要

贡献。

（3）勇于担当，甘于奉献——发挥中医药优势特色用中国办法保护中国人民

作为一名中医药科技工作者，黄璐琦始终认为，充分发挥中医药的独特优势作用，为保障人民身心健康作出贡献是他的使命和责任。农历庚子年伊始，新冠疫情暴发。本应阖家团圆的大年初一，黄璐琦率领第一支国家中医医疗队紧急驰援武汉，进驻专门收治重症患者的"红区"——金银潭医院，整建制接管南一重症病区，开辟了中医药治疗新冠感染重症的"示范区"，迅速构建起了一个中医与西医同台协作、临床与科研密切结合、抢救患者与推广经验并行的中国抗疫模式，用中国办法保护中国人民。他说："只有走到第一线，亲自了解病情和救治过程中遇到的问题和困难，与一线医护人员面对面沟通协调，才能让中医药发挥最好的救治作用。"他主持研发出我国首个具有完全自主知识产权的治疗新冠感染的中药新药"化湿败毒颗粒"，展示了中医药在治疗（危）重型病例的显著疗效，彰显了中医药的特色和优势；并将1.5亿元新药转让经费全部用于设立"中国中医科学院人才培养奖学金"专项，资助全国援鄂抗疫中医医疗队成员子女学习中医药及中国中医科学院大学（屠呦呦班）在校生的培养，以鼓励更多人学习中医药，培养选拔中医药高素质人才，筑牢中医药传承发展的根基。

黄璐琦并没有止步于中医药在国内抗击新冠疫情中取得的成果，为了推动中医药疗效被世界所认可，2022年春节，在国外疫情形势仍然十分严峻的情况下，他再次逆行出征。黄璐琦率队出访世界卫生组织总部，向世界卫生组织递交了《中医药治疗COVID-19循证评价研究报告》，回国后他迅速组织专家团队配合世卫组织对中医药救治新冠感染进行评估。终于在2022年3月世界卫生组织官网发布了《世界卫生组织中医药救治新冠肺炎专家评估会报告》，明确肯定了中医药救治新冠感染的有效性和安全性，同时鼓励成员国考虑中国形成并应用的整合医学模式（中西医结合模式）。至此，中医药治疗新冠感染的有效性和安全性得到了国际认可，中医药走向世界取得了突破性进展。

所有的成绩来之绝非偶然。三十多年来，黄璐琦几乎没有享受过一个完整的周末休息，大部分的节假日都是在实验室或办公室中度过，对中医药事业的执着追求使他的青春比一般人更为充实，勤奋、毅力和进取使他不断迈向更高的人生台阶。坚信黄璐琦前面还有更远的路要走，更广阔的舞台去施展。新时代中医药事业高质量发展，需要像他这样的领军人物挑梁担纲。

案例分析问题：

1.黄璐琦院士具有什么样的职业性格？并分析其职业性格与其职业发展的关系。

2.从黄璐琦院士的经历来看，他对中药研究是否具有职业兴趣？主要表现在哪些方面？

3.黄璐琦院士具有哪些突出的职业技能与能力？什么职业技能与能力促使黄璐琦院士成功地开辟了分子生药学和中药资源生态学？对你今后的学习和发展有何启发？

4.你认为黄璐琦院士的核心职业价值观是什么？表现在什么哪些方面？其职业锚类型是什么？

实践探索

请分析、回答下列问题，最好在写出自己的答案后找同学一起讨论，相互促进和启发。

- 什么职业对你最具有吸引力？这个职业最吸引你的地方是什么？
- 你认为职业成就主要包括哪些方面？
- 你认为评价一个职业好坏的标准是什么？
- 哪些因素促进了你职业价值观的形成？哪些因素阻碍了你职业价值观的形成？

第四章
探索职业世界

扫一扫，查阅本章数字资源，含PPT、音视频、图片等

【写给学生】

"人–职匹配"是职业生涯规划的核心思想之一。只有充分了解职业与职业环境，客观分析自我的职业特征，才能制订出合理的职业规划；也只有充分了解职业与职业环境，顺应职场"五运六气"的发展规律，才能实现职业发展的愿景。

【引导案例】

就这样，我坚定地爱上了中医

严新（化名）1987年就读于中医学专业，毕业后分配到某市卫生院，现任云南省某市中医医院院长。在基层工作近30载，他坚定基层中医事业的发展，带领着一群中医同道在这块土地上播撒中医的种子，经过长期的坚持和努力，起初不景气的卫生院已升格为现在的区中医医院。如今，这所中医医院的专科发展迅猛，慕名前来的患者很多，形成了医院的品牌科室。

然而进大学时，他的心里并没有坚定的目标，对自己未来从事的职业也不大了解，更谈不上职业规划，刚开始接触专业课本时，感觉学医很枯燥，特别是看着厚厚的专业课本和有点害怕的解剖室，让他多次陷入沉思，有一天他闲逛到学校门诊部，看着受人尊敬、排队让其把脉开方的老中医，心里莫名的冲动促使他决定向老中医请教，交谈中他发现这些老中医的知识面特别宽，感受到要想成为一名优秀的中医医生必须潜下心认真研学，认识到中医在老百姓中认可度远比自己想象的高得多，意识到随着社会的发展，中医还有很大的潜力和发展空间。严新从此对中医医生这一职业有了全新的认识，极大地激发了他的学习兴趣，这让他坚定地走上了中医的学习之路。

严新认为，现在的区中医医院能有这样的发展是可以预料的，这样的成果离不开大家在对中医医生这一职业的认识和执着。医院还有一名和他一样深深地热爱着中医医生这一职业的宋女士，仅她一人每天门诊量就相当于同级医院的2～3倍，吸引了大量的外地患者慕名前来就诊。中医已成为当地群众就医的首选。

从严新的故事中我们可以看出，对职业世界的深入了解和探索才能帮助大学生们寻找到适合自己的职业方向，找到适合自己的行业、职位。

"职业"一词从现代汉语词义的角度看，由"职"和"业"组成，"职"代表了职位、职责，"业"代表着行业、业务。本章将重点介绍职业的分类、特点、职业环境，以及如今的中医药行业职业发展的宏观环境和微观环境，帮助学生进一步了解、探索当今的职业世界。

第一节　职业概述

本节将主要介绍职业的内涵、外延及发展前景，并涉及与医药类院校相关的健康行业职业的环境。

一、职业的内涵、特点与功能

（一）职业的内涵

在《中华人民共和国职业分类大典》中，职业被定义为"从业人员为获取主要生活来源而从事的社会工作类别"。职业是参与社会分工，利用专门的知识和技能，为社会创造物质财富和精神财富，获取合理报酬，作为物质生活来源，并满足精神需求的工作。

现代社会中人们对职业的定义也各有侧重。在《现代汉语词典》中"职业"被定义为个人在社会中所从事的作为主要生活来源的工作。法国的一个权威词典将职业界定为"为了生活而从事的经常性活动"。从管理学角度，舒伯在诠释职业发展的概念时提出，"职业是一种连续不断、循序渐进且不可转的过程"。从经济学角度分析，日本劳动问题专家保谷六郎认为，职业是有劳动能力的人为了生活需要而发挥个人能力、向社会作贡献的连续活动。国内有些学者认为，职业是人们从事的相对稳定的、有收入的、专门类别的工作。职业是人的社会角色中一个极为重要的方面（姚裕群、朱启臻，1991）。职业是劳动者能够稳定地从事某项有酬工作而获得的劳动角色（潘锦棠，1991）。

综上所述，一般认为职业是社会分工的产物，是劳动者能够稳定从事的有酬工作和劳动角色。从这个定义中我们可以看出，不是任何工作都能成为职业，某种工作只有能够吸引劳动者长期稳定的投入才能成为职业，并且劳动者从事这项工作时，还能够取得一定的经济收入。职业是劳动者获得的劳动角色和社会角色，劳动者必须要按社会结构中这一社会角色规定的规范去行事。从职业的定义中，我们还可以看出，职业在个人生活和社会生活中具有相当重要的作用。对从业者个人来说，主要体现在三个方面：一是维持生存，即通过职业劳动取得收入及生活来源；二是发展个性、发挥个人才能，即劳动者在职业劳动岗位上发挥才能，并使个人特长得到发展；三是参与社会劳动，承担社会义务，即劳动者通过职业劳动，承担社会义务，为他人提供服务。对社会来说，职业具有实现社会控制，维持社会运转，为社会创造财富的作用。

（二）职业的特点

人类社会的发展进程表明，职业是社会分工的必然产物。无论是从人类社会早期的分工，还是从现代工业化时期严密的社会分工发展来看，职业总是社会分工的主要表现形式。例如，在现代经济发展中，提供能源、动力的煤炭、石油、电力等行业形成的经济规模，提供生产和消费领域所需的成品、半成品的冶金、纺织、化工、机械、电子、建筑等系统形成的经济水平，提供交通运输工具的航空、铁路、公路等部门形成的经济实力，它们都已成为整个社会的经济发展支柱，成为现代文明社会的标志。正是这些经济领域的大发展，推动着社会职业的发展。

统计资料分析表明，在世界范围内，迄今为止的社会职业，2/3 以上诞生在工业化出现以后的时代。形成这一结果的原因，一方面是因为经济的发展对社会分工进一步细化提出了要求，另一方面由于经济发展具备了为新生职业提供大量物质基础的能力。经济发展的规模经营使得职业活动更加专业化、系统化，并由此而导致新的生产技术和工艺层出不穷，原有生产岗位日趋细化，催生新的职业；此外，大批职业的出现需要社会有能力支付诸多新生职业存在和发展所必需的物质消费。

从职业产生、发展的过程来看，职业具有如下十个方面的特性。

第一，社会性。指职业是从业人员在特定社会生活环境中所从事的一种与其他社会成员相互关联、相互服务的社会活动；其本质特征是劳动力与社会的结合，体现人与人之间的关系。

第二，专业性。指职业事实上是从业者利用专门的知识、技能创造财富，任何职业都对从业者有特定的职责要求。

第三，经济性。指从业者在从事的职业活动是可以获得经济收入的。只有为社会创造物质财富、精神财富，才有资格获得报酬。职业是劳动的价值体现，是维系家庭和社会稳定的基础。

第四，稳定性。指职业活动内容、岗位职责、工作条件、使用工具、特定的技术等特征在相当长的时间内是相对不变的。

第五，规范性。指职业所具有的行为规则和标准，并且该规则和标准必须符合国家法律和社会道德规范。

第六，群体性。指某一职业必须具有一定规模的从业人数。

第七，同一性。指某一类别的职业内部，其劳动条件、工作对象、生产工具、操作内容相同或相近。由于环境的同一，人们就会形成同一的行为模式，有共同的语言习惯和道德规范。

第八，差异性。指不同职业间存在着很大的差异，劳动条件、工作对象、劳动性质等都不相同。

第九，层次性。包括各类职业间的层次和各个职业类型内部的层次。从社会需要角度来看，职业并没有高低贵贱之分。我们所说的这种职业的不同层次往往是由不同职业体力、脑力劳动的付出，收入水平，工作任务的轻重，社会声望以及权力地位等因素方面的差异所形成的。

第十，时代性。不同时期有不同的热门职业。"上大学热""考研究生热""出国热""IT热""公务员热"等，都反映出特定时期人们对某种职业活动的热衷程度。

我国自 2004 年以来陆续发布了多批新职业，其中包括了健康管理师、公共营养师、芳香保健师、医疗救护员、宠物医师、医学设备管理师、助听器验配师、化妆品配方师、生殖健康咨询师等与医药类行业相关的新职业。这些都反映了社会生活节奏的加快，生活、工作压力的增大，人们加大了对身心健康的关注，同时反映出我国社会经济的飞速发展，人民生活水平的提高，健康成为一种时尚追求。这些新职业的产生、发展、成熟是社会、经济发展的必然，反映出特定时期人们对某类职业的热衷程度。

（三）职业的功能

根据职业的相关特征，我们可以把职业的功能分为两个大的方面：一个是社会功能，一个是个体功能。

1. 社会功能　从社会角度来看，职业的存在和职业活动构成了人类社会的存在和社会活动；职业劳动创造出社会财富，从而为社会的存在和发展奠定物质基础；职业的分工是构成社会经济制度运行的主体；职业也是维持社会稳定，实现社会控制的手段；职业的运动如职业结构的变化、职业层次间矛盾的解决也是推动社会进步的一种动力。

2. 个体功能　职业的个体功能体现在三个方面：第一，职业是个人获得经济收入的来源，是个人维持家庭生活的手段；第二，职业是促进个性发展的手段，当个人从事的职业能使个人的特长、兴趣得到充分发挥时，也就促进了个性的充分发展；第三，职业还是个人在社会劳动中从事具体劳动的体现，是个人贡献社会的途径。职业是个人获得名誉、权力、地位和财富的来源。

【联结自我】

以小组为单位，讨论分析以下问题：

1. 近年来，中医药行业中职业的变化情况，呈现什么样的特点？
2. 作为一名中医学类大学生，谈谈对毕业后到基层就业的看法。

二、职业分工、职业声望与职业流动

对职业做深入认识，大学生必须学习、了解现代职业的分工状况，职业的声望以及职业流动的情况，为将来的职业定位及职业选择做准备。

（一）职业分工

职业分工与劳动分工是紧密相联的，亚当·斯密最早提出了分工论，在当时起了很重要的作用，因为分工可以提高效率，所以到 20 世纪初亨利·福特就把生产一辆车分成了 8772 个工时。分工论成为统治企业管理的主要模式。职业分工具体表现出了职业的独立化、专门化。职业分工按照职业的形成过程及内在属性可分为自然分工和社会分工。

1. 自然分工　职业的自然分工，即在人类社会初期以人自身的生理条件差异为基础而自然形成的分工，在自然分工体系中，不同的生产者个体分别担负不同的劳动或生产职能。

例如，远古时期，男人四肢发达，身体强壮，擅长奔跑、跳跃，因而负责狩猎；女人柔弱、心细、敏锐，因而负责采摘野果，精挑细选排除有毒的、不良的果实，照看小孩。

2. 社会分工　职业的社会分工是指随着生产力的发展，人们以社会经济活动划分不同的生产功能和劳动方式。

例如，人类历史上的三次大分工。第一次社会大分工，畜牧业和农业的分离，社会分工促进了生产力的发展，带来了更多的劳动产品，奴隶制社会随之产生。第二次大分工是农业和手工业相分离，这次社会大分工出现了专门以交换为目的商品生产。第三次社会大分工是脑力劳动和体力劳动的分工。

（二）职业声望

职业声望是人们对职业的社会评价。职业声望的研究，从 19 世纪末期开始。首先是 1897 年 W. 亨特研究美国职业社会地位时，将职业分为四个等级，即产业主级、秘书级、熟练工人级和非熟练工人级。其次是 1925 年，G. 康茨第一次使用自己编制的职业声望量表，对美国的职业声望进行调查。后来，第二次世界大战后，许多国家形成了职业声望的常规调查。

1. 职业声望高低的决定因素

（1）职业功能　即该职业对于国家政治、经济、科学、文化水平的提高有一定的积极意义；其次是在社会生活中对人民的共同福利担负责任的程度。

（2）职业环境　即从业者在该职业中，工作条件的便利与社会经济权利的总和，包括职业的自然环境与社会环境，如工作的劳动强度、技术水平、生存环境、收入报酬、福利待遇、晋升机会等。

（3）从业者素质　包括文化程度、能力、政治态度、道德品质等内容。一般情况下，职业环境越好，职业功能越大，从业者素质越强，职业声望就越高。

（4）社会报酬　职业的社会报酬是指职业提供给从业者的工资收入、福利待遇、晋升机会、发展前景等。一般来说，工作收入高、福利待遇好、晋升机会多、发展前景大的职业，其声望评价也越好。

2. 职业声望评价的变化差异

（1）在不同的社会发展阶段，人们对同一种职业的评价往往很不相同。例如，"核物理学家"这一职业，在1947年全美国的一次职业声望调查中被评为第18位，而在1963年的一次调查中上升至第3位。

（2）具有不同经济文化背景的群体，对同一职业的评价不同。

（3）不同年龄和性别的群体，对同一职业的评价也有差异。

3. 职业声望的调查与评价方法

（1）自评法　即让被试者评价自己所从事的职业在职业社会地位层级序列中的位置。

（2）民意法　即让一群被试者评价一系列职业。

（3）指标法　即在"职业环境""职业功能"和"任职者素质"三项决定职业声望高低的主要因素中，分别选取一些有代表性的指标，并给这些指标规定一定的分值，并根据这些指标的总分值来评价某项职业的声望。

（三）职业流动

职业流动是指从业者在不同职业之间的变动，是劳动者放弃又获得新的劳动角色的过程。职业流动是社会流动形式的一种，与劳动者的区域流动和职务变动有着密切的关系。

首先，职业流动是劳动者在不同的职业群体之间的流动，是职业角色的变换过程。区域（或单位）流动是劳动者在不同地区（或单位）之间的流动，对不同地区（或单位）劳动者的人数比例产生影响。职业流动与区域间的流动相互关联又相互区别，职业流动不一定引起区域流动，区域流动也不会必然引发职业流动。

其次，职务变动主要指行政职位层级的变动。职务变动可能带来职业流动，也可能不引起职业流动。职务变动是否带来职业流动，主要看其工作性质和工作内容是否发生了质的变化。

1. 职业流动的原因

（1）社会进步、科学技术水平的提高是职业流动的根本原因　"大工业的本性决定了劳动的变换、职能的更动和工人的全面性流动性"。在科学技术迅猛发展的今天，面对信息时代的挑战，为了保证社会再生产的正常进行，就必须承认职业的合理流动，打破"从一而终"的传统就业观念。

（2）灵活的就业制度是职业流动的保障　现今，就业都是双向选择，这意味着契约性的交换方式和交换过程。对劳动者来说，可以自由地寻找能够发挥自己的能力、专长、志趣的有发展前途的单位（或部门）及劳动岗位，同时，对单位（或部门）而言，可以自由地按职业需要来选择合适的劳动者。如果任何一方，甚至双方发现在双向选择中有了差错，经过彼此同意便可以解除契约，或期满后不再订约，从而使差错得以纠正。

（3）就业的社会心理因素对职业流动具有指导和约束的作用　就业主体受其主观意识、情感愿望、价值取向、伦理规范等因素影响，使人们对职业做出重新规划与选择。社会习俗沿袭和继承下来的就业观念，也对职业流动有一定影响。

（4）利益驱动称为职业流动的重要因素　人们通过职业活动获得个人生存、发展和提高家庭物质文化生活水平所需要的经济收入。而不同职业、不同岗位，从业者所获得的劳动报酬是有差别的，这种差别促使从业者从低收入、低待遇的职业部门（单位）流向高收入、高待遇的职业部门（单位）。

（5）人际关系冲突能促使职业流动　在职业活动中，人际关系的好坏直接影响着人们劳动的积极性、创造性以及工作效率。哈佛大学就业指导小组调查了数千名被解雇人员，发现在解雇原因中人际关系的因素是工作不称职因素的两倍。

（6）职业能力水平是职业流动的因素之一　劳动者职业能力的高低也是职业流动的一个原因。当代社会，科学技术迅速发展，对职业内容和能力的要求越来越高，信息和技术的更新越来越快，每一次更新，都会引起由于不适应或不称职导致的职业流动。

2. 职业流动形式　一般来说，职业流动有以下几种表现形式。

（1）水平流动和上下流动　以职业地位和职业声望为标准，可以把职业流动分为水平流动和上下流动。劳动者在同一职业地位和同一职业声望的职业系列中的流动就是水平流动；劳动者在不同地位等级和不同职业声望的职业系列中的流动就是上下流动或垂直流动，从一种职业地位等级较低的职业流动到社会地位较高的职业就是向上流动，反之则为向下流动。

（2）代际流动　从两代人之间从事的不同职业的变化可表现为代际流动。父亲是医生，儿子是教师；父亲是大学教授，儿子是企业经理；这种状况就形成了代际流动。代际流动的状况和频率代表着社会的封闭和开放程度，并受一定社会形态及人事管理制度、教育水平等多方面的影响。现代社会，代际流动显著，而且向上流动的频率明显加快，尤其是农民子女，子承父业的比例降低的速度加快，愈是发达地区愈为突出。

（3）结构性流动和个别流动　从职业流动引起社会职业结构性变化的情况看，表现为结构性流动和个别流动。凡是职业流动引起和影响社会职业结构发生大规模变动的流动就是结构性流动。例如，英国的圈地运动，使大批农民失去土地进城当雇佣工人，使农、工两大职业系统发生结构性变化。再如，新技术的广泛应用，第三产业职业的需求量大增，伴随而来的必然是职业的结构性流动。由劳动者自身因素引起的对职业结构的变化，就是个别流动。

3. 职业流动的特点

（1）与人力资本投入成反比　受教育和训练的时间长，人力资本投入大的劳动者，一般从业于职业地位高、声望高、收入高的职业，流动的数量少、频率低；而以体力劳动为主的劳动者，因为投入低、适应工作能力低，流动的数量多、频率快。

（2）与年龄成反比　年轻群体职业流动的数量和频率远远超过中年和老年群体。

（3）性别差异　男性多于女性。

（4）区域性差异　一方面，劳动者从不发达地区流向发达地区；另一方面，不发达地区内职业流动较缓慢。发达地区内的职业流动频率远远高于不发达地区。

（5）正常流动与非正常流动　在职业流动中，凡是促进劳动者全面发展、发挥专长，使最大潜能得到施展的流动属正常流动；劳动者从适合自己的岗位流动到不能发挥自己特长的岗位属非正常流动。

同时，政府和社会在职业流动方面仍有宏观调控机制，以防止非正常的结构性流动所带来的社会问题。

三、职业分类与职业信息

（一）职业分类

职业分类指按一定的规则、标准和方法，根据职业的性质和特点，把一般特征和本质特征相同或相似的社会职业，分成并统一归纳到一定类别系统中的过程。根据职业分类可以详细了解社会职业领域的总体状况，加强职业意识，有目标地不断提高自身职业素养。

1. 职业分类的作用

（1）了解统一性质工作的规律、特点。性质相同的职业归为一类，能帮助我们根据不同的职业特点和工作要求，对同类属的职业队伍采取相应的录用、调配、考核、培训、奖惩等管理方法，使管理更具科学性。

（2）提供职业制度、职业责任的依据。职业分类科学、具体的给各个职业确定了各自的工作责任、职业素质。

（3）职业分类有助于建立合理的职业结构和职工配制体系。

（4）职业分类是对职工进行考核和智力开发的重要依据。科学、专业的考核能更有效、更专业地对每一位从业人员做出相对公平的评判。

2. 职业分类的特点

（1）产业性特点　我们一般从三大产业的角度给职业进行分类，因而职业的分类具有产业性的特征。第一产业包括农业、林业、牧业和渔业等；第二产业是工业和建筑业，工业中包括采掘业、制造业等；第三产业是流通和服务业。

（2）行业性特点　职业分类很大程度上参照了行业性的特点，行业表明人们所在工作单位的性质。行业一般按照企业、事业单位，机关团体和个体从业人员所从事的生产或其他社会经济活动的性质的同一性来分类。

（3）职位性特点　职业的分类具有职位性特点，职位指一定职权和相应责任的集合体。职业分类中，每一种职业都含有职位的特性。比如大学教师这种职业包含有助教、讲师、副教授、教授等职位。再如医生这个职业包含了临床医师、内科医师、外科医师等职位。

（4）团体性特征　职业分类中，无论以哪种形式进行分类，都不可避免地带有团体性特点。如专业技术人员中包含农业类的农牧师等技术人员、科研人员（自然科学研究、社会科学研究及实验技术人员），卫生技术类的主任医师、副主任医师、主治医师等技术人员，教学类的教授、副教授、助理教授、高级教师等。

（5）时空性特征　职业会随着时空的变换而产生变化，职业的分类也会变得不同。例如，职业和行业这两个概念，在职业数量较少的时代，它们是相等的。但现代社会中，职业与行业是两个分离的概念，职业的分类中，行业一般作为其下属概念指代的是职业的门类。空间上看，职业涉及的种类因区域、城乡、国别等的不同而有差异。

3. 职业分类的方法　职业分类的基本依据是工作性质的同一性和工作技能的相似性。职业分类包括职业的划分与归类。按照工作性质的同一性进行职业分类，一方面是根据职业活动工作特征的相异程度进行职业的划分；另一方面是根据职业活动工作特征的相同程度进行职业的归类。同时，随着社会分工的进一步精细，为体现职业活动的技能特点与工作熟练性要求，在进行职业分类时往往也考虑工作技能的相似性。

任何一个国家的职业分类都是建立在一个分类结构体系之上的，针对体系中的每个层次依据不同的原则和方法，才能实现总体结构的职业划分与归类。根据国际职业分类的通行做法，职业分类一般划分为大类、中类、小类和细类四个层次。大类层次的职业分类是依据工作性质的同一性，并考虑相应的能力水平进行的；中类层次的职业分类是在大类范围内，根据工作的任务与分工的同一性进行的；小类层次的职业分类是在中类的范围内，按照工作的环境、功能及其相互关系的同一性进行的；细类层次的职业分类即为职业的划分与归类，它是在小类的基础上，按照工作分析法，根据工艺技术、对象、操作流程、方法的同一性和工作技能的相似性进行的。

职业分类的基本方法是工作分析法。职业分类工作分析法是将职业活动依据其工作的基本属性进行分析，按照工作特征的相异与相同程度进行职业的划分与归类。工作分析即职务分析，是全面了解一项职务的管理活动，是对该项职务的工作内容和职务规范（岗位职责和任职资格）的描述和研究过程，是制订岗位描述书的系统过程。在通常意义上说，某一职位的有关信息，包括被称为"5W1H"的六个方面（工作内容——what、责任者——who、工作岗位——where、工作时间——when、怎么操作——how、为何要这么做——why，综合形成工作规范与安全规范）。

构成工作的因素有许多，进行工作分析时离不开对职业因子的分析，一般而言，本着科学性、现实性与实用性原则，职业的因子可以分为人和工作两个分析维度，前者称为"任职者导向"，是对什么人可以从事某项工作的描述与分析，后者称为"职业特有"的维度，是对某类职业人群所从事工作特性的概括总结，二者相互对应，构成了职业要素的整体。同时，考虑到特定职业与大行业的不同，职业的因子还可以分为特殊性和通用性两个维度，前者称为"职业特有"，后者称为"跨职业特征"。综合以上分析角度，构成职业因子模型如图 4-1 所示。

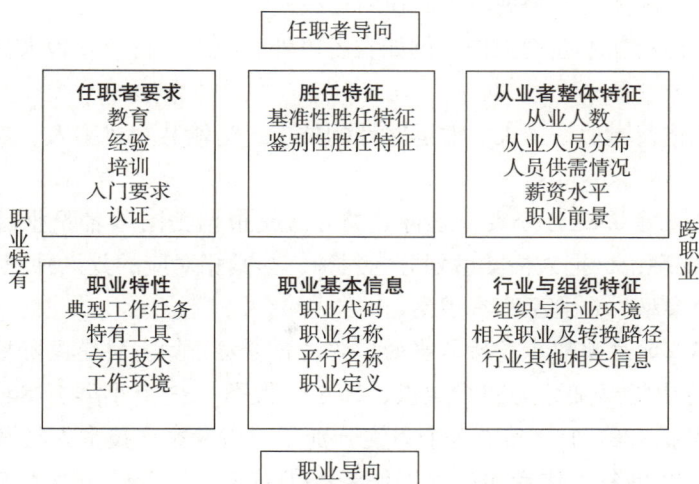

图 4-1　职业因子结构模型

职业因子模型让我们得以全面地了解职业要素间的关系，对职业环境和人的匹配提供了较全面、客观的分析角度。

4. 我国现行职业分类　我国现行通用的职业分类法主要参照《中华人民共和国职业分类大典》。《中华人民共和国职业分类大典（1999 年版）》编制工作于 1995 年初启动，历时 4 年，1999 年初通过审定，1999 年 5 月正式颁布。2010 年，我国逐步启动了各个行业的修订工作，2015 年 7 月 29 日国家职业分类大典修订工作委员会召开全体会议审议、表决通过并颁布了新修订的《中华人民共和国职业分类大典（2015 年版）》。近些年来，我国经济高质量发展迈出坚实步伐，产业转型升级持续推进，社会分工进一步细化，带动了许多新职业新工种不断出现，同时一些传统职业的内涵也发生了较大的变化，为了适应当前职业领域的新变化，2022 年第二次修订的新版《中华人民共和国职业分类大典（2022 年版）》正式颁布。与 2015 年大典相比，在保持 8 大类不变的情况下，净增了 158 个新职业，现在职业数达到了 1639 个。

表 4-1 《中华人民共和国职业分类大典》（2022 年版）职业分类明细

大类序号	大类名称	中类	小类	细类（职业）
一	党的机关、国家机关、群众团体和社会组织、企事业单位负责人	6	16	25
二	专业技术人员	11	125	492
三	办事人员和有关人员	4	12	36
四	社会生产服务和生活服务人员	15	96	356
五	农、林、牧、渔业生产及辅助人员	6	24	54
六	生产制造及有关人员	32	172	671
七	军人	4	4	4
八	不便分类的其他从业人员	1	1	1
合计	8	79	450	1639

5. 国外职业分类 根据国外的理论，一般按照三种类型划分职业。

（1）按脑力劳动和体力劳动的性质、层次进行分类 这种分类方法把工作人员划分为白领工作人员和蓝领工作人员两大类，表现出了职业的等级性。

白领包括：专业性和技术性的工作，例如农场以外的经理、行政管理人员、销售人员、办公室人员。

蓝领包括：手工艺及类似的工人、非运输性的技工、运输装置机工人、农场以外的工人、服务性行业工人。

（2）按心理的个别差异进行分类 这种分类方法是根据美国著名职业指导专家霍兰创立的"人格职业"类型匹配理论，把人格类型划分为六种，与其相对应的是六种职业类型，即现实型、研究型、艺术型、社会型、企业型和常规型。

（3）依据各个职业的主要职责或所从事的工作进行分类 第一种是国际标准职业分类。国际标准职业分类把职业由粗至细分为四个层次，即 8 个大类、83 个小类、284 个细类、1506 个职业项目，总共列出职业 1881 个。其中 8 个大类分别是：①专家、技术人员及有关工作者；②政府官员和企业经理；③事务工作者和有关工作者；④销售工作者；⑤服务工作者；⑥农业、牧业、林业工作者及渔民、猎人；⑦生产和有关工作者、运输设备操作者和劳动者；⑧不能按职业分类的劳动者。这种分类方法便于提高国际间职业统计资料的可比性和国际交流。

第二种是加拿大《职业岗位分类词典》的分类。把分属于国民经济中主要行业的职业划分为 23 个主类，主类下分 81 个子类，489 个细类，7200 多个职业。此种分类对每种职业都有定义，逐一说明了各种职业的内容及从业人员在普通教育程度、职业培训、能力倾向、兴趣、性格以及体质等方面的要求，有较大的参考价值。

（二）职业信息

职业信息是对与职业有关的所有信息的统称，完整的职业信息包括职业资源信息、职业新闻信息、职业政策信息、职业测评信息等。现代新技术革新尤其是全球通讯和互联网络的发展，使得职业信息对职业指导的基础性作用越来越重要。职业指导过程中，向求职者、劳动者提供相应的职业信息，帮助职业指导对象制订决策等，都表明职业指导人员需要对各种职业信息进行采集与处理。

1. 职业信息内容 通常我们把信息定义为消息、情报、指令、数据、信号等一切可传递和交换的知识和内容，它通过书刊报纸、广播电视、网络媒体等途径传播。而我们说的职业信息，是与职业、就业有关的消息和情况，主要包含宏观信息和微观信息两个大的方面。

（1）宏观信息　宏观信息通常指有关就业的背景资料、政策规定、就业形势等。具体包括了全国以及求职者所在地区的经济形势、人才供求行情、产业结构格局，以及国家在该地区实施的就业政策制度，具体包括毕业生所关心的医疗、保险户口、档案等方面的政策法规，还有大学生就业、创业的优惠政策等内容。

（2）微观信息　微观信息是指岗位信息和培训信息。岗位信息包括招聘单位的情况（单位的经营范围、管理规模、人事制度以及在同行中的竞争力情况等），应聘岗位的要求（具体岗位的性质、任务、工作环境、条件以及对应聘人选的技能要求）。了解岗位信息，能客观分析某份工作与自己的适配度，能更好地在面试官面前展现自己的优势，提高自己的求职命中率。同时，培训考试信息也是不可忽略的，部分毕业生会选择通过培训考试进而升学或者找到很好的工作。

培训信息主要有外语培训、研究生考试培训、职业资格考试培训；考试信息包括国家机关及各省市招考公务员的信息以及各类大专院校、科研院所招收研究生的信息、出国留学考试的信息等。此外，一些择业指导书，择业技巧，择业方法的视频也可作为择业的参考信息，也属于职业信息的范畴。

2. 职业信息搜集渠道　职业信息的搜集渠道有很多，职业信息越是广泛、准确、及时，找到一份理想工作的机会就越大。对于初入职场的大学毕业生来说，搜集职业信息的主要渠道有以下几个方面。

（1）各类招聘会　招聘会主要有两种，一种是只针对在校毕业生的校园招聘会，另一种是大型的面向社会的招聘会。应届毕业生应该积极参与各类招聘会，以便对求职市场有更清晰的了解。其中，校园招聘会是应届毕业生信息来源的主要渠道，校园的供需见面会一般在学校举行，安全便捷，信息准确、实用。

（2）媒体、网络　信息传播的一般性载体是书刊、报纸、网络等，因此通过媒体、网络获取自己所需的职业信息是现代毕业生求职的一大特色。同时，报刊、广播电台、电视台都有开辟人才招聘和求职信息专栏，甚至出版专门指导劳动就业的报纸杂志。

互联网的普及，出现了专门发布就业招聘信息的门户网站，由此可见，随着信息时代的到来，毕业生通过互联网获得职业信息，进而成功就业的比例越来越高。

（3）各类社会关系　各类社会关系指毕业生自身及家庭的人际网络，包括亲戚、朋友、同学、老师等所有认识的人。因为每个人的社会活动圈子不同，所以通过社会关系获得的职业信息也不能一概而论。一般情况下，同学、亲朋好友、老师的社会关系所提供的职业信息质量是较高且较为可靠的，针对性往往也比较强。所以毕业生需要把求职意向向周围的人传递，通过社会关系网找到一份满意的工作。

（4）其他渠道　各级人才交流中心、人才服务中心、各类劳务市场等。这类机构一般适合毕业生获取自己求职所需的基本信息。职业咨询公司和直接的实习兼职经历也是获得求职信息的补充。

3. 甄别职业信息　就业市场中的信息鱼目混珠，大学生要学会甄别职业信息的真伪，避免上当受骗，保证人身安全和财产安全。

（1）尽量从可靠渠道查看就业招聘信息　如学校就业部门、政府部门官方网站、人事局、公办人才市场等。不能轻易相信没有工商执照等相关证照以及非官方网站发布的招聘信息。

（2）报刊、网络　通过报刊、网络等收集的招聘信息，须进行核实。如查阅用人单位营业执照、税务登记证等合法登记手续，也可以通过电话核实、通过非正式走访了解单位情况等。利用多种方式、手段，更全面地了解单位的内部情况和真实资料。

（3）用人单位官网　登录用人单位官方网站核对招聘信息，同时与亲友、该单位员工了解实际招聘情况，核实该单位招聘信息是否为真。查询用人单位相关联系方式和地址，高度警惕只留个人移动电话而不留固定办公电话的情况。

（4）戒贪　不要相信"天上掉馅饼"的事情。谨慎甄别那种待遇高、发展机会多但招聘条件反而不高并经常在各类就业市场中出入的企业。此类企业可能是和人才中介联手欺骗毕业生门票款的"招聘专业户"，或者是这个企业很不规范，很难为员工提供相关的生活、工作保障，造成员工流动性特别大。

实践探索

职业分析详细清单

	内容
工作性质	1. 工作的定义、目的 2. 工作中的职责和责任 3. 职业生产的产品或提供的服务 4. 所使用设备、工具、机器和其他辅助物品
所需教育培训经验	1. 进入该职业所需课程、专业要求 2. 获得必要教育背景所需的时间、经费 3. 工作地点 4. 由雇主提供的在职培训
要求的个人资历、技能和能力	1. 进入该职业所需能力、技能 2. 职业要求的身体条件（听力、视力、体力等） 3. 特殊的品质和气质（抗压能力、逻辑能力、临时应变能力等） 4. 职业规定的相关执照、证书或法律的相关要求
收入、薪酬范围和福利	1. 薪酬状况（包括起薪、平均工资和最高工资；所在地区的生活水平） 2. 福利待遇（包括休假、保险、病假以及退休金等）
工作条件	1. 物质条件和安全（户内、户外、噪音、温度及安全等） 2. 时间安排（小时，白天或夜晚，加班，季节性工作） 3. 得到学习的机会，自我提升的机会 4. 需要工作者自备的设备、物品和工具 5. 工作性质（出差、着装、是否具有职业歧视等） 6. 该职业的监督和管理类型
工作地点	1. 职业所在的地理位置（全国性，只存在某个特定的区域或城市） 2. 工作组织的类型（公司、社会公共机构、代理机构、企业、自我雇佣等）
该职业中典型人群的人格特征	1. 支配该职业环境的人或该行业中大多数人的人格特征 2. 年龄范围，男性和女性比例，少数民族工作者的数量
就业和发展前景	1. 进入该行业的通用方法 2. 在地方和全国的就业趋势 3. 提升机会，职业阶梯（从什么位置开始，能达到什么样的位置） 4. 在完成培训和教育之后得到雇佣所需的平均时间 5. 被提升到较高职位所需的平均时间 6. 该职业的稳定性
个人满意度	1. 该职业所体现的价值（收入、成就、安全感、独立性、休闲或家庭生活的时间、变化性、挑战性、社会声望、认可、帮助他人），能否与个人价值观匹配 2. 他人或社会对于该职业的看法（对于该职业他们认可什么、不认可什么）

四、职业资格与鉴定

职业资格是对从事某一职业所必备的专业知识、职业技术和工作能力的基本要求，他反映出从业者为适应职业岗位的需要而运用特定知识和技能的能力。开展职业技能鉴定，推行职业资格证书制度，是人力资源开发的一项战略措施。这对于提高劳动者素质，促进人力资源市场的建设以及深化企业改革，培养技能型人才，促进经济发展都具有重要意义。

（一）职业资格

职业资格包括从业资格和执业资格两个方面。从业资格指从事某一专业（工种）学识、技术和能力的起点和标准，从业资格通过学历认定或考试取得。执业资格是指政府对某些责任较大、社会通用性强、关系公共利益的专业（工种）实行准入控制，是依法独立开业或从事某一特定专业（工种）学识、技术和能力的必备标准。职业资格分别由国务院劳动人事等行政部门通过学历认定、资格考试、专家评定、职业技能鉴定等方式进行评价，对合格者授予国家职业资格证书，执业资格通过考试方法取得。

1. 国家职业资格的分类与等级 职业资格分别由国务院相关行政部门通过学历认定、资格考试、专家评定、职业技能鉴定等方式进行评价，对合格者授予国家职业资格证书。国家职业资格一般分为五个等级，从低到高依次为初级技能（五级）、中级技能（四级）、高级技能（三级）、技师（二级）、高级技师（一级）。但也不完全照此划分，如在教学医疗行业中，要当医生首先要取得执业医师资格证书，然后再参加职称考试和评聘。如表 4-2 所示。

表 4-2 中高等学校及卫生技术人员的专业技术职务划分表

系列	专业技术职务				
	高级		中级	初级	
	正高级	副高级		助理级	
高等学校教师	教授	副教授	讲师	助教	
中等专业学校教师	高级讲师		讲师	助理讲师	教员
卫生技术人员	主任医师	副主任医师	主治医师	医师	医士
	主任护师	副主任护师	主管护师	护师	护士
	主任药师	副主任药师	主管药师	药师	药士
	主任技师	副主任技师	主管技师	技师	技士
	主任法医师	副主任法医师	主检法医师	法医师	法医士

2. 专业技术人员与技能人员的职业资格 2021 年 11 月 23 日，人力资源和社会保障部公布了《国家职业资格目录》。列入职业资格目录清单 72 项。其中，专业技术人员职业资格 59 项（含准入类 33 项，水平评价类 26 项），技能人员职业资格 13 项。

（1）专业技术人员的职业资格 国家规定有 59 项专业技术人员职业资格，分为准入类和水平评价类，这里列举与中医药院校毕业生就业相关的部分职业资格名称、实施部门（单位）及资格类别供参考，如表 4-3 所示。

表 4-3　2021 年部分拟列入目录清单的职业资格统计表（专业技术人员部分）

序号	职业资格名称		实施部门（单位）	资格类别
1	教师资格		教育部	准入类
2	法律职业资格		司法部	准入类
3	注册会计师		财政部	准入类
4	医生资格	医师 乡村医生 人体器官移植医师 职业病诊断医师	国家卫生健康委员会	准入类
5	护士执业资格		国家卫生健康委员会、人力资源和社会保障部	准入类
6	母婴保健技术服务人员资格		国家卫生健康委员会	准入类
7	执业药师		国家药监局、人力资源和社会保障部	准入类
8	执业兽医		农业农村部	准入类
9	专利代理师		国家知识产权局	准入类
10	通信专业技术人员职业资格		工业和信息化部、人力资源和社会保障部	水平评价类
11	计算机技术与软件专业技术资格		工业和信息化部、人力资源和社会保障部	水平评价类
12	卫生专业技术资格		国家卫生健康委员会、人力资源和社会保障部	水平评价类
13	翻译专业资格		中国外文局、人力资源和社会保障部	水平评价类
14	社会工作者职业资格		民政部、人力资源和社会保障部	水平评价类
15	文物保护工程从业资格		国家文物局	水平评价类

（2）技能人员的职业资格　2021 年版《国家职业目录》是在 2017 年版基础上，根据党中央、国务院转变政府职能，推进"放管服"改革要求，并结合近年来国务院有关部门职责调整、行政审批事项改革等情况优化而来。除与公共安全、人身健康密切相关的职业工种外，73 项水平评价类技能人员职业资格全部退出目录，不再由政府或其授权的单位认定发证。优化后的专业技术人员职业资格减少到 13 项，分为准入类和水平评价类。

优化后的 2021 年版目录与 2017 年相比，职业资格减少了 68 项，削减率达到 49%。这对进一步提高职业资格管理的科学化水平，降低大学生就业创业的准入门槛，优化就业创业环境，更加持续地激发市场主体活力，推动高质量发展等都有重要意义。

（二）职业资格鉴定（考试）

1. 技能人员职业技能鉴定与考试　职业技能鉴定是国家职业资格证书制度的重要组成部分，是基于职业技能水平的一项考核活动，属于标准参照型考试，考试鉴定的对象为技能型人才。参加不同级别鉴定的人员，其申报条件不尽相同，考生要根据公告的要求，确定申报的级别。一般来讲，大学本科毕业生大多可参加与该专业有关的高级技能的鉴定。

有意申请职业技能鉴定的学生，可向当地职业技能鉴定所（站）提出申请，填写职业技能鉴定申请表。报名时应出示本人身份证、培训毕（结）业证书、《技术等级证书》或工作单位劳资部门出具的工作年限证明等。申报技师、高级技师任职资格的人员，还须出具本人的技术成果和工作业绩证明，并提交本人的技术总结和论文资料等。大学生毕业前可自愿申请与该专业相关或不相关的职业技能鉴定。

2. 专业技术人员的职业资格考试 专业技术人员职业资格考试，是指国家行政部门在全国范围内统一举行的与评聘专业技术职务相关的考试、职业准入资格考试和职业水平考试。下面主要结合中医药院校学生专业特点，列举执业医师、执业药师、执业护士及教师资格证的专业技术人员职业资格考试相关规定供大家参考。

（1）执业医师资格考试 执业医师资格考试的性质是行业准入考试，是评价申请医师资格者是否具备从事医师工作所必需的专业知识与技能的考试。执业医师资格考试分为两级四类，即执业医师和执业助理医师两级，每级分为临床、中医、口腔、公共卫生四类。中医类包括中医、民族医和中西医结合，其中，民族医又含蒙医、藏医、维医、傣医、朝医、壮医。截至目前，我国医师资格考试共有 38 种类别。

2013 年 12 月 31 日，国家卫生和计划生育委员会等 7 部门印发了《关于建立住院医师规范化培训制度的指导意见》"国卫科教发［2013］56 号"文件，明确规定，到 2015 年，各省（区、市）全面启动住院医师规范化培训工作；到 2020 年，基本建立住院医师规范化培训制度，所有新进医疗岗位的本科及以上学历临床医师均接受住院医师规范化培训。随后，全国各省市相继出台实施办法，这意味着全国本科及以上学历的医学专业毕业生，要到临床岗位工作，还必须取得住院医师规范化培训合格证书。

（2）执业药师资格考试 执业药师、中药师统称为执业药师，执业药师资格考试实行全国统一大纲、统一考试、统一注册、统一管理、分类执业。考试工作由人事部、国家药监局共同负责，日常工作委托国家药监局执业药师资格认证中心承担，考务工作由人事部人事考试中心负责。

（3）执业护士资格考试 国家护士执业资格考试是评价申请护士执业资格者是否具备执业所必需的护理专业知识与工作能力的考试，考试成绩合格者，可申请护士执业注册。

（4）其他职业资格考试 执业医师、执业药师、执业护士、律师、注册会计师、专利代理师等执业资格的考试对学历、专业、工作年限等有一定的要求，其余大多考试对所学专业、工作年限的要求不是特别严格，除了执业医师、执业药师之外的其他与医药院校专业相关的其他执业资格，学生在校期间基本都可以通过自学或参加一定的培训后进行考试。

五、职业发展与变化趋势

随着科学技术的发展，社会生产力的不断提高，我国的产业结构随之发生着变化，新职业不断涌现，给人们带来了更多的就业机会。职业变化跟随时代的脚步，职业发展的趋势呈现新的特点。

（一）技术 / 技能型人才在劳动力结构中所占比重上升

第一，技术 / 技能型人才承担很多智能化后的技术型岗位；第二，信息技术使得原来由工程型人才担任的设计、管理等工作，还有一部分信息技术岗位都由技术型人才来承担；第三，服务性行业是随着经济发展而得到发展的一个行业，经济越发达，服务性行业就越兴旺，在服务性行业中的技能人才缺口较大，例如，在健康服务领域，康复师、育婴师、健康管理咨询师等人才需求在不断加大；第四，技术 / 技能人员换岗的情况愈加频繁，部分技术工人的工作被技术员代替，例如，药品生产线上，原来的人工操作已经被精密的仪器所取代，仪器的操作已由相关的技术人员操控。此外，还有很多技术工人转向第三产业或更高的技术岗位，这诸多的变化形成的结果是技术类型比例结构及规格要求发生变化。

（二）信息化趋势转变了时空概念，职业岗位转移频繁

进入 21 世纪之后，信息化对全球各方面的发展产生着深远影响，它是现代社会个人或组织赖以生存的基础性资源，不仅是知识的传播载体，也是机遇的化身。信息化与全球化、经济化等相互交织，不断推动着产业分工的深化和经济结构的调整，社会格局被重塑。传统职业概念中的时空限制被打破，单位变更及职业前景发展成为雇主们雇佣人才或积极或消极的谈判因素。例如，目前的远程医疗治疗机构、互联网医院、各类医疗 APP 等迅速发展，极大地解放了医生上班的地点和时间，为医生提供了更加个性化的服务平台，为人民群众提供了更为便捷的就医服务。

（三）职业种类越来越多，分工不断趋于精细

当今，职业已远远超过"三百六十行"，大约在 21 世纪 70 年代，世界职业种类就超过42000 种，目前则更多。职业种类的增多还要归功于现代科学技术的新发展，职业的增加带来了分工的不断精细，职位之间的差别加大，更加注重人的潜能。人不仅仅是一种"工具"或手段，更是能动的主体，可以在创造社会财富的同时也促进自身的发展。我国最新版的《中华人民共和国职业分类大典（2022 年版）》首次标识了 97 个数字职业。在专业技术人员大类中，增设了密码工程技术人员、碳管理工程技术人员、金融科技师等 29 个新职业，为新兴领域、新兴职业的从业人员提供了更为广阔的职业发展空间。

（四）从事自由职业的群体不断增加

自由职业指以个体劳动为主的一种职业。这种职业的特点在于挣脱了企业与公司的辖制，自己雇佣自己。产生自由职业的原因多种多样，近年来，自由职业化趋势不断加深，就业形式以及职业信息都随着产生变化。

自由职业者的范围非常广泛。大致可以分为以下几类：比如从事语言文字艺术类工作的自由撰稿人、编辑、新闻工作者等；从事生活管理和服务的理疗师、医疗助理、家庭护理员、催乳师、宠物饲养人员等；从事咨询服务的培训师、形象设计师、企业咨询师等，另外还有微商、淘宝店主等。

自由职业与传统职业并不冲突，有些人在从事第一职业的同时兼职第二、第三份工作。

六、健康行业职业全景图

（一）健康行业的定义

健康行业是一个广义的概念，在中国，健康行业由多个行业群体构成：以医疗服务，药品、器械以及其他耗材产销、应用为主体的医疗产业；以健康理疗、康复调理、生殖护理、美容化妆为主体的非（跨）医疗产业；以保健食品、功能性饮品、健康用品产销为主体的传统保健品产业；以个性化健康检测评估、咨询顾问、体育休闲、中介服务、保障促进和养生文化机构等为主体的健康管理产业；以消杀产品、环保防疫、健康家居、有机农业为主体的新型健康产业。

在生产力不断进步的今天，健康成为我们关注的第一大问题，健康行业越来越受到国人的关注和重视，极具投资潜力，已成为我国经济产业中一大"朝阳产业"。

（二）健康行业的发展现状

中华人民共和国成立以来，特别是改革开放以来，我国健康领域改革发展取得显著成就，城乡环境面貌明显改善，全民健身运动蓬勃发展，医疗卫生服务体系日益健全，人民健康水平和身体素质持续提高。从《"健康中国 2030"规划纲要》《中医药发展战略规划纲要（2016—2030年）》《"十四五"中医药发展规划》中可以得知，在今后相当长的一个时期，中医药在卫生健康国家战略中将发挥巨大作用。截至 2020 年年底，全国中医医院达到 5482 家，每千人口公立中医医院床位数达到 0.68 张，每千人口卫生机构中医类别执业（助理）医师数达到 0.48 人，99% 的社区卫生服务中心、98% 的乡镇卫生院、90.6% 的社区卫生服务站、74.5% 的村卫生室能够提供中医药服务，设置中医临床科室的二级以上公立综合医院占比达到 86.75%，备案中医诊所达到 2.6 万家。中医药传承发展能力不断增强，中医药防控心脑血管疾病、糖尿病等重大慢病及重大传染性疾病临床研究取得积极进展，屠呦呦研究员获得国家最高科学技术奖，中医药人才培养体系持续完善，中成药和中药饮片产品标准化建设扎实推进，第四次全国中药资源普查基本完成，公民中医药健康文化素养水平达 20.69%。中医药开放发展取得积极成效，已传播到 196 个国家和地区，中药类商品进出口贸易总额大幅增长。

同时，随着经济社会的发展，工业化、城镇化、人口老龄化、疾病谱变化、生态环境及生活方式变化等，给维护和促进健康带来一系列新的挑战，健康服务供给总体不足与需求不断增长之间的矛盾依然突出，健康领域发展与经济社会发展的协调性有待增强。

2014 年 12 月 13 日，习近平总书记在考察江苏镇江时提出："没有全民健康，就没有全面小康。"2015 年 3 月，国务院总理李克强在政府工作报告中提出："健康是群众的基本需求，我们要不断提高医疗卫生水平，打造健康中国。"至此，"健康中国"这一概念被正式提出。2016 年 10月，中共中央、国务院印发了《"健康中国 2030"规划纲要》，"健康中国"上升为国家战略，随后，加强中医药工作的政策不断出台。2016 年 12 月 25 日，我国为传统中医药振兴而制定的首部国家法律——《中华人民共和国中医药法》诞生，为继承和弘扬中医药、促进中医药事业健康发展提供了强有力的法律支撑。至此，中医药受到政府和社会各界的广泛关注和重视，中医药发展面临难得的战略机遇期。

从消费需求看，人们对中医药服务无论是量和质都产生了"井喷式"的需求，多元化、个性化特征日益明显；从服务领域看，中医药服务正由主要提供医疗服务向提供融医疗、预防、保健、养生、康复于一体，全链条服务的方向发展；从服务供给看，中医药服务正从主要由政府举办向由政府和市场共同举办发展；从服务模式看，中医药服务正由以疾病为中心向以健康为中心发展；从服务产品来看，中医养生产品、小型保健理疗设备等正越来越多地进入家庭；从国际来看，越来越多的国家和地区重视开发和利用中医药。

同时，与中医药有关的种植养殖、生产加工、流通贸易、养老养生、健康保健、旅游度假、保险保障、咨询教育、文化宣传、互联网等产业也迎来了难得的发展机遇期，给市场创造了无限机会。

（三）健康行业职业群

健康行业中蕴藏着众多的职业群体，医学院校的学生未来的就业前景是广阔的。无论是医生、护士，或是针灸师、推广员，抑或是管理、行政人员，都只是健康行业职业群体中的一小部分，在健康行业的大背景下，医学院校的学生拥有了更多的选择。如图 4-2 职业全景图所示。

管理和销售　　　企业经营

3　　4
D. 监管和保卫　　E. 沟通和记录
E　　　　　　　　　F. 金融财务交易　　C
2
A. 与就业相关的服务　　G. 物流
B. 市场与销售　　5
C. 管理
1
H. 运输及相关行业　6
Z. 私人服务　　I. 农业、林业及相关行业
J. 计算机信息专业人员　技术性的
数据　　K. 建筑和维护人员
社会服务　　人　　事物　　L. 手艺人　　R
S　　　　主意　　M. 制造加工
W. 卫生保健　　N. 机械电器专业人员　7
X. 教育　　O. 工程技术
12　Y. 社区服务　　P. 自然科学和技术
U. 创造性和表演艺术（写作和口头）　8
V. 实用艺术
11　R. 医疗诊断和治疗
S. 社会科学
A　T. 实用艺术（视觉）　Q. 医疗技术　I
10　9
艺术的　　科学技术

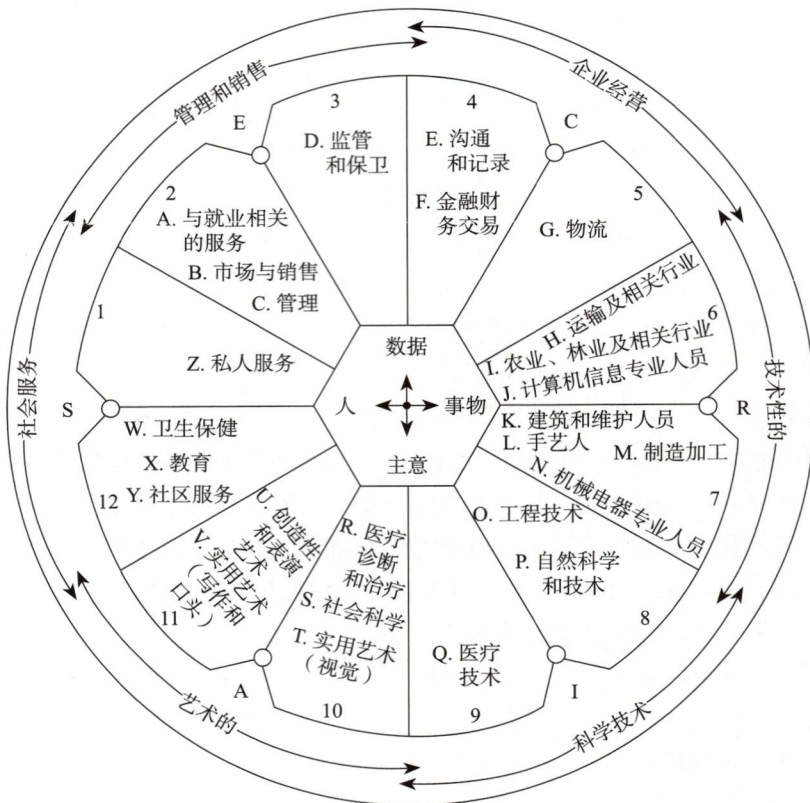

图 4-2　职业全景图

"职业全景图"，也称为"工作世界地图"。由美国大学考试中心（ACT）按照普瑞迪格（Prediger DJ.）的理论研究成果编制而成，他们将职业归入到 26 个领域，形成 26 个职业群，并编成 12 个区。这 12 个区几乎覆盖了所有的职业，成为一种职业探索的工具。

职业全景图的外周用 6 个字母（A、I、R、C、E、S）代表着六种职业环境，这正好与霍兰德 6 种职业兴趣模型相一致。图中心的十字放射坐标是普瑞迪格对霍兰德职业兴趣模型再发现的成果，他发现职业按任务属性可以分为相互对立的两组兴趣维度，分别为人 - 事物维度和主意 - 数据维度。

那些对与事物打交道的职业感兴趣的人，多喜欢参加涉及调试、精密加工、操作控制、驾驶操作、运用操作、照料、手工操作等职业活动，表现为事物维度；与之相对的，那些喜欢与人打交道的人，更多参与为社会及他人办事或服务等职业活动，倾向于人维度。

在主意 - 数据维度上，某种职业对于一些人而言，是其发挥观察、科学分析、形象思维的场所，这种与概念、定理、逻辑、规律、观念等抽象的精神世界打交道的兴趣倾向被称为主意维度；相反，在另一端，有的人更看重某种职业带给其观察、调研、获得信息、知识和概念的现实感，倾向于用数据、实例表达自己的想法，这个维度称为数据维度。

探索职业兴趣的方法之一就是利用这两组维度寻找自己的职业兴趣所在，简单的工具制作方式是以十字放射坐标的中点为零点，在从 0 到 10 的每个维度坐标上都标上刻度即可。探索时，需要选择一种你感兴趣同时也较擅长的活动或工作，问自己两组问题，第一组：这项活动或工作的乐趣对于你而言，是因为它更多地与人交往有关还是与操作事物有关？强度有多大？选择其中维度之一作为兴趣倾向（只选一个），并就这一维度兴趣强度评定一个分数，兴趣强度越强，得分越高，从而得到人 - 事物维度的定性与评分，在相应的维度得分上标一个黑点；第二组：这项

活动或工作的意义对于你而言，是在于它证明了你的实事求是的态度（数据），还是超凡脱俗的思想能力（主意）？强度有多大？选择其中之一，并评价其强度，你可以得到关于数据 – 主意维度的定性与评分，同样在相应的维度上标上黑点。现在，以这两个黑色坐标点，可以很容易找到一个定位点，这个点就是我们探索到的职业兴趣点。把职业兴趣点按比例缩放到职业全景图上，观察你的职业兴趣点与哪些职业群接近，就可以很快发现很多相关的职业。这种职业探索方法可以大大缩小我们对职业进行比较和筛选的效率，也可以加深我们对自我职业兴趣的认识。

为了便于对职业群和职业领域的理解，ACT 用 26 个字母作为代码，并对职业群和职业领域涉及的职业进行举例。为了加深对健康产业职业领域的理解，我们借用 ACT 的方法对职业进行举例，加深理解。

健康行业职业群（A–Z）举例

行政管理和销售职业群（E 群）

A. 就业相关服务：工作在企业、就业市场、教育机构中的与就业有关的人力资源服务人员，如人力资源经理、招聘经理、面试经理、学校就业服务人员、职业信息统计人员、职业信息分析师等。

B. 市场与销售：工作在产品、品牌、体验、网络等各种营销形式中的营销人员，如医学项目推广人员、医院导医等咨询人员、药学咨询员，药品销售员、OTC 专员、药品注册专员、健康体验中心客服人员等。

C. 管理：工作在各级党政机关负责人及各级各类组织中的管理人员，如党派组织内的书记，行政单位的科长、处长、院长等，企业部门的车间主任、主管、秘书、经理，非政府组织的项目责任人、执行主席等。

D. 监管和保卫：与人身安全、经济安全、物资安全、国家安全有关的监察人员和以纠正错误为责任的监督人员，如医疗药械司库、危险化学药品保管员、缉毒警察安全巡视员、纪检监察人员、食品与药品监察人员、药品检验员、海关监察员、危机监控人员等。

企业运营职业群（C 群）

E. 沟通和记录：在企业和其他组织中负责上下级、内外层信息采集、整理与沟通的工作人员。如行政秘书、法庭书记员、医疗保险勘查、转移呼叫中心人员、新闻发言人、项目管理人员、医学实验助理、市场调查雇员、医学情报人员、医案管理人员、环保监测人员等。

F. 金融财务交易：与组织中从事企业经营资金管理、资本市场运作和商品交易的各类工作人员，如财政人员、税务人员、会计人员、审计人员、精算师、外贸业务员、报关员、医学商务代表、药材期货操盘手、医药行业证券分析师、风险投资项目经理等。

G. 物流：在各类现代企业中从事物流管理工作的各类人员，如医药企业订单处理人员、物资采购人员、出入库操作人员、库存管理人员、物流配送人员等。

技术职业群（R 群）

H. 交通运输行业人员：在现代化交通运输系统（铁路、水路、公路、航空、管道运输）中的工作人员，如各类驾驶员、运载规划人员、运输计划与调度人员、运输代理机构人员、运输场站人员、特殊货物（如危险化学品、贵重药物、超限货物）运输人员、物联网系统维护人员等。

I. 农业、林业及相关行业：在乡村从事种植、畜禽养殖、水产养殖等行业从事 GAP 服务的工作人员或在城市从事与生物有关的工作人员，如药材栽培人员、药用动物养殖人员、育种人员、害虫控制人员、农技师及林场经理、牧场管理员、园林技师等。

J. 信息技术人员：在政府、企业或其他组织中从事信息技术的工作人员，如程序员、系统分析员、网络系统维护员、系统工程师、软件测试人员等。

K. 建筑与设备安装人员：在企业或其他机构中从事与建筑施工、装饰装修和设备安装有关的技术人员，如工程监理、设备安装技师、布景师等。

L. 手工操作人员：在各种组织中从事体现个人操作优势技术的工作人员，如中药鉴定师、调剂员、品酒师、药膳厨师、制茶师、茶艺师、炮制工艺师、药材筛选工作人员、工艺品技师、针灸医师、正骨医师、按摩师等。

M. 制造加工业人员：在生产和加工制造企业中使用规范操作技术的工作人员，如药品生产线技术工人、医疗器械制造业技术工人机床操作工、模具制造工等。

N. 机械电器专业人员：在企业、机构中对设备和电器进行技术操作和定期维修的工作人员。如医疗诊断设备操作人员、治疗康复设备操作人员、医疗设备维修技师等。

科学技术职业群（I 群）

O. 工程和技术：在研究机构或企业中工程与技术研究的工作人员，如医学工程学家、发酵工程学家、生物技术专家、生产工艺专家、工艺流程管理专家、建筑工程专家、环保技术专家等。

P. 自然科学和技术：在研究机构或企业中从事自然科学研究的工作人员，如道地药物研究专家、珍稀物种繁育专家、生物学家、林业学家、水产养殖学家、水利学家、药物资源专家、水土保持学家、食品与药品科学专家、微量元素研究学家、药材种植专家等。

Q. 医学科学与技术：在研究机构或企业中从事医学及健康研究的工作人员，如中医学专家、西医学专家、太空医学专家、军事医学专家、药物分析专家、康复治疗专家、病理学家、运动医学专家、心理咨询师和心理治疗医生、减肥健美师、医学诊断设备操作人员等。

R. 医疗诊断和治疗：在医疗机构与健康服务机构中应用医疗健康技术的工作人员，如医师、药剂师、护师、健康咨询师、医学整容技师、运动损伤康复医师、精神科医师、牙医、兽医、宠物医师、心理治疗师等。

S. 社会科学研究：在社会科学研究领域从事科学研究与应用的工作人员，如社会学家、人口学家、文物学家、语言学家、历史学家、实验心理学家、流行病学家、哲学家、中医文化学者、政策研究专家、市场调查专家等。

艺术职业群（A 群）

T. 视觉艺术：在艺术及相关领域从事视觉艺术创作工作的人员，如商品陈列设计师、会展设计师、产品包装设计师、外观设计师、网页美术人员、园林设计人员、动画与传媒设计师等。

U. 创造性和表演艺术：在艺术及相关领域从事表演艺术创作的工作人员，如电视节目创意人员、广告模特、导演、演员、演说家、外交家、保健疗法表演人员、健康类广告创意人员等。

V. 语言艺术：在艺术及相关领域从事语言文字艺术创作的工作人员，如记者、编剧、健康畅销书作家、报刊专栏作家、文案撰稿人、文字编辑、语言与文字翻译等。

社会服务职业群（S 群）

W. 公共卫生保健：在公共卫生服务机构中从事管理、咨询、信息服务等工作的人员，如医疗行政管理人员、疾病控制中心人员、急救中心工作人员、计划生育人员、公共营养师、医疗救助法律服务机构工作人员、药物依赖治疗中心人员、危机干预中心人员、公办社会服务心理热线工作等。

X. 医学与健康教育：在医学教育组织或机构内从事教育、管理的工作人员，如高等院校行政管理、教师、教学辅助人员，医药协会或学会工作人员，健康教育工作者等。

Y.社区服务：在社区或小型社会服务机构中从事服务工作的人员，如社区主任、社会工作人员、养老机构工作人员、社保中心工作人员、医学法律工作者、人民调解员、家庭暴力干预组织人员、妇女权益保护组织、公办社会服务心理热线工作人员等。

Z.私人服务：对于个体或小团体提供社会化服务的工作人员，如私人会所养生中心工作人员、私人医生、管家、家庭医学顾问、家庭营养顾问、私人护理人员、医学美容师、家庭保健医师、SPA治疗师、健身教练等。

七、探索职业世界的方法

（一）生涯人物访谈法

作为大学生职业发展规划课程中进行职业世界探索的重要工具，生涯人物访谈是大学生快速了解当前就业形势，获取心仪行业相关职业信息，进而提高个人职业素养的一种重要实践活动。生涯人物访谈对于营造良好的就业氛围，提升大学生初次就业率具有重要意义。

1. 大学生开展生涯人物访谈的意义

（1）拓宽信息渠道，明确职业目标　大学生作为学生群体，其心智心理心性等方面还不够成熟，在规划个人职业目标时会存在主观臆想、设定过高、脱离实际等情况。另外，校园环境相对较为封闭，大学生与真实社会接触的机会和渠道有限，生涯人物访谈是拓宽大学生求职信息的重要渠道，可以切实帮助学生更全面地了解目标行业和心仪职位。

（2）提高求职技能，规划职业发展　生涯人物访谈是大学生对职业世界的一次重要探索，也是大学生提升求职技能的一个重要途径。通过对目标职业进行人物访谈，大学生可以充分了解到求职过程中将会面临的一些情况及应对措施。包括如何准备公务员、事业单位、医院的笔试；如何准备结构化面试、非结构化面试等相关技巧，助力大学生更好地规划职业发展。

2. 大学生开展生涯人物访谈的流程

（1）设计访谈环节　访谈环节是开展有效生涯人物访谈的基础。大学生通过前期的课堂理论学习完成对个人兴趣、性格、技能等方面的自我探索。结合自身实际情况，围绕"访谈主题、访谈对象、访谈提纲、访谈收获及访谈感悟"等方面精心设计访谈环节。访谈内容围绕职业选择、职业素养、职业能力、职业道德、职业发展等方面来进行不断优化。

（2）明确访谈对象　访谈对象是开展有效生涯人物访谈的核心。大学生要从实际出发，结合未来的职业规划，罗列目标职业行业内的采访人选。可以是已毕业工作的学长学姐；可以是目标领域小有成就的杰出校友；可以是目标公司或相关领域的HR；可以是学校负责就业指导的专职教师。大学生要结合自身情况确定具有代表性和针对性的访谈对象。

（3）提升访谈技巧　访谈技巧是开展有效生涯人物访谈的手段。大学生在开展生涯人物访谈时要遵循循序渐进、由浅及深的原则，以访谈目标为中心，注重表达用词的准确性，不涉及采访对象的隐私或其他敏感问题，注意社交礼仪。

（4）总结访谈结果　访谈结果的总结与归纳是开展有效生涯人物访谈的核心。如何把相对碎片化的信息比如职业发展路径、岗位应聘需求等要点系统性整理是生涯人物访谈是否切实有效的体现。大学生可以通过报告、海报、视频、讲稿等形式进行多样呈现。

（二）体验式教学法

体验式教学法探索职业世界是指根据大学生的认知特点和规律，从大学生的实际需求出发，通过引入或创造真实的求职环境，让学生体验真实的求职经历，帮助大学生更好地明确自身的优势与劣势，提前了解求职过程或职场工作中可能存在的机会与阻力，进一步促进个人全面发展。

1. 高校开展体验式教学法的意义

（1）延伸大学生探索职业世界的范围　大学生在探索职业世界时更倾向于探索与自己专业相关或感兴趣的职业。体验式教学法可以促进大学生更好地了解当前的就业政策与就业形势，丰富职业规划的类型、拓宽职业发展的道路。

（2）降低大学生探索职业世界的难度　职业类型多样，大学生想要深入、高效地了解职业信息存在较大困难。大学生以体验式教学法为核心可以开展多类职场实践、职业调研等活动，针对性地丰富知识、提升技能、强化素养。

2. 高校开展体验式教学法的流程

（1）创建情境，激发大学生探索职业世界的热情　情景是开展体验式教学法探索职业世界的基础。教师根据授课大学生的真实需求和当前社会经济发展现状创建真实求职情境，让大学生在模拟的情境中体验职业角色。模拟体验的过程中可以帮助大学生将理论知识应用于实践，体验职业的特点和岗位要求，最大限度地激发大学生探索职业世界的兴趣。

（2）推广实践，提升大学生探索职业世界的能力　实践是开展体验式教学法探索职业世界的关键。大学生通过积极、主动、全方位地参与真实职业情境，在实践中体验、思考和总结。真实的职业情境，可以促进大学生更快地了解不同工作岗位的性质、特点和用人需求等，并及时将自身情况与岗位要求进行对比和分析，激发大学生职业规划的自主性，就业求职的自信心，提升自我职业效能。

（3）强化交流，丰富大学生探索职业世界的经验　交流是开展体验式教学法探索职业世界的渠道。大学生在探索职业世界的过程中，应多与他人的开展交流和合作。可以参加职业生涯规划大赛，与各专业师生、各领域专家评委交流；可以参加校园招聘会与各企业HR、部门经理交流。

【教学案例】

曹晓春——中医药创新创业路上的她力量

曹晓春，浙江金华人。浙江中医药大学1992届中医学专业校友，杭州泰格医药科技股份有限公司联合创始人、执行董事、总经理。2021年荣获福布斯亚太商界20位影响力女性，更是唯一一位来自中国内地的女性商界领导者。

大学求学期间，曹晓春成绩优异、品学兼优，学业之余积极参加各项体育赛事。毕业之后，立志成为良医的她不断夯实个人专业能力，为了守护更多患者的健康，为了家人和朋友更美好的未来，为了传播中医药传统文化，2004年12月，杭州泰格医药科技股份有限公司成立。2012年8月深圳创业板上市（A股），2020年8月香港主板上市（H股）。目前，杭州泰格医药科技股份有限公司已成长为中国最大的医药研究和临床试验服务提供商之一。

目前，曹晓春担任浙江中医药大学校友企业（创业）联盟首届理事会理事长，校聘创业导师。她心系母校发展，多次向学校教育基金会捐赠款项，设立泰格奖学金和春妍医学奖，资助奖励优秀学生成长成才，助力校友和校友企业发展。

创业是一条布满荆棘的漫漫长路，曹晓春用专业的学识和敢打敢拼的魄力，坚守"三为"创业初心，塑造了具有鲜明时代特征、民族特色、世界水准的医药企业家形象，更向世界诠释了中医药人的社会担当。

【教学案例】

杨观虎——让中医之花绽放在大洋彼岸

杨观虎，浙江平阳人。中医学专业毕业，海外名医。少年时期的杨观虎因家庭变故，埋下了学医治病救人的种子。1980 年高考后，他毫不犹豫地报考了中医学专业。5 年本科求学期间，他发奋学习努力提升专业技能，一直是学校中医内科教研室引以为傲的中医人才。

为了让中医药走向世界，杨观虎带着满腔热情在中国、日本、美国 3 个国家之间辗转多年，孜孜不倦地钻研中医学问。作为俄州针灸协会的 5 个主要负责人之一，他参加了俄州法律中关于针灸师需西医指导规定的反对运动，与海外中医人共同努力使俄州内合法使用中药的法律顺利通过。

杨观虎见证了中医和针灸在海外从排斥、质疑到尝试、欣赏的过程。他相信中医药科学化是中医药在国际医学领域拥有话语权的关键，科学化也必定是中医药未来发展的方向。中医学有自己独特的学术规律、指导理论等，中医药的科学化必定是以尊重中医学的学术规律的科学化；其次，个体化医疗是今后医疗的至高境界，中医科学化要应中医个体化、个性化治疗的趋势。

中医药是中华优秀传统文化的重要载体，凝聚着深邃的哲学智慧和中华民族几千年的健康养生理念及其实践经验。杨观虎用实力、毅力和努力向国际友人展现了中国中医的文化自信。

八、中医药院校学生岗位胜任力

本部分将着重介绍岗位胜任力的内涵及作用，中医药院校学生提高岗位胜任力的必要性，中医药院校学生需要具备的岗位胜任力。

（一）岗位胜任力的内涵及作用

1. 岗位胜任力的内涵　岗位胜任力是指个体能够胜任特定职业或岗位所需的技能、知识、经验、态度、价值观等综合素质，包括了完成工作任务所需要具备的各种能力。岗位胜任力通常包括专业知识、技能水平、沟通协调能力、团队合作精神、主动创新能力、解决问题的能力等多个方面，同时还包括整合和运用这些能力和素质的能力。岗位胜任力是在适应特定岗位的过程中逐渐形成的，它既受到教育和培训的影响，也受到工作实践和自我学习的影响。每个岗位都需要不同的胜任力来实现最佳的绩效，岗位胜任力是一个员工能否顺利完成所聘用的岗位任务，发挥出自己最大潜能的关键因素。

2. 岗位胜任力的作用　岗位胜任力对于组织和员工来说，都有着重要的作用。对于组织而言，招聘和培训具备岗位胜任力的员工，能够提高工作效率、降低成本和减少人力资源浪费。同时，岗位胜任力的提升也能够促进员工的职业发展，激励员工更好地完成工作任务，增强员工的归属感和忠诚度。对于员工而言，拥有岗位胜任力可以提高他们的职业竞争力和薪酬水平，增加他们的工作满意度和生活质量，并为他们的职业发展提供更多的机会和选择。此外，掌握和提升岗位胜任力也能够增强员工的自信心和自我管理能力，更好地适应工作和生活的变化。

（二）中医药院校学生的岗位胜任力

随着国家对中医药事业的重视，中医药院校学生拥有着更为广阔的就业前景和职业发展空间。而这些机遇需要中医药院校学生拥有高水平的专业素养和多元化的职业技能，以满足日益增长的就业市场对中医药复合型人才的需求。

1. 中医药院校学生提高岗位胜任力的必要性　提高岗位胜任力对中医药院校学生而言十分重

要，具体表现为以下四个方面。

（1）增强就业竞争力　中医药院校学生的个人综合素质、专业技能和沟通能力等都是企业选择优秀人才的重要标准。只有具备高度的岗位胜任力，才能在百舸争流的职场市场中更容易地脱颖而出。

（2）适应行业发展需求　随着健康意识的普及和中医药产业的不断发展，对中医药从业人员职业技能的要求也在不断提高，需要不断更新知识储备、提高专业技能水平和自身素质。通过持续提高岗位胜任力，中医药院校学生可以更好地适应行业发展需求。

（3）实现个人价值和人生规划　拥有高度的岗位胜任力，学生不仅可以在工作中表现出色，获得职业上的成就，还可以实现个人价值和人生规划。同时，能够更好地实现自我梦想和人生目标，为未来的发展奠定坚实的基础。

（4）提高职业素养　中医药学生在提高岗位胜任力的过程中，不断学习成长，循序渐进地提高自己的职业素养。这样，就能够更好地适应职业发展变化，在工作中更加严谨、专业，能以更高的效率完成任务，赢得同事和领导信任与尊重。

总之，中医药院校学生提高岗位胜任力，对个人和行业发展都至关重要。唯有加强学科知识的学习，提升综合素质，不断提高专业技能水平，并在实践中不断总结、不断创新，才能够更好地适应职业发展，实现个人价值。

2. 中医药院校学生需要具备的岗位胜任力　中医药院校学生作为未来的中医药从业人员，需要具备以下岗位胜任力：

（1）专业基础知识　中医药专业知识包括中医、中药、针灸等多个方面。作为一名中医药专业的学生，应该具备系统性的中医学知识，掌握中医诊断、治疗原则、方剂配伍及用药安全等基本理论，能够熟练识别和处理常见的病证。如中医基础理论，学习《黄帝内经》《伤寒杂病论》等中医经典，掌握中医的基本理论和知识，如阴阳五行学说、气血津液等。中医养生，了解中医养生的基本方法和原则，熟悉中药食疗的应用和注意事项。西医学基础，了解人体生理和解剖、病理学等基础知识，掌握现代医学的思维方式和应用技能。中药学知识，了解中药的种类、属性、功效和配伍规律，熟悉中草药入药的制作方法和药理作用。中医药学生必须具备扎实的专业基础知识，掌握中医药学的基本理论和实践技能，并能够灵活运用这些知识和技能解决各种临床问题。除此之外，中医药专业还需要了解国家法律法规、中医药市场监管、药物贮存和运输、药物不良反应等相关知识。通过全面掌握这些基础知识，可以更好地为未来从事中医药行业提供有力支撑。

（2）专业技能　中医药院校学生需要具备丰富的临床经验和专业技能。学生需要具备从患者病历收集、体检、辨证施治、处方到针灸、推拿等技能。如中医学生诊断技能，掌握望、闻、问、切等中医诊断方法，了解中医的辨证施治方法。针灸技能，掌握针灸的基本知识和技能，如穴位的定位和刺激方法。推拿按摩，掌握推拿按摩的基本理论和常用手法，了解其临床应用。中药知识，中药的种类、性味、功效和使用方法，了解方剂的组成和用法，掌握中药炮制、药性分类、药物相互作用等专业技能。在临床工作中，中医药院校学生需要进行病史采集、体格检查、诊断判定、治疗方案制订等一系列操作，因此必须具备一定的临床经验。

（3）沟通协调能力　中医药领域的诊疗方式和传统的西医有很大的不同，需要与患者、家属、医务人员等进行有效的沟通和协调。中医药学生需要良好的沟通与协调能力，正确认识到医患关系的重要性，并以良好的沟通方式与患者建立起良好的医患关系。同时，中医药学生还应该具备良好的沟通能力和人际交往能力，其他医生、医护人员进行有效沟通，使工作协调有序。作为一名中医药学生，首先善于倾听，在与患者交流时，要主动倾听对方说话，了解其意愿和需求。可以使用开放性问题和情感化语言来引导患者表达，这样可以更准确地理解和把握患者的情况。其次要注重提高语言表达能力，作为一名中医药院校学生，必须具备清晰的语言表达能力。良好的书面和口头表达技巧有助于与医务人员、患者及其家属有效地沟通。中医药院校学生良好的沟通和协调能力，将有助于提高其在工作中的表现和职业发展。

（4）团队合作精神 团队合作精神，这是成为一名优秀中医药人才所必备的素质之一。在临床工作中也需要与其他医生和护士进行有效的合作，因此，中医药院校学生还应该具备团队合作精神和良好的协作能力，能够高效地配合其他医疗人员完成各种任务和工作。首先要相互信任和尊重，在团队合作中，中医药院校学生需要建立相互信任和尊重的关系，理解和接纳不同的意见和观点，建立良好的沟通和协调机制。其次是分工协作，明确各自的责任和任务，并积极配合完成各项工作，确保团队工作的高效性和完成质量。然后互惠互利，中医药学生需要将个人的利益融入整个团队的目标和利益中，通过合理的利益分配，激发团队合作的热情和动力。遵守规则和纪律，团队合作需要遵循一定的规则和纪律，严格遵守团队制定的规则和工作流程，以确保工作的顺利开展。共同奋斗，意识到团队工作的重要性，坚定共同奋斗的信念，共同推进中医药事业的发展。精益求精，团队合作需要追求卓越，中医药学生需要持续地提高自己的专业水平和工作能力，通过不断的学习和实践，为团队的发展和中医药事业的进步贡献自己的力量。

（5）独立思考和解决问题的能力 中医药院校学生独立思考和解决问题的能力，是评价其学术水平和实践能力的关键指标之一。在临床工作中，可能会遇到一些复杂的病例，需要根据自己的知识和经验进行分析和判断，并提出相应的治疗方案。因此，中医药院校学生应该具备独立思考的能力，能够理性分析和思考中医药理论和实践问题，并根据已有的知识、经验和数据，提出自己的见解和判断，为中医药发展和实践提供新的思路和路径。中医药院校学生应该具备解决实际问题的能力，能够分析和诊断中医药临床上或科研过程中遇到的各种难题，运用中医药理论和实践知识，结合现代科学技术手段，提出切实可行的解决方案，为中医药事业的进一步发展和创新作出贡献。

（6）主动创新能力 中医药院校学生还应该具备主动创新的能力。如专业知识创新能力，具备发现、提炼、整理和传承中医药传统知识的能力，同时对于科研领域的新进展，也需要有积极的学习态度和创新思维。临床实践创新能力，中医药院校学生需要在实践中不断地探索和尝试，寻找出更为科学和实用的中医治疗方案。科研创新能力，中医药院校学生需要具备开展科学研究的能力，深入挖掘中医药的理论和实践，开展相关的实验和临床研究，提出先进的研究思路，并取得相应的研究成果。技术创新能力，中医药院校学生需要不断地探索、改进和创新中医药治疗技术、药物制剂工艺、脉象诊断、推拿按摩等方面的技术，在临床实践中不断地探索和提升中医药治疗的效果和安全性。创业创新能力，中医药院校学生需要具备创业创新意识，关注市场需求，独立开展运营和管理，开设中医诊所、保健品店、中医美容院等相关业务，积极推动中医药事业的发展。

（7）学科综合素质 除了要掌握中医药学科知识以外，还需要具备良好的学科综合素质。包括科学素养，中医药院校学生需要具备较好的自然科学、社会科学和数学等方面的基础知识，能够运用科学方法解决实际问题，并了解科学发展的基本规律。语言表达能力，中医药院校学生需要良好的语言表达能力，能够清晰准确地表达自己的观点和意见，同时还要具备一定的英语听说读写能力，以便阅读海外中医药学术文献。计算机应用能力，中医药院校学生需要掌握计算机的基本操作和常用软件的使用，能够灵活利用计算机、信息技术和互联网等现代科技手段，开展中医药科研和实践工作，提升工作效率和质量。组织管理能力，中医药院校学生需要具备良好的组织和管理能力，能够组织并协调研究或教学团队的工作，有一定的项目管理经验。社会责任感，中医药院校学生需要具备一定的社会责任感和人文关怀精神，积极参与社会公益活动，关注社会热点问题，并为社会大众提供医疗健康服务。自我发展能力，中医药院校学生需要具备自我学习和自我提升的能力，积极开展各类培训和学习，不断深化自己的行业认知、技能水平和职业素质，实现个人和职业的全面发展。

（8）职业道德和法律意识　中医药院校学生还必须具备良好的职业道德和法律意识，遵守医疗行业的相关规定和法律法规。具体包括遵守职业道德，中医药院校学生需要牢记医生职业道德，在临床实践中始终坚持以患者为中心，严格遵守医疗行业规范，保护患者的隐私和权益。遵守法律法规，中医药院校学生需要了解相关的法律法规，如《中华人民共和国卫生法》《医疗机构管理条例》等，遵守医院制度和操作规范，不得擅自变更或延长治疗方案，注意保护患者的合法权益。遵守患者知情同意权利，中医药院校学生需要了解知情同意的法律意义，明确告知患者治疗方案的风险和效果，尊重患者的选择，确保患者对治疗方案的知情同意。规范药物使用安全，中医药学生需要了解药物使用安全知识，加强对药物的品质和来源的监管，规范用药，防止药物滥用和误用。了解医疗纠纷预防与处理，中医药学生需要了解医疗纠纷预防和处理的相关法律法规，提高自身专业素质和技能水平，规范工作流程和操作规范，避免医疗纠纷的发生，妥善处理已经发生的纠纷并及时报告相关部门。在临床工作中，中医药院校学生还需要注重患者的隐私保护，并遵守医疗诊疗规范和操作规程。同时，中医药学生还应该牢记自己的职业使命，为患者的健康服务，维护社会的健康和稳定。

总之，中医药院校学生岗位胜任力取决于其专业基础知识、临床技能、独立思考和解决问题的能力、团队合作精神、主动创新能力、学科综合素质、职业道德和法律意识等多个方面。中医药院校学生需要不断地提高自身岗位胜任力，以适应行业发展变化，为行业的发展和个人职业成功打下坚实的基础。

实践探索

请用头脑风暴法列举出与中医药相关的尽可能多的职业，并将所有联想到的职业都记录在黑板上。并在小组内分享自我职业兴趣探索结果，畅想未来职业发展路径。

第二节　中医药职业环境分析

职业环境，指某职业在社会大环境中的发展状况、技术含量、社会地位、未来发展趋势等。包括宏观的社会环境，如经济环境、政策环境、行业环境等，也包括具体的工作环境，如文化氛围、人际关系、制度环境等。每位职业人都处在一定的职业环境中，其成长和成才都受到这些环境的影响。随着经济的发展，现代人越来越关注自身的健康，以及一系列国家发展中医药事业纲领性文件的发布，中医药事业迎来黄金发展期，也为中医药类专业大学生的就业提供了新的历史契机。

一、国家政策环境

近年来，国家高度重视大学生就业问题，国务院及相关主管部门下发了多份关于促进高校毕业生就业的政策文件，数量多、内容丰富，为促进高校毕业生充分就业提供了保障，并在社会上形成了良好的就业环境氛围。通过解读这些政策法规，可以使大学生从中受益，在求职择业中少走弯路，最大限度地理解政策、享受政策所带来的种种优惠。

（一）与中医药事业发展相关的政策

近年来，国家领导人和各级政府对中医药事业高度重视，加强了中医药事业发展的顶层设计和中长期规划，以及中医药事业的立法。2009年，中共中央、国务院印发了《关于深化医药卫生体制改革的意见》（中发〔2009〕6号），同年，国务院颁布了《国务院关于扶持和促进中医药事业发展的若干意见》。党的第十八次全国代表大会和十八届五中全会提出"坚持中西医并重""扶持中医药和民族医药事业发展"；《中共中央关于全面深化改革若干重大问题的决定》明确要"完善中医药事业发展政策和机制"。

国务院印发《中医药发展战略规划纲要（2016—2030年）》，国务院办公厅首次印发《中医药健康服务发展规划（2015—2020年）》《中药材保护和发展规划（2015—2020年）》等中医药发展领域的专项规划。2016年8月26日，中共中央政治局召开会议审议通过了《"健康中国2030"规划纲要》，2016年12月6日国务院新闻办公室发表了《中国的中医药》白皮书。

2016年12月25日，十二届全国人大常委会第二十五次会议审议通过了《中华人民共和国中医药法》。这是我国第一次对中医药的专门立法，从国家法律层面明确了中医药的重要地位、发展方针和扶持措施，为中医药事业的发展提供了纲领性保障，在我国中医药发展史上具有里程碑式的意义。

为加强与"一带一路"沿线国家在中医药（含民族医药）领域的交流与合作，开创中医药全方位对外开放新格局，国家中医药管理局、国家发展和改革委员会于2017年1月、2022年1月连续联合印发了《中医药"一带一路"发展规划（2016—2020年）》《推进中医药高质量融入共建"一带一路"发展规划（2021—2025年）》。2017年6月，科技部、国家中医药管理局印发《"十三五"中医药科技创新专项规划》。2018年12月18日，农业农村部会同国家药品监督管理局、国家中医药管理局编制了《全国道地药材生产基地建设规划（2018—2025年）》。2019年10月26日，中共中央国务院发布了《关于促进中医药传承创新发展的意见》。2020年10月，国家中医药管理局印发了《中医药创新团队及人才支持计划实施方案》。2021年2月，国务院办公厅发布了《关于加快中医药特色发展若干政策措施》。2022年3月29日，国务院办公厅发布了《"十四五"中医药发展规划》。2023年2月28日，国务院办公厅发布了《中医药振兴发展重大工程实施方案》。详见表4-4。

表4-4 国家近年出台的相关政策

时间	文件	内容及意义
2015	《中医药健康服务发展规划（2016—2030年）》	基本建立中医药健康服务体系，中医药健康服务加快发展，成为我国健康服务业的重要力量和国际竞争力的重要体现
2016	《"健康中国2030"规划纲要》	到2030年，主要健康指标进入高收入国家行列。提高中医药服务能力，发展中医养生保健治未病服务，推进中医药继承创新
2016	《中华人民共和国中医药法》	建立符合中医药特点的管理制度，加大对中医药事业的扶持力度，加强对中医医疗服务和中药生产经营的监管
2017	《"十三五"中医药科技创新专项规划》	通过科技创新发掘中医药科学内涵，推动中医药的传承与创新，是实现中医药事业振兴发展的重大战略方向
2018	《全国道地药材生产基地建设规划（2018—2025年）》	道地药材承载着中医药文化的精髓，加快发展道地药材，有助于弘扬中医药文化，推动行业健康发展，推动中医药对外交流，搭建起与世界交流的平台，有利于提高我国文化软实力、增强中华文化的影响力

续表

时间	文件	内容及意义
2019	《关于促进中医药传承创新发展的意见》	坚持中西医并重、打造中医药和西医药相互补充协调发展的中国特色卫生健康发展模式，发挥中医药原创优势、推动我国生命科学实现创新突破
2020	《中医药创新团队及人才支持计划实施方案》	遴选组建若干国家中医药多学科交叉创新团队和国家中医药传承创新团队，培育一批具有多学科交叉创新素质和能力的中青年拔尖创新人才
2021	《关于加快中医药特色发展若干政策措施》	遵循中医药发展规律，认真总结中医药防治新冠经验做法，破解存在的问题，更好发挥中医药特色和比较优势，推动中医药和西医药相互补充、协调发展
2022	《"十四五"中医药发展规划》	坚持中西医并重，传承精华、守正创新，实施中医药振兴发展重大工程，补短板、强弱项、扬优势、激活力，推进中医药和现代科学相结合，推动中医药和西医药相互补充、协调发展，推进中医药现代化、产业化，推动中医药高质量发展和走向世界，为全面推进健康中国建设、更好保障人民健康提供有力支撑
2023	《中医药振兴发展重大工程实施方案》	统筹力量集中解决重点领域、重要环节的突出问题，破除制约高质量发展的体制机制障碍，着力改善中医药发展条件，发挥中医药特色优势，提升中医药防病治病能力与科研水平，推进中医药振兴发展

这些都是中医药发展史上具有重要意义的大事，这些高密度的决策部署，描绘了全面振兴中医药、加快医药卫生体制改革、构建中国特色医药卫生体系、推进健康中国建设的宏伟蓝图。中医药进入新的历史发展时期，对人才的需求十分迫切，健康产业蓬勃兴起，中医药类专业学生在未来大有可为。

（二）改善大学生就业环境的相关政策

为了进一步减少毕业生的就业限制，国家就影响毕业生就业的入户限制、派遣期限、毕业生相关费用等方面进行了进一步的完善和规范。

1. 放开高校毕业生就业的落户限制　高校毕业生户籍可以迁往就业创业地（北京、上海等超大城市按现有规定执行），也可以迁往入学前户籍所在地。简化落户手续，公安部门对毕业生凭用人单位与毕业生签订的《全国普通高等学校毕业生就业协议书》《劳动合同》或者《普通高等学校毕业证书》办理落户手续，从2023年起不再将《全国普通高等学校毕业生就业报到证》作为办理高校毕业生招聘录用、落户、档案接收转递等手续的必需材料。

2. 延长毕业生两年择业期　高校毕业生自毕业时起2年以内，只要落实单位接收，国家负责派遣，对于超过2年未落实工作单位的高校毕业生，学校或档案户口托管机构将其档案和户口迁回其入学前户籍所在地。

3. 取消对毕业生就业的不合理收费　为了使大学毕业生能够顺利就业、满意就业，国家取消对高校毕业生收取的城市增容费、上岗押金、择业推荐费、改派费等不合理的收费，真正实现人才的自由流动、合理流动。

4. 鼓励高校毕业生到非公有制单位就业　对到非公有制单位就业的高校毕业生，公安机关要放宽建立集体户口的审批条件，及时办理落户手续；用人单位要按国家有关规定与毕业生签订劳动合同，为其办理社会保险手续，缴纳社会保险费、医疗保险费，保障其合法权益。

5. 鼓励和支持大学生自主创业和灵活就业　从事个体经营和自由职业的毕业生，可将档案存放在其常住地人事部门授权的人才交流机构或县级以上政府授权的公共职业介绍机构，并按当地政府规定，到社会保险经办机构办理社会保险登记，缴纳社会保险费。为鼓励和支持高校毕业生自主创业，工商和税收部门要简化审批手续。除国家限制的行业外，自工商部门批准其经营之日起，3年内免交登记类和管理类的各项行政事业费用。有条件的地区由地方政府确定，在现有渠道中为高校毕业生提供创业小额贷款和担保，并在规定限额内依次减免营业税、城市维护建设税、教育费附加和个人所得税。

6. 鼓励大学毕业生到西部、到基层、到农村、到中小企业就业 志愿到西部就业的大学毕业生可提前定级，放宽专业技术资格、职务评定标准，适当提高工资标准。鼓励高校毕业生到基层和艰苦地区工作。各级政府要为高校毕业生创造工作条件，主要充实城市社区和农村乡镇基层单位，从事教育、卫生、公安、农技、扶贫和其他社会公益事业。在艰苦地区工作 2 年或 2 年以上者，报考研究生的，应优先予以推荐、录取；报考党政机关公务员和应聘国有企事业单位的，在同等条件下，应优先录用。

7. 完善科研项目和见习基地政策 允许高校的一些科研项目和科研单位的一些科研项目，吸纳一部分大学毕业生，包括研究生，做项目的研究助理，来延缓一部分大学生的就业时间。在他们工作期间，可以签订服务协议，给予相应的报酬，可以用科研经费来列支。创建一批就业见习基地，或进一步完善见习基地，进一步扩大和容纳大学生到见习基地去。

8. 建立高校毕业生失业登记政策 凡高校毕业生（含大学专科、大学本科、研究生）因患病等原因短期无法就业且生活困难的，由高校毕业生户籍迁入所在地民政部门参照当地低保标准，给予临时救助，享受临时救助的时间最长不得超过 1 年，1 年后家庭生活仍有困难的，按有关规定申请享受最低生活保障或其他社会救济。毕业半年以上未能就业并要求就业的高校毕业生，可持学校证明到入学前户籍所在城市或县劳动保障部门办理失业登记。劳动保障部门所属的公共职业介绍机构和街道劳动保障机构应免费为其提供就业服务。对已进行失业登记的高校毕业生，有条件的城市、社区可组织其参加临时性的社会工作、社会公益活动，或到用人单位见习，给予一定报酬。对于因患病等原因短期无法工作并确无生活来源者，由民政部门参照当地城市低保标准，给予临时救助。

二、社会经济环境

社会经济环境指构成企业生存和发展的社会经济状况和国家经济政策，影响消费者购买能力和支出模式的因素，包括收入的变化、消费者支出模式的变化等。社会经济状况涉及社会、国家及市场、自然等领域，包括经济要素的结构、形式、性质及变动趋势等多种内容。国家经济政策是履行国家经济管理职能，调控宏观经济水平、结构，实施国家经济发展战略的指导方针，影响着企业的经济环境。职业的经济环境是职业在面临的社会经济条件及其运行状况、发展趋势、产业结构、交通运输、资源等情况，社会经济环境在大多数时期是制约职业选择和发展的重要因素。

（一）经济形势

在职业发展变化中，宏观经济形势的变化起到了重要作用。经济形势变化对职业的影响最明显也最复杂。经济高速发展的阶段，企业处于扩展时期，人力资源需求量不断加大，职业选择和职业发展的机会也随之增加；相反，如果经济处于低迷阶段，各企业的经济效益会大大降低，那么对人力资源的需求随之减少，职业选择和职业发展的机会也就大幅降低了。

当前，我国经济形势总的特点是缓中趋稳、稳中向好，经济运行保持在合理区间，质量和效益进一步提高。经济结构继续优化，创新对发展的支撑作用增强。

（二）收入水平

人力资源的需求是由社会参与生产的产品需求派生出来的，受到社会收入水平的制约。当整个社会中，经济发展良好，人民收入水平稳步提高，对商品消费的需求会逐步增加，带动企业不断扩大生产从而增加对人力资源的需求量，职业选择和发展的机会就随之增加；反之，人民收入水平低，对商品消费的需求随之降低，企业就会缩减生产，对人力资源的需求量也减少，职业选择和发展的机会也随之减少。

根据联合国开发计划署发布的 2010 年《人类发展报告》显示，我国是近 40 年来全球人类发展最快的国家之一，在过去 40 年间，中国的人均收入以惊人的速度增长了 21 倍，创造了"发展的奇迹"。此外，根据国家统计局公布数据显示，2022 年全年全国居民人均可支配收入 36883 元，比上年名义增长 5.0%，扣除价格因素实际增长 2.9%。人均收入的持续增长，势必会带来更多的就业岗位。

（三）区域经济发展水平

按照区域间经济发展水平的不平衡情况来看，经济发展水平的高低影响着职业选择和发展。在经济发展水平高的区域，企业集中，优秀企业数量多，新生企业也茁壮成长，个人职业选择和发展的机会相比较多，大大有利于个人的发展；相反，经济发展水平相对落后的区域，企业的规模以及数量都相对较小，人才需求相对有限，个人的职业选择和发展的机会也会受到限制。

三、中医药类职业组织环境

（一）中医药组织类型

中医药组织是贯彻执行党和国家的中医药工作方针政策，领导全国和地方中医药工作，制定具体中医药政策，组织中医药人员和其他科学技术人员及广大群众，运用中医药科学技术，推行中医药工作的专业组织。按照中医药组织的性质和职能，我国中医药组织可分为四类：中医药行政组织、中医药事业组织、中医药企业组织和中医药社会组织。

1. 中医药行政组织　中医药行政组织是各级政府的职能部门，贯彻实施党和国家的中医药工作方针、政策，领导全国和地方的中医药工作，编制中医药事业发展规划，制定中医药法规和督促检查的机构系统。1986 年国务院批准成立国家中医管理局，1988 年国务院研究决定成立国家中医药管理局，各省（自治区、直辖市）也设有中医药管理机构，其设置与国家机构相一致，在各级政府及上级中医药行政机构的双重领导和指导下，负责本地区的中医药行政工作。

国家中医药管理局由国家卫生健康委员会管理，是主管国家中医药事业的行政机构，其主要职责是统筹引领国家中医药和民族医药各项事业的发展，奠定国家中医药和民族医药各项事业发展的基本格局，指引中医药和民族医药事业发展的宏观方向，为中医药和民族医药事业提供行业标准和管理规范，监督和协调中医药相关工作，指导中医药和民族医药的发展，组织和建设中医药人才队伍，开展中医药推广宣传工作，实施中药资源的保护、开发和合理利用。因此，作为中医药行政组织，承担包括组织、管理、建设、推广在内的各项职能。同时，中医药行政组织根据行政层级，可以分为国家中医药行政组织和地方中医药行政组织。根据中医药行政活动程序分类，可分为决策部门、执行部门、咨询部门、信息部门与监督部门。无论是何种划分方式与方法，中医药行政组织总体上是一个行政系统严密、职权划分明确的有效组织，从根本上为国家中医药和民族医药事业发展提供了强有力的组织保障。

2. 中医药事业组织　中医药事业组织是具体开展中医药业务工作的专业机构，按照工作性质，中医药事业组织可分为以下几类：①中医医疗机构：包括中医医院、中医药院校及中医药研究机构的附属医院、中医专科医院、中医康复医院、中医门诊部等，是种类复杂、数量众多的一类中医药事业机构。②中医药科研机构：除了中国中医科学院外，绝大部分省（自治区、直辖市）均成立了中医药研究院或各类民族医研究院。部分省份的中医药大学（中医学院）及中医医疗机构中也附设有中医药研究机构。③中医药教育机构：包括各类中医药教育机构、中医药院校的各类临床教学基地和中医药继续教育基地等。

中医药事业经过多年的发展，已经形成了一个多结构、多层次的中医药保健网络。如果把中医药事业看成一个大系统，则它是由中医药医疗保健、中医药教育、中医药科研、民族医药、中药生产、中药供销等分系统组成。每个分系统又是一个多层次的结构，按照分工担负着不同的任务，在系统内，层次之间一般没有领导关系，只是业务上的指导关系或协作关系。

3. 中医药企业组织 中医药企业组织是具体开展中药生产、销售和服务工作的业务机构，同时也涵盖了各类以营利为目的的中医医疗卫生企业。按照业务性质的不同，中医药企业组织可以分为：①中医咨询治疗机构：包括主要提供中医诊疗的门诊企业、中医健康管理服务企业。②中医药生产企业：包括各类中药厂、中药材饮片加工厂、中成药加工厂、中药材种植厂等，同时各类中医医疗机构下设的小型中药制剂室都属于生产型中药企业。③中医药服务企业：包含各类中药材经营销售机构，如中药材公司、中药店等。

中医药企业组织是中医药事业发展的强有力支撑，是中医药事业健康发展必不可少的中间平台，构建了中医药发展良性循环的经济基石。

4. 中医药社会组织 中医药学是广大人民群众在长期与疾病斗争中逐渐形成的，具有广泛的群众基础。要做好中医药工作，必须组织发动群众参加中医药工作，建立广泛的中医药社会组织，包括中华中医药学会、中国中西医结合学会、中国针灸学会、民间中医医药研究开发会、中国民族医药学会、中国中医药信息研究会、中国中医药研究促进会、中国医学气功学会、中医药膳研究会、世界中医药学会联合会、世界针灸学会联合会等。

（二）中医药类典型职业

根据《中华人民共和国职业分类大典（2022年版）》的分类，目前现有的中医药行业典型职业共计37个，比较1999年颁布的第一部《中华人民共和国职业分类大典（1999年版）》中医行业新增9个（标注*），具体见表4-5。

表4-5 现有的中医药行业典型职业一览表

中医内科医师	中医外科医师	中医妇科医师	中医儿科医师	中医眼科医师
中医皮肤科医师	中医骨伤科医师	中医肛肠科医师	中医耳鼻咽喉科医师	针灸医师
中医推拿医师	中医营养医师*	中医整脊科医师*	中医康复医师*	中医全科医师*
中医亚健康医师*	中西医结合内科医师	中西医结合外科医师	中西医结合妇科医师	中西医结合儿科医师
中西医结合骨伤科医师	中西医结合肛肠科医师	中西医结合皮肤与性病科医师	民族医医师	中药师
民族药师*	中医技师*	中医护士*	医药商品购销员	中式烹调师*
保健调理师	保健按摩师	中药材种植员	特种动物养殖员	农业技术员
中药炮制工	药物制剂工			

第三节　中医药院校学生就业形势和职业发展路径

一、中医药行业学生就业形势

（一）临床类专业就业去向好

医学专业的学生在毕业之后主要从事与医疗卫生事业相关的工作，但由于医学学科有很强的专业性和独立性，对口单位主要是医疗卫生机构和相关医药产业，随着医药卫生改革的深入以及人口的老龄化，临床类医师的需求上升较快。

中医药高校历来重视毕业生的就业工作，将实现毕业生的充分就业、高质量就业作为工作重心。近两届毕业生规模有所增长，就业率稳中有升，始终保持较高水平，就业状况良好；其中2016年已公布就业质量报告的20所中医药高校中，本科毕业生就业率平均达到93.32%。

考研成功率也保持高位，一些院校临床类专业达到40%，甚至更高。

（二）药学类需求持续旺盛

每年初次就业率及年终就业率均在90%以上。大学生考研热继续升温，报考人数增幅很大，而录取率占当年学生总数的20%左右。医药公司仍是毕业生最主要的就业单位，村干部及西部计划报名及录取人数不多，对于城市与乡镇就业，90%以上的学生就业选择在城市。

（三）非医药专业受到肯定

非医药专业毕业生的就业率逐步提高，一些专业还颇为抢手，譬如市场营销、计算机类专业，早早就参与实习，被单位预定或签约。经济管理类专业、计算机科学与技术、应用心理学等专业经过多年建设，已得到社会认可，有了一批相对固定的就业接收单位，毕业生的就业去向相对来说比较稳定，就业率相对稳定，管理等相关专业毕业生需求量很大，学生选择面广，学生就业呈现多元化特征。

（四）基层就业和创业在增加

国家给予大学生就业优惠政策和鼓励措施并提供了较多的就业岗位，如大学生村官、应征入伍、西部计划、"三支一扶"计划等，也拓宽了毕业生的就业选择面。此外，在国家"大众创业，万众创新"的理念下，很多大学毕业生纷纷开始自主创业，自主创业为大学生提供了一个新的就业途径。但是医学类毕业生自主创业的比例较低。尽管这几年我国一直在推动学生的创新创业工作，也取得了一些成果，但目前来看，毕业生创业成功案例还较少。

（五）毕业生主要留在本省就业

中医药高校的毕业生在高校所在省份就业的比例均处于较高水平。这一流向与学校服务地方经济建设与服务中医药的战略定位相契合，为当地的社会发展提供了持续的人才支持和智力支撑；同时，学校作为辐射本地及相邻地区，为毕业生的发展提供了广阔的平台。立足本地，服务区域，面向全国，积极为地方经济发展服务，尤其要在服务本省医药卫生事业、生物医药产业及健康服务业方面提升学校社会参与度、贡献率和影响力。

（六）就业集中在医疗卫生单位

近年来，中医药高校毕业生的就业单位集中在医疗卫生单位。从能够搜集到的 18 所中医药高校的 2016 年就业数据看，18 所高校中有 11 家就业第一的单位是医疗卫生单位，6 所高校的就业排第一的单位是民营企业。硕士毕业生与博士毕业生在教育行业有较大的分布，这与中医药医疗、保健、科研、教育、产业、文化整体发展的新格局相符合。

二、各专业职业发展路线

（一）中医类专业学生职业方向和发展路径

中医类专业包括中医学、中西医临床医学（中西医结合）、针灸推拿学、康复治疗学等专业。此类专业的基本培养目标是培养具备良好的人文、科学与职业素养，系统的中医学基本理论、基本知识、基本技能和对常见病症能进行中医临床诊疗的能力，能在医疗卫生领域从事医疗、预防、保健、康复等方面工作的中医学应用型人才，对应的主要职业范围见表 4-6。

表 4-6　医学类专业对应的主要职业

专业类称	专业名称	从事的主要职业
医学类	临床医学	内科医师、全科医师、医学研究人员、其他各科医师、高等教育教师、中等职业教育教师
	中西医临床医学	中西医结合医师、医学研究人员、高等教育教师、中等职业教育教师
	中医学	内科医师、全科医师、医学研究人员、高等教育教师、中等职业教育教师
	针灸推拿学	针灸科医师、推拿科医师、理疗师、全科医师、医学研究人员、健康管理师、高等教育教师、中等职业教育教师
医学技术类	康复治疗学（听力及言语康复学）	康复技师、理疗师、保健按摩师
	医学检验技术	临床检验技师
	医学影像技术	影像技师

医疗卫生行业是按照技术职称，由低到高，逐级晋升的。只有在工作年限和专业技术、外语水平、科研水平都达到了一定水平，并能够拿出诸如发表论文、课题、成果等证明后，才可以晋升到上一级职称。①医生发展路线：按照医师、主治（主管）医师、副主任医师、主任医师的顺序；②护理人员发展路线：按照护士、护师、主管护师、副主任护师、主任护师的顺序；③其他卫生技术人员发展路线：按照技士、技师、主管技师、副主任技师、主任技师的顺序。

（二）药学类专业职业方向和发展路径

药学类专业包括中药学、药学、制剂、生物工程、制药工程等专业，基本目标是培养具备中医药学基础理论、基本知识、基本技能以及相关的药学、中医学等方面的知识和能力，能在中药生产、检验、流通、使用、研究与开发等领域从事标准化中药材生产与鉴定、中药炮制与制剂、中药质量与分析、中药药理与安全性评价及临床合理用药等方面工作的专业人才，对应的主要的职业范围见表 4-7。

表 4-7 药学类专业对应的主要职业

专业类称	专业名称	从事的主要职业
药学类	药学	医学研究人员、西药剂师、医药商品购销员
	药物制剂	西药剂师、药物制剂工、医药商品购销员
	临床药学	药剂师、医药商品购销员
	药事管理	行政业务人员、文员
	中药学	医学研究人员、中药药师、中药调剂员
	中药制药	中经制剂工、中药调剂员等中药材生产人员
	中药资源与开发	医学研究人员、中药材生产管理人员

1. 科研人员发展路线 科研人员的一般要求硕士研究生以上学历，有些职位不仅要精通药学、医学、法律法规等各门知识，还要有很强的文字功底和交际能力。在大学、研究所、药厂的研究部门，从事药物的研发工作，负责化合物药效筛选，制剂的药代动力学研究、主要药效和一般药理、毒性试验等，组织和开展临床试验（见表 4-8），通常按照研究实习员、助理研究员、副研究员、研究员的序列晋升。

表 4-8 研发类岗位要求及发展路径举例

研发类	工作职责	职业发展路线	学历或知识要求
药理	负责化合物药效筛选，制剂的药代动力学研究、主要药效和一般药理、毒性试验等	研究人员→高级研究人员	硕士、博士
医学部门	组织和开展临床试验（有外包给临床试验公司的趋势）	监察员→项目经理→医学经理→医学总监	医学或药学本科、硕士
注册报批	把各种药学、临床前和临床试验资料整理并报到药监局	注册人员又分为国内注册、国际注册、器械注册各种细分岗位报批专员→临床验证项目经理	本科、硕士、博士（从业人员不仅要精通药学、医学、法律法规各门知识，还要有很强的文字功底和交际能力）

2. 药剂师发展路线 在医院药剂科、药房、药厂等从事制剂、质检、临床药学等工作，按照药士、药师，主管药师、副主任药师、主任药师的序列晋升。

3. 生产人员发展路线 在药企从事药物的生产管理，负责调整生产，进行品质管理、检测、控制，有些工艺，安排车间生产，主任、生产管理经理、副总经理等岗位大专以上学历即可（见表 4-9）。按照班组长、车间序列晋升。

表 4-9 生产类岗位要求及发展路径举例

生产类	工作职责	职业发展路线	学历或知识要求
工程师	负责调整生产工艺，保证生产效率最优	技术员→工程师→高级工程师→总工程师	本科、硕士
生产管理	安排车间生产，管人管事管东西	主管→生产部长→高级生产经理→生产总监	本科
质检	品质管理、检测、控制	品质工程师→品质主管→品质经理→品质总监	大专、本科

4. 医药销售人员发展路线 在医药贸易公司或制药企业从事药品流通及销售等工作，可以担任产品经理、市场专员、医药代表等（见表 4-10）。

表 4-10 营销类岗位要求及发展路径举例

营销类	工作职责	职业发展路线	学历或知识要求
产品经理	从研发到生产到市场规划到销售实施。公司的核心岗位之一，是研发和市场衔接的桥梁人物	产品经理→高级经理→产品总监→自我创业	本科、硕士
市场专员	主攻市场活动、战略策划和学术会议。开展营销工作的指挥部和发动机；数据分析趋势，工作比较枯燥	市场专员→市场经理→大区市场经理→创业或代理商	本科、硕士或 MBA
医药代表	业务销售人员，负责产品的销售、供货、回款	医药代表→主管→地区经理→大区经理→自我创业	本科
医药招商	渠道销售人员，接触面比医药代表广得多，相对来讲，压力也小于医药代表	招商代表→招商经理→大区经理→全国总代理	大专、本科

总体来看，我国高等院校药学毕业生虽然很多，但真正的一线岗位的缺口还是不小。尤其在新的《药品管理法》出台后，对药品的管理越来越规范严格，规定要求销售处方药和甲类非处方药的零售药店必须配备驻店执业药师或药师以上药学技术人员。但现状是，我国药店众多，而具有执业药师资格的截至 2021 年年底，全国仅有约 137 万余人。而以欧美国家的相关标准，每800～1500 人就配有一名执业药师计算，我国执业药师的数量更是远远不能满足需求。

（三）护理专业职业方向和发展路径

护理类专业是培养适应我国社会主义现代化建设和卫生保健事业发展需要的德、智、体、美全面发展，具有良好的职业品质与素质，比较系统掌握护理学基础理论、基本知识、基本技能及相关医学和人文社会科学知识，具有基本的临床护理工作能力，初步的教学能力、管理能力、科研能力及终身学习能力，能在各类医疗卫生保健机构从事护理工作的应用型专业人才。其就业职业为护士与助产士。

本科学历的护士在二级及以上医院是比较受欢迎的，本科学历的护理毕业生在这里一般都能找到工作，专科医院包括儿童医院、肿瘤医院、妇幼保健医院，相对待遇较高，但工作内容比较专业。社区医院是未来我国医疗卫生事业发展的重点，需求量很大，要求不是很高，待遇也在逐步提升，是未来重要的就业渠道。外资医院在国内的大城市已经有一定规模，对英语要求高，并且管理方式偏向于外企管理，护理专业的可以从专科护士、护理管理、医疗几个领域去发展。另外，在国外当护士、国内考研都是毕业后的去向。国内考研不局限于护理，转医学相关的专业并不难，如营养、公共卫生等，考研报考文科类专业也是可能的。

还有一些护理毕业生可就业的岗位，但是机会不多，在这只进行一般介绍。例如中专、大专医学院校任教，需要成绩较好，后续要考研，还可以从事对专业限制较小的职业，比如销售、文员、前台、空姐以及一些管理培训生。

护士是护理学学生最大的一个就业方向。本科的护士目前的就业是比较好的，对于本科的护理专业学生来说，医院有招聘机会，进入临床从事护理工作的机会是很大的。从业以后，大的方向也不会变化太多，常见工作岗位与发展路线见表 4-11。

表 4-11　护理类岗位要求及发展路径举例

护理类岗位	工作职责	职业发展路线	学历或知识要求
临床护士、助产士	从事护理活动，履行保护生命，减轻痛苦，增进健康职责	护师、主管护师、副主任护师、主任护师	专科、本科、硕士
血站、疾控中心护士	护理相关工作	护师、主管护师、副主任护师、主任护师	专科、本科、硕士

（四）医学人文管理类职业方向和发展路径

医学相关的人文和管理类专业包括公共事业管理、工商管理、市场营销、医学法学、医学英语等专业。本类专业培养的是具备一定马克思主义理论素养和现代公共精神，拥有现代公共管理理论、技术与方法等方面知识以及有能力应用这些知识的人才，能在文化、体育、卫生、环保、社会保障、公用行业等公共事业单位、行政管理部门、非政府组织等从事业务管理和综合管理工作。其就业前景也更为广阔，可以从事医疗器械销售、卫生事业管理、医疗保险、医疗文化传播、医药立法、执法以及行政、人事等工作（见表 4-12）。

表 4-12　人文管理类专业对应的职业举例

专业名称	从事的主要职业
工商管理	行政业务人员、文员、劳动关系协调员
市场营销	医药商品购销员、销售代表（医疗用品）
公共事业管理	行政业务人员、文员
英语	翻译、文员

人文管理类专业职业发展路线包括经济类与管理类，这两类职业包含的岗位多，各自的职责、任职要求与发展路线差异性较大（见表 4-13）。

表 4-13　经管类岗位要求与发展路线举例

经管类	工作职责	职业发展路线	学历或知识要求
市场营销	帮助企业打开市场、扩大销售，乃至进一步扩大再生产	销售专员→销售部地区经理→销售部经理、营销总监；横向上，销售专员→市场部经理→高级产品经理→营销总监	专科即可，要具有积极的进取心、坚持不懈的态度、与其他人良好沟通的技巧、给人信任感
卫生事业管理	医疗卫生机构、卫生行政部门等单位从事管理工作。医疗卫生机构；各省卫生厅；地级市、县、乡镇、区卫生局；医疗卫生服务组织；各级、各类医院、疗养院、社区卫生服务中心、卫生院、疾病预防控制中心、卫生监督	按照公务员晋升制度或事业单位管理类或人才职称评审制度规定晋升	本科及以上。必须具备医学科学、管理科学、人文和社会科学的完整的三维知识结构
医疗保险行业	产品开发，健康管理，核保核赔，个险销售，团险销售	保险理赔员可以晋升为理赔部经理、客服部主任等上级职务，或是平调到保险公司的其他部门或者晋升至更高级的行政管理职位。除此之外，良好的素质让他们还可向理财规划师、注册会计师等方向发展。主要是外资保险公司和本土保险公司	本科及以上。有医学背景的医疗保险专业学生从事商业保险尤其是人寿保险和健康保险方面有着较大优势

续表

经管类	工作职责	职业发展路线	学历或知识要求
对外贸易业务人员	将产品销售给国外客户；为国内客户寻找国外货源；组织国际贸易货物物流等	外贸业务员→业务经理→高级业务经理→自主创业或独立经营	外语能力过硬可以先熟悉该行业的专业英语 参加专业实习和实践，还可选择参加报关员考试
行政、后勤	协助领导，起到上传下达的作用。每家公司针对行政都有不同的需要	行政专员→行政主管→行政部经理→高级行政经理→行政总监或副总经理	本科、硕士、MBA
人力资源管理类岗位	管企业招聘，员工培训，绩效考核，人事调度等相关事宜	人力资源专员→人力资源主管→人力资源经理→人力资源总监或副总经理	本科、硕士、MBA，更重视实践经验

三、中医药行业学生就业新契机

（一）人才需求的结构发生变化

《中医药发展战略规划纲要（2016—2030年）》提出，到2030年，中医药治理体系和治理能力现代化水平显著提升，中医药服务领域实现全覆盖，中医药健康服务能力显著增强，在治未病中的主导作用、在重大疾病治疗中的协同作用、在疾病康复中的核心作用得到充分发挥；中医药科技水平显著提高，基本形成一支由百名国医大师、万名中医名师、百万中医师、千万职业技能人员组成的中医药人才队伍；公民中医健康文化素养大幅度提升；中医药工业智能化水平迈上新台阶，对经济社会发展的贡献率进一步增强，我国在世界传统医药发展中的引领地位更加巩固，实现中医药继承创新发展、统筹协调发展、生态绿色发展、包容开放发展和人民共享发展，为健康中国建设奠定坚实基础。

在整体行业以及国家政策扶持的大背景下，"十三五"期间我国中医药产业得到了较大发展，行业的发展促进了中医药相关人才需求的增加。进入"十四五"期间，我国宏观经济步入中低速增长的新常态，医药卫生行业在人口老龄化加速所引发的大健康产业拉动下，继续保持快速增长态势。在政府宏观政策推动及民众对中医中药认可度提升的大背景下，中医药在大健康产业中扮演的角色越来越重要。

在行业利好因素推动下，中医药人才需求量保持稳定增长态势。从医药人才网等相关招聘网站及高校等机构反馈信息综合判断，"十三五"期间，我国对中医药相关的人才需求量保持稳定上升趋势，年均上升幅度超过5%。"十四五"期间，随着社会经济的发展，人们对医疗保健提出了更高的要求，一些新兴的行业将更好地得到发展。如养老服务、健康教育管理和培训、保健院、康复医院、治未病中心、体检中心、体育健身中心等，这些都将成为吸纳毕业生就业的新空间。

在人口老龄化趋势以及民众对健康关注度提升的背景下，营养师和中药师的需求增加最快，一线城市及发达地区的需求增加最为明显。与大健康产业有关的健康产品研发人员、产品管理人员乃至健康服务人才供不应求。未来急需一批熟悉中医药、懂市场、善经营、精管理的复合型人才，其他地区对传统中医药人才需求也稳中趋增。《中医药发展战略规划纲要（2016—2030年）》《中医药振兴发展重大工程实施方案》等政策出台将极大推动整个中医药行业发展。

在规划期间，与大健康产业有关的中医药养生保健服务、中医药医疗旅游，中医药产品推广等方面的人才需求将大大增加。据相关权威网站分析，预计执业医师（中药）、中药调剂员、针灸推拿、理疗师的需求量增长均在 30% 以上。

随着各地中医药服务体系建立及完善，发达地区的医疗卫生机构对中医药专业人才的学历水平要求逐步提高，三级医院和地级城市的二级以上医院多数要求研究生学历；欠发达地区及县、乡镇等基层医疗卫生机构人才需求则主要以本科层次为主。

（二）需求的主体日趋多元化

主要就业行业仍以卫生和社会工作为主，但日趋多元化。从毕业生就业行业分布来看，体现了医学专业的特色及优势。今后毕业生就业的主要行业仍为与专业相关度较高的卫生和社会工作行业。随着大健康产业的发展，国内外 500 强企业、民营的养生馆等机构对中医药人才的需求量也会日益增加。2022 年 5 月国务院办公厅印发的《"十四五"国民健康规划》提出，到 2025 年，我国健康服务业总产值预计将超过 11.5 万亿元，使得大健康产业中行业不断细化，由此毕业生就业行业方向日趋多元化。

2015 年 5 月，国务院办公厅印发的《中医药健康服务发展规划（2015—2020 年）》在保障措施里具体提到了要"拓宽中医药健康服务技术技能人才岗位设置，逐步健全中医药健康服务领域相关职业（工种）"。2022 年 3 月《"十四五"中医药发展规划》提出，强化综合医院、专科医院和妇幼保健机构中医临床科室、中药房建设，有条件的二级以上公立综合医院设立中医病区和中医综合治疗区。鼓励社会办医疗机构设置中医药科室。2023 年 2 月，国务院办公厅印发的《中医药振兴发展重大工程实施方案》明确提出，推进建设优质高效中医药服务体系，基本实现县办中医医疗机构全覆盖，显著提升中医药重大疾病防控救治和应急处置能力，推动优质医疗资源扩容和均衡布局，更好满足群众就近享有高质量中医医疗服务需求。这些政策的落地实施必然给中医药相关专业学生的就业创业带来大量的就业岗位和发展机会。

（三）医师规培制度助推就业

随着 2015 ~ 2020 年国家住院医师规范化培训项目的深入实施，医学生的继续教育得以显著增强，考研升学毕业生比率将有所增加，此类毕业生就业形势较好。参加规培后，有社保、有签订培训协议或合同、有固定的工资收入，以上特点完全符合就业的特征。

据国家中医药管理局发布的《中医药人才发展"十三五"规划》，到 2020 年，全面实施中医住院医师规范化培训，初步建立中医医师专科规范化培训制度，支持建设一批中医住院医师、专科医师规范化培训基地和师资培训基地，培训中医住院医师 72000 名（含中医类别全科医生 10000 名），对 5000 名中医医师开展专科规范化培训。在此基础上，《中医药人才发展"十四五"规划》进一步明确中医医师规范化培训项目，要规范化培训一批中医医师，支持中医医师规范化培训基地加强教学条件建设，建设一批中医医师规范化培训示范基地、重点专业基地、实践技能考核基地。

目前，有的大学生眼高手低，专业知识和基本操作技能还不够扎实，这才是毕业生就业难的切实所在。而中医本身具有独特优势和潜力，在各个方面，如内科、外科、妇科、儿科、疑难杂病科、全科等都具有自己的优势，这是西医学不可比的。因此，毕业生要扎实自己的专业技能，以便在工作中发挥出中医应有的魅力，将中医药学发扬光大。只有专业知识够扎实，综合素质够全面，方能谋得理想职业。

（四）迈向国际化方兴未艾

随着中华文化在海外的进一步传扬，中医药作为中华文化的重要组成部分，将发挥不可替代的作用。除了中医药类专业人才外，其他具有中医药知识背景的经济管理类、计算机科学与技术、英语等专业的毕业生也将获得更多在国际舞台上施展身手的机会。

《"十四五"中医药发展规划》提出要加快中医药开放发展。首先要助力构建人类卫生健康共同体。积极参与全球卫生健康治理，推进中医药参与新冠肺炎等重大传染病防控国际合作，分享中医药防控疫情经验。在夯实传播应用基础上，推进中医药高质量融入"一带一路"建设，实施中医药国际合作专项，推动社会力量提升中医药海外中心、中医药国际合作基地建设质量，依托现有机构建设传统医学领域的国际临床试验注册平台。其次要深化中医药交流合作。巩固拓展与有关国家的政府间中医药合作，加强相关政策法规、人员资质、产品注册、市场准入、质量监管等方面的交流。鼓励和支持有关中医药机构和团体以多种形式开展产学研用国际交流与合作。促进中医药文化海外传播与技术国际推广相结合。再次要扩大中医药国际贸易。大力发展中医药服务贸易，高质量建设国家中医药服务出口基地。推动中医药海外本土化发展，促进产业协作和国际贸易。鼓励发展"互联网＋中医药贸易"。逐步完善中医药"走出去"相关措施，开展中医药海外市场政策研究，助力中医药企业"走出去"。推动中药类产品海外注册和应用。

（五）基层就业天地广阔

《"十四五"中医药人才发展规划》指出，基层中医药人才总量和质量均不能满足人民群众就近享受优质中医药服务的需求。因此要继续加大基层名老中医药专家传承工作室建设力度，优先支持革命老区、国家乡村振兴重点帮扶县每个县建设 1 ～ 2 个全国基层名老中医药专家传承工作室；继续培养县级中医临床技术骨干；对在职在岗乡村医生进行中医药专业知识与技能培训，规范和提高基层中医药医疗水平和服务能力。

在乡村、社区，不仅为学习中医药专业的毕业生提供了基层医护人员岗位，而且也为营养师、保健按摩师、健康管理师提供了契机。健康产业的不断发展，大量的中医药产业前端开发、中端物流和末端服务机构都将为学习中医学、中药学、针灸推拿学、护理学等专业的学生敞开就业的大门，使他们有施展才华、服务社会的天地。

中共中央办公厅、国务院办公厅 2017 年 2 月印发了《关于进一步引导和鼓励高校毕业生到基层工作的意见》。一是进一步引导和鼓励高校毕业生到基层工作，以服务基层发展为目标，以更好地发挥高校毕业生作用为核心，加快构建"下得去、留得住、干得好、流得动"的长效机制。更好地发挥政府购买服务作用，聚焦基层短缺人才，聚焦基层和艰苦贫困地区迫切需要的现代农业、教科文卫等重点领域，精准对接、精准施策开发更多适合高校毕业生的就业岗位；二是拓展基层机关事业单位就业空间，编制政策、编制标准向基层适当倾斜，空缺岗位择优或拿出一定比例专门招录高校毕业生，同时适当放宽学历专业限制、降低开考比例或拿出一定招录数量面向本地生源。

（六）行业新岗位、新职业的涌现

随着中医药事业的发展，中医药健康服务人才有关的中医预防保健、养生康复、健康养老、健康管理方面的需求大增。适应中药产业发展和中药研发的中药专业人才，中药炮制传承人才也在走俏。中药材种植栽培、质量检测、品种鉴定、资源普查、产业经营等相关岗位需要人才也在增加。

2015 年 7 月 29 日，国家职业分类大典修订工作委员会审议并颁布《中华人民共和国职业分类大典（2015 年版）》（简称《大典》）。中医行业新增中医亚健康医师、中医康复医师、中医营养医师、中医整脊科医师、中医全科医师、民族药师、中医技师、中医护士、中式烹调师（含药膳制作师工种）9 个职业，新版的《大典》中，除新增职业外，同时完善中医行业特有工种，如将保健调理师细分为保健刮痧师、保健艾灸师、保健拔罐师和保健砭术师。2022 年 9 月 27 日，《中华人民共和国职业分类大典（2022 年版）》颁布，在中医行业与 2015 年版基本保持一致。

目前，中医行业职业共有中医医师、中西医结合医师、民族医医师、药学技术人员、护理人员、保健服务人员等共计 37 个职业。

（七）大健康产业蕴藏的巨大潜力

所谓大健康，就是围绕人的衣食住行、生老病死，对生命实施全程、全面、全要素地呵护，既追求个体生理、身体健康，也追求心理、精神等方面健康。发展大健康产业，转变传统医疗产业发展模式，即从单一救治模式转向"预防 - 治疗 - 养康"一体化防治模式。为此，除了应继续发展以医疗器械为主、以药品为主的医疗医药工业，还应加快发展以保健食品、药妆、功能性日用品等为主的保健品产业，以个性化健康检测评估、咨询服务、疾病康复等为主的健康管理服务产业。

"十四五"时期是实现第二个百年奋斗目标的关键阶段，健康中国建设为大健康业发展提供了前所未有的大好机遇。健康是促进人的全面发展的必然要求，是国家富强和人民幸福的重要标志。没有全民健康，就没有全面小康。党的二十大报告从保障人民健康优先发展的战略位置和完善人民健康促进政策的全局出发，提出"推进健康中国建设"的路径方法，彰显了国家对维护国民健康的高度重视和坚定决心。

同时，我国也拥有大健康产业发展的社会土壤。首先，除了存在大量的患者，亚健康人群规模也比较大，人口老龄化发展很快（图 4-3）。以人口老龄化为例，我国从 20 世纪末进入老龄化社会，截至 2021 年年底 60 岁以上人口达 2.67 亿，占总人口的 18.9%。据测算，预计"十四五"期间，60 岁以上人口将突破 3 亿，我国将迎来老龄化高峰，将是全球人口老龄化程度最高的国家之一。在庞大的人口数量、老龄化加剧、技术突破、互联网＋、医疗体制改革等背景下，我国的医疗健康产业必将迎来井喷式发展，到 2025 年，中国健康服务业总规模有可能突破 11.5 万亿元。发展大健康产业，不仅可以提高人们体质和生活质量，而且可以让庞大的老龄人口变成扩大内需、推动发展的新引擎。其次，我国有着悠久的中医药文化传统，讲究"药食同源"，注重治防并举、养疗结合，所以大健康产业的理念更容易被人民群众所接受。

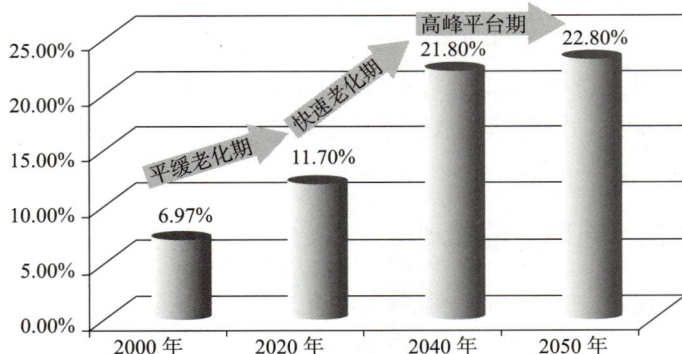

图 4-3　2000 ～ 2050 年中国 65 岁及以上老年人口比例

四、中医药专业考研态势及建议

（一）认识考研的必要性

研究生教育是国民教育的重要组成部分，是教育强国建设的引擎，对于高层次创新人才培养具有重要意义。党的二十大报告指出，"教育、科技、人才是全面建设社会主义现代化国家的基础性、战略性支撑"。人才是第一资源，创新是第一动力。创新必须依靠科技进步，科技进步必须依靠人才，培养德才兼备的高素质人才，是国家和民族长远发展大计。

我国现代化建设的实践充分证明，人才资源作为经济社会发展第一资源的特征和作用更加明显，服务一系列国家重大战略和重大工作卓有成效，对经济社会发展的贡献度逐年提升，越来越成为国家事业发展的支撑性力量。

随着现代科学技术的发展，高科技领域、现代前沿科技领域的突破和发展，越来越依赖高素质人才的培养，本科阶段的教育只是高素质人才培养的基础阶段和过程，研究生阶段的教育在高素质人才培养中愈发重要。中医药大学生的职业发展，要更好满足工作岗位的需要，更好适应未来社会的发展，接受研究生阶段的教育就显得十分必要。从目前就业现状来看，本科生要找到很适合自己的理想工作岗位，很好地满足工作岗位的需要，有比较大的困难。因此，从未来职业发展的角度来说，考研就是大学生职业发展的重要选择。

（二）了解研究生考试基本信息

要参加全国硕士研究生考试并取得好成绩，首先要了解研究生考试的基本信息，考试要考的科目，考试的基本程序等内容，做到心中有数，才能应付自如，考出好成绩，顺利被录取，提高考试、录取成功率，避免走弯路。

全国硕士研究生统一招生考试（Unified National Graduate Entrance Examination，简称"考研"），是指教育主管部门和招生机构为选拔研究生而组织的相关考试的总称，由国家考试主管部门和招生单位组织的初试和复试组成。研究生考试是一项选拔性考试，所录取学历类型为普通高等教育。

普通高等教育统招硕士研究生招生按学位类型分为学术型硕士和专业型硕士研究生两种；按学习形式分为全日制研究生、非全日制研究生两种，均采用相同考试科目和同等分数线选拔录取。

考试科目中，思想政治理论、外国语、大学数学等公共科目由全国统一命题，专业课主要由各招生单位自行命题（加入全国统考的学校全国统一命题）。选拔要求因层次、地域、学科、专业的不同而有所区别。除了上述理论考试（笔试）外，还有面试、复试的基本环节，作为要准备考研的大学生，就要了解、掌握考研的基本信息和程序。

（三）中医药相关专业考研态势分析

根据教育部公布的数据，2023年全国硕士研究生报考人数为474万人，从2018年的238万人到2023年的474万人。五年间，考研报名人数翻了近一番。随着中医药院校全日制本科生教育的发展，招生规模也逐渐扩大，报考研究生的人数也是逐年增加。此外，越来越多的中医药院校研究生招生人数与本科生相比，也是在不断增加，即使今后随着入学人口的减少，研究生的招生规模也会稳定保持在一定规模范围内。目前，大多数研究生考生感觉考研压力比较大，竞争比较激烈，但从长期来看，考研的机会会越来越多。经济学家的研究也表明，一个社会的高等教育（特别是高层次的学历教育）会随着社会经济的发展而不断发展壮大。

（四）考研的一些建议

对于准备报考研究生的毕业生来说，除了上面提到的大方面要清楚外，在一些细节上，也要提前考虑，做好考前准备工作。

首先，做好充分的考研心理准备。考研是一项充满挑战、任务细致而准备时长又相较漫长的工作，要清楚自己为什么参加考研，考研的目的是什么，自己对此的心理准备如何并且是否充分。备考过程中，有些考生常常夜不能寐，整夜失眠；有些考生一拿起书本，就坐立不安、焦虑不已；有些考生，发现自己不会做的题，情绪马上就低落了。这些都是心理准备不充分的表现。心理准备要有，必不可少，还要充分。否则，考研是难以成功的。因此，考研路上，一定要建立起强大的心理能力，做好充分的心理准备。

其次，要认真选择好适合自己的专业和学校。选择专业，也是一个比较艰难的抉择过程，不仅要考虑自己的兴趣爱好，还要考虑自己的优势和专业特长。选择适合自己的专业是最重要的考量。选择专业，尽量自己做主，想清楚自己想要什么，不能盲目跟风、赶热门、追时髦，自己喜欢、适合自己的专业就是最好的专业。当然，选择专业，也要考虑社会发展需要、未来的就业前景，但这并不与自己的兴趣爱好、特长优势相矛盾。同时，选择适合自己的专业，还必然会遇到选择学校的问题。大学生应该依据专业选择学校，不是选择学校再考虑专业。根据自己的学习状况、学习能力来选择专业和学校，这样的报考才有可行性、针对性，提高录取的成功率。选择专业和学校，不能只考虑经济社会发达地区的高校和专业，这些地区的竞争也是十分激烈的。

再次，讲究备考的方式方法。备考的方式方法得当，事半功倍，否则就是事倍功半，这是备考的效率问题。研究生备考准备，不是重新把过去所学的知识再学习一遍或几遍，而是在原来学习、理解、记忆的基础上进行过滤，进行再分析、归纳、总结和提高，没有这些学习准备阶段和过程，自己的备考就很可能是低质量和缺乏效率的。同时，还要不断跟踪专业知识、专业技术的前沿发展和了解熟悉最新的时事政治，不能把注意力放在过去的旧知识上面。不少考生在备考的时候总感觉时间不够用，学习效率不高，其实就在于没有认真考虑和运用好学习的方式方法。

最后，正确对待考研。正确对待考研，其实是十分重要的。考研是适应社会发展的需要，提高自己综合素质、专业水平和适应社会能力的过程。因为存在个体化差异，并不是每个人都适合考研，做出考研决定前需结合自身情况充分评估是否适合继续深造。即使考研失败，也不能认为自己就浪费了时间，得不偿失。其实，通过自己艰苦的学习备考，进一步巩固了自己的基础知识，扩大了自己的知识面，对于未来的岗位就业和职业发展，必定也是大有好处的。不管读不读研，自己要明白什么最重要，否则我们永远只能看到自己因为某个选择失去的，而看不到自己因此得到的。

【联结自我】

结合本节内容，根据自己专业思考并回答以下问题：

1. 中医药类组织的类型和特点有哪些？
2. 结合本专业，谈谈毕业后从事专业对口工作所需要的职业能力有哪些。

【教学案例】

在工作中成长

小娄从小立志学医，梦想将来能够成为一名医生。穿上白大褂会让他有一种神圣感和责任感。毕业前他为这个理想努力寻找工作，最终他成为一名社区医生。现在，小娄从学校毕业快3年了，几年的工作中环境给了他很大的影响，不论是从工作本身还是从待人接物，都有很多的体会。

随着工作时间的推移，他对自己的职业环境有了一些认识。首先，他认为自己要喜欢这份工作，主观上积极，工作中一些好的东西才能产生正面的影响。每天在医院的时间占了一半左右，只有在医院文化和自我价值中找到结合点，才能很舒心的工作和生活。如果不认同医院的整体文化，就只能剩下不快、尴尬或者被排挤了。

其次，在客观环境中，如何处理与同事之间的关系，也成了工作之后的必修课。"摆正心态、虚心学习、不耻下问、少言多做"这是他近3年工作的体会。

作为一名硕士研究生，在学历、知识结构方面都比社区医院的其他医生有优势，但是他也有不足的之处，那就是经验，患者对他不是很熟悉。所以在平时的工作中，心态非常重要，必须抱着学习的心态去工作。工作中有时他会遇到一些不愉快或者不合理的事情，但他认为"吃点亏"没什么，踏实做好本职工作、学到真本事才是重要的。

在工作中，首先认同医院"用心服务，立足社区"的院训，也感受到了作为医院一员的骄傲与自豪。在医院三十周年院庆时他感受到了医院蓬勃的朝气，作为医疗保障的一员，在国庆医疗保障期间感受到了同事之间团结协作、互帮互助的良好氛围，这些都对他产生影响，催他奋进。

懂得感恩、学会奉献，懂得团结、学会协作，并将这些内化到平时工作中，这就是医院环境对于他的影响。

1. 通过本案例，你对社区医生的职业概念、分类与特性有什么样的认识？请解释社区卫生服务中心的医生与医院医生有什么不同。

2. 请帮助小娄分析一下社区医生的职业环境，有哪些优势与劣势？

3. 小娄就业后遇到了哪些环境压力？他是如何适应与调整的？

4. 你喜欢社区医生这一职业吗？你会选择它作为自己的第一份工作吗？

实践探索

生涯人物访谈

生涯人物访谈处于近与远的中间，在效率和信息的真实性上有比较好的平衡。这种方式是指大家对身居自己感兴趣职位的人进行采访。接受访谈者应是我们称之为"生涯人物"的人，在这个职位上已经工作了3～5年，甚至更长时间。为防止访谈中的主观影响，应至少访谈两人以上，如既与成绩卓然者谈，也与默默无闻者谈，则效果会更好。访谈时，大家应明确访谈的目的是收集供职业生涯决策的信息，而不是利用生涯人物来找工作，以免引起双方的尴尬。建议大家在正式进行访谈前，至少做两件事：一是为自己准备一个"30秒广告"，因为在访谈过程中，对方可能会问到你的职业兴趣和目标；二是对需要提出的问题做一些准备，这样有助于访谈的深入进行，能够取得较高的效率。

访谈中，可能提出的问题包括：

1. 您目前的职位是什么？是如何获得这个职业的？

2. 对于这份工作，您最喜欢的是什么？最不喜欢的又是什么？它对生活有怎样的影响？

3. 在这份工作中，您通常每天做些什么？

4. 这种职业需要什么样的技能和其他能力？有什么样的要求？

5. 目前这一行业同类岗位的薪酬水平如何？

6. 您通过什么渠道提升自己？至今为止，您参加过哪些培训和继续教育？

7. 您对现在所从事的行业有些什么看法？

8. 就您知道的情况而言，我所学的专业可以进入哪些领域工作？

9. 您能给我一些学习或就业方面的建议吗？

10. 您能帮我推荐采访一些其他的业内人士吗？

11. 其他问题。

第五章
规划职业生涯

扫一扫，查阅本章数字资源，含PPT、音视频、图片等

【写给学生】

规划职业生涯是指导大学生进行职业生涯规划的重要环节，主要内容包括职业生涯规划诊断、职业目标设定、实施策略、评估与反馈以及如何撰写职业生涯规划书。在学习过程中要注意理论联系实际，要重点掌握职业生涯规划的具体方法和策略。

【引导案例】

运筹在前，蓄势待发

小费来自江苏一个普通的医生家庭，2015年考入一所大学学习中医骨伤科学专业。结合自身实际条件，他很早就确立了要在二级甲等以上医院工作，并成为一名优秀的骨伤科医生的目标。进校后，他积极参加社团活动，注重专业知识的积累，学习成绩始终保持在年级前10名，多次获得学校奖学金、三好学生等荣誉称号。

2019年，小费经过学校、省级层次的选拔，代表学校前往北京参加全国职业生涯规划大赛总决赛。参赛前，他根据比赛的具体要求，重新审视了自己的职业规划文本，认真修订每一个细节。谁知越改越多，几乎是重新规划了一遍。但在完成这样的任务后，他突然觉得文本真实地描述和规划了自己，即使不能在比赛中获奖，这样的规划也可以用于指导自己的学习与生活。最终小费获得大赛三等奖。这是有史以来该高校选手在这项赛事中获得的最好成绩。

大赛之后，小费更加坚定了成为一名骨伤科医生的目标，同时也更清晰地规划了自己先考研再就业的职业发展路径。到大五考研临近时，另一个问题又开始困扰他：是留在本校读研究生呢，还是换个环境闯出去？问了很多人，有很多种答案。他翻开自己认真制作的职业规划，再次从规划中深刻认识到，人生中很多选择都是这样，不能奢求最好的答案，只能去找适合自己的答案。于是，他结合自己的现实情况，再次认真地进行了一次职业生涯诊断，利用相关测评方法和手段，认真进行综合分析和自我评估。结果他发现，自己更适合留在母校本专业继续深造。职业规划的方法，再一次帮助他在难以选择时用理性战胜了感性。2020年，母校的一张硕士研究生录取通知书，算是对他本科阶段生涯规划的最大肯定。如今，小费已经顺利成为一名三甲医院的骨伤科医生，实现了自己的第一个职业目标。

读懂自己，正视自己，超越自己。这是职业生涯规划的目的，也是小费等广大青年学子应该不断践行的生涯之旅。

职业生涯规划需要精心设计与谋划。为了科学规划好职业生涯，通常先需要进行职业生涯诊断，再确定职业生涯发展目标与成功标准，制定职业生涯发展策略，最后撰写职业生涯规划书，

并执行职业生涯管理过程，这一过程被称为职业生涯规划"四步曲"。

第一节　职业生涯诊断

职业生涯诊断是职业生涯规划的首要环节，重点在于帮助个人真正了解自己，客观评估外部环境，发现职业生涯发展中存在的关键问题及重要影响因素。

一、职业生涯诊断的内涵与内容

一般认为，职业生涯诊断是职业生涯规划的第一步，是对影响个人职业生涯发展主客观因素的分析与评估，又叫职业生涯评估，是大学生设定职业生涯目标的前提。职业生涯诊断主要包括自我分析、客观环境分析、关键成就因素分析和关键问题分析。

（一）自我分析

自我分析包括个人、家庭、事业三个方面的 9 种情形，大学生可以参考职业人自我分析涉及的 40 个具体问题（表 5-1）来进行。由于大学生的社会阅历、经济状况和家庭情况较为简单，有些问题不太适用，因此不必强行作答，但可以通过这些问题进一步了解和澄清自己三方面的现实状况以及未来的基本设想，以此形成关于个人生涯发展因素的全面构架。

表 5-1　职业生涯诊断自我分析 40 问

个人部分	健康情形	身体是否有病痛？是否有不良的生活习惯？是否有影响健康的活动？
	自我充实	是否有专长？经常阅读和收集资料吗？是否正在学习一些新技能？
	休闲管理	是否有一些固定的休闲活动？该活动有助于身心和工作吗？是否有休闲计划？
事业部分	财富所得	薪资多少？储蓄多少？动产和有价证券价值多少？不动产价值多少？有兼职收入吗？
	社会阶层	现在的职位是什么？还有升迁的机会吗？是否有升迁的准备呢？当前工作单位内外人际关系如何？
	自我实现	喜欢现在的工作吗？理由是什么？有完成人生理想的准备吗？
家庭部分	生活品质	居家环境如何？有没有计划换房子？家庭的布置和设备如何？有心灵或精神文化的生活吗？小孩、夫妻、父母有学习计划吗？
	家庭关系	夫妻和谐吗？是否拥有共同的发展目标？是否有家庭创业计划？与自己父母和其他亲属关系如何？是否常与家人相处、沟通、活动、旅游？
	家人健康	家里有小孩吗？小孩多大？健康吗？需要托人照顾吗？配偶的健康如何？家里有老人吗？有需要你照顾的家人吗？

（二）环境分析

环境分析又称条件分析，是大学生对自我之外各种客观环境因素的评估、分析。一般而言，环境分析重点包括以下五个方面。

1. 社会条件　政治、经济、文化、教育、政策法规等社会条件对大学生个体职业生涯规划及发展具有重要影响。

2. 行业条件　从自己的目标职业出发，观察该行业是否能提供自己发展的空间与施展才能的机会。健康产业目前正处于快速发展期，社会服务的需求逐渐扩大，行业细分愈加明显，对其他行业的渗透日益广泛。中医药类专业大学生不仅要从专业角度考虑职业发展，更要多关注整体医药行业的发展与扩容趋势。

3. 组织条件　分析自己所从事职业的组织分布、隶属关系，该职业从业人员的社会地位、待遇和发展前景如何，进入该组织能发挥什么作用、得到什么回报等。

4. 友伴条件　重点分析自己身边友谊的质量如何，如果有了职业目标，朋友能否对自己有帮助，有多大帮助。

5. 地区条件　地域条件因人而异，不管动机如何，选择在某个地区工作，重点要考察该地区经济社会发展水平、政策措施、风土人情，甚至气候环境等对目标职业和个人的影响，最好亲自体察一下当地的风土人情和职业环境。

（三）关键成就因素分析

关键成就因素分析是对影响个体职业生涯成功的积极因素中的关键点进行分析和评价。职业成功的因素很多，最为关键的有三个影响因素：知识储备、经济条件、人际关系。

1. 知识储备　知识与能力是成功的基础，包括知识力、技术力、资讯力、企划力、预测力、敏锐力等一系列智力能力的总和。对于学生而言，知识储备是专业知识与社会知识的综合，在日常的学习中制定学习计划、认真上课、多听讲座、做好时间管理、勤于实践等均可以增强知识储备。

2. 经济条件　经济条件是所有现实财富及财商的总和，没有经济条件会大大束缚职业发展。经济条件不代表拥有巨额财产，它仅是一种对财富的把控能力。对于学生而言，客观地认识财富，通过劳动获取合理的薪酬，合理地支配财富，有计划地理财，为自己的项目争取校外资助等均能提升经济条件。

3. 人际关系　人脉是各种人际关系与情商的总和。要正确看待、合理利用家族人际资源，广泛拓展社会人际资源，提高人际交往能力、沟通能力和自我推销能力，扩展人脉资源，提升竞争力。

（四）关键问题分析

如果说关键成就因素的着眼点在于职业成功的优势部分，那么关键问题分析的目标则是针对自身的不足而设的。表5-2列出了关键问题分析的三个着眼点。

表 5-2　关键问题分析的三个着眼点

问题着眼点	具体分析问题举例
发生的领域	自我领域：个人问题？家庭问题？工作问题 环境领域：什么条件不足或变化了
改变的难度	低度：是否要学习新技能？是否要适应新人际关系 中度：是否要压抑升迁需求？是否变换工作地点 高度：是否要改变职业环境？是否改变个人价值观
组织的配合	个人目标是否与组织发展一致？组织是否支持自己的规划？组织是否承认自己的工作贡献？与同事的合作如何？是否为实现职业规划提供系统的培训和发展空间

当大学生对这三个方面的问题进行了清晰的分析，对职业生涯道路上的阻碍就有了清醒的认识，这将有利于对未来职业生涯发展中可能发生的问题做出一定预判和准备。

二、职业生涯诊断的方法与工具

（一）职业生涯诊断的方法

进行职业生涯诊断，要保证诊断性评价的客观性，不能只从个人的价值观和经验出发，要兼顾外部环境的反馈。360 度评价方法是目前应用较多的个人综合评价方法，是一种从不同层面的群体中收集评价信息的多评价者评估，大学生可以借助 360 度评价方法，收集来自同学、老师、家人、朋友等不同群体的评价信息，以促进对个人职业生涯进行诊断。

（二）职业生涯诊断的工具

正如现代中医诊断的"四诊"已经不仅是传统意义上的望、闻、问、切，而是可以借助现代技术手段，使中医的"象"变得更加容易理解。同理，在职业生涯诊断工作中，也不能仅靠自我粗略的印象做决定，而是需要实用的诊断工具。常用的职业生涯诊断工具包括以下六种：

1. 自我访谈记录　采访部分熟悉自己的人，请他们提供有关采访人的生活故事，谈谈对采访人未来的期待，根据这些访谈材料形成一份自传体记录。这篇自传摘要体裁的文件将成为随后的自我分析所依据的主要材料。

2. "重要他人"访谈记录　与自我访谈记录不同，访谈对象是对采访者思想、心理、生活及工作产生重大影响的人，可以是采访者的父母、朋友、老师，也可以是某位生活中的偶像。采访者通过音像记录采访的详细环节，询问对方如何看待采访者，如何看待采访者将从事的职业，对采访者有何建议与希望等。

3. 斯特朗 – 坎贝尔个人兴趣调查问卷（Strong–Campbell Interest Inventory，简称 SCII） 该问卷 1985 年的版本有 325 道选择题，组成 264 个量表，类型是以霍兰德职业理论为基础而设计的。通过问卷能得到 106 种职业上的分数与剖析图，了解自己在工作领域、职业行为、休闲活动、教育专业等方面感兴趣的程度，明确自己的兴趣是什么以及可能在哪个领域取得成功。

4. 奥尔波特 – 弗农 – 林赛价值观问卷（Allport–Vernon–Lindzey study of values） 奥尔波特等的价值观问卷对于个体澄清职业价值观有帮助。

5. 24 小时活动日记　就像采集临床标本一样，自我观察者把一个工作日及一个非工作日全天的活动如实而无遗漏地记下来，这样便于了解自己在工作和休闲时是如何安排时间，如何安排工作和生活的内容，过程中会遇到什么样的阻力及解决方式。有时，我们以为的样子只是我们想象的结果，这种一日全程记录对于更好地建立自我行为观察很有帮助。

6. 生活方式描述　生活方式是一个内容广泛的概念，它包括人们的衣、食、住、行、劳动工作、休息娱乐、社会交往、待人接物等物质生活和精神生活的价值观、道德观、审美观。描述生活方式可以使观察者更多地了解自己的生活现状、未来目标及精神追求，一般多采用文字、图片、实物等形式呈现。

上述 6 种诊断工具包括 2 个访谈、2 个问卷和 2 个记录，共同点是把一般性的生活经验归纳为个人特征和职业目标，通过 6 种工具可以较客观地对自我产生全面的概括，如同给自己进行了一次全面的体检，既补充个人评价中难以发现的不足，又可以更多地了解自我不为人知的优点。

三、个人对职业生涯诊断的评价

（一）职业生涯诊断评价的内容

评价个人的职业生涯诊断是否客观、准确，不能只从个人的价值观和经验出发，要兼顾外部环境的反馈，表 5-3 是我们在进行职业生涯诊断评价时应考虑的四个方面。

表 5-3　职业生涯诊断评价表

方式	评价者	评价内容	评价标准
自我评价	本人	1. 自己的才能是否充分施展 2. 对自己在企业发展、社会进步中所做的贡献是否满意 3. 对自己的职称、职务、工资待遇等方面的变化是否满意 4. 对处理职业生涯发展与其他人生活动关系的结果是否满意	根据个人的价值观、知识、水平、能力
家庭评价	父母、配偶、子女等家庭成员	1. 是否能够理解和肯定 2. 是否能够给予支持和帮助	根据家庭文化
组织评价	上级、平级、下级	1. 是否有下级、平级同事的赞赏 2. 是否有上级的肯定和表彰 3. 是否有职称、职务的晋升 4. 是否有工资待遇的提高	根据组织文化及其总体经营结果
社会评价	社会舆论、社会组织	1. 是否有社会舆论的支持和好评 2. 是否有社会组织的承认和奖励	根据社会文化

（二）职业生涯诊断评价需要注意的问题

1. 需要摒弃个人"非理性观念"　面对纷繁复杂的现象和经历，很多人往往凭印象先入为主，或者以偏概全，产生一些"非理性观念"的偏见。"非理性观念"一般用绝对化和过度概括化的表达方式限制和束缚个体的观念。如：有的由于媒体对医患纠纷和伤医案件的不断报道，就在职业选择上排除了医生；有的因为家庭经济困难，就认为"必须要找一份能挣大钱的工作"……为此，要积极通过职业生涯诊断，对一些常见的非理性生涯观念进行辨析，通过心理测验、生涯人物访谈、信息调查、工作跟随，以及角色扮演、行为演练等方法，打破原先被曲解的理念。表 5-4 中列举了常见的与生涯发展相关的非理性观念，在进行生涯论断评价中可作为参照，以减少非理性观念对自身生涯发展的不利影响。

表 5-4　常见的与生涯相关的非理性观念

评价角度	评价内容	非理性观念
自我方面	有关个人价值	我必须得到他人的认可 作为一个人的价值，与我所从事的职业有密切的关系 我不知道自己该干什么，我真没用
	有关工作能力的信心	我无法从事任何与我本身能力、专长不合的工作 只要我愿意去做，我就能做任何事 虽然我很喜欢／很希望当一个……但如果我真去做的话，我很可能会一事无成
职业方面	有关工作的性质	就像谈恋爱一样，我想只有某一种职业才是真正适合我的 这个行业不适合男生／女生
	有关工作的条件	我所做的工作应该满足我所有的要求 专业工作所要求的条件是非常苛刻的

续表

评价角度	评价内容	非理性观念
决策方面	方法	我会凭直觉找到最适合我的职业 也许有某项测试可以明确指出我最适合从事什么工作 在我采取行动之前，我必须有绝对的把握
	结果	一旦我做出了职业选择，就很难改变了 如果我改变了决定，那我就失败了 在我的生涯发展中，我只能做一次决定
满意的生涯所需条件方面	他人的期待	我所选择的职业也应该让我的家人、亲友感到满意
	自己的标准	除非我能找到最佳的职业，否则我不会感到满意 只有做到我想做的，我才会感到快乐 在选择要从事的工作领域中，我必须成为专家或领导者，那才算是成功

2. 正确运用"计划型"决策模式   面对各种决策，不同的人有不同的方式。采用何种方式在一定程度上取决于自身认知风格、行为习惯等特点，也取决于可利用的时间资源和决策问题的复杂程度。计划型决策可以帮助大学生准确、快速地做出决定。

计划型决策模式通常包括四个步骤：首先，确认自己的决定，包括决定的性质、具体目标、决策的标准等；其次，明确自己的选择，不要在没做探索前就匆忙决定，这样会限制自己的选择面向；第三，尽可能收集相关信息，进行评估，按评估结果对所有选择进行排列；最后，做出选择，付诸行动，在行动的过程中对决定及其后果进行评估和调整。

职业决策具有很大的不确定性，任何决定都伴随着相应的风险，决策者都需要承担其所带来的结果与责任。

四、职业生涯的选择和决策

决策，是人类社会活动的一项重要内容。小到个人衣食住行，大到国家政策制定都离不开决策。对于大学生来说，职业决策无疑是人生中最重要的决策之一。职业生涯决策是指个人在进行职业生涯诊断后，设定职业发展目标并为实现目标而制订优选的个人行动方案。职业生涯决策既是一个结果，也是一个复杂的认知过程，即决策者通过综合自我和环境的信息，仔细考量各种可供选择的方案，做出职业发展规划的过程。

（一）职业理论选择

职业生涯决策的核心是职业选择。关于职业选择，有许多学者进行了大量的研究，总结提出了很多关于职业选择的理论。本章简要介绍其中的三类最具代表性的理论观点。

1. 职业选择的匹配理论   职业选择的匹配理论认为，人们在选择职业时，无论是否有意识，都会更倾向于选择那些与自己独特的需要、动机、才能、价值观、人格和自我意识等特征相"匹配"的职业，职业选择的过程就是一个寻求匹配的过程。其中，最有代表性的是帕森斯（Frank Parsons）、霍兰德（John Holland）和舒伯（Donald Super）的观点。

帕森斯认为，个人在必须进行职业选择时会有意识地按以下顺序进行：分析自己的职业长处和短处，收集职业方面的信息，然后再做出决定。霍兰德认为，职业兴趣是人格的一种表现，人们所寻找的工作环境应当能够使得人尽其才，人们是否能在一个职业领域中稳定地工作取决于其个性类型与职业环境是否适应或匹配。舒伯认为，由于职业可以选择，人们就有可能扮演与自我意识相适应的角色。在选择职业时，人们往往会遵循这样一个过程：首先会提出自我的概念，然后会对一系列职业形成印象和信念，最后会步入与自我意识最匹配的职业领域。

2. 职业选择的发展理论 虽然职业选择的过程就是一个人寻求同自己相匹配的职业的过程，但是职业选择却不是一个简单的人 - 职匹配问题，也不是在人生某一个时间点上发生的一个瞬间事件。职业选择的发展理论认为职业选择应该是一个随着时间而演变的、开放的、逐步发展的过程。

这一理论的代表性学者舒伯（Donald E.Super）认为，人的一生都有选择职业的需要，收集相关职业的信息，获得对某些职业的真知灼见等活动也会贯穿个人职业生涯的不同阶段。他认为，人们在职业生涯发展中，会经历成长、探索、建立、维持与衰退五个阶段。个人只有经过多个发展阶段并有所收获，才能形成自我意识，进而转化为有关职业的内容，最后才能决定自己应当选择哪种职业。

3. 职业选择的决策理论 如果一个人面对一系列可以选择的职业，他会怎么做呢？为此，研究者们提出了很多职业决策理论，其中使用较广泛的是维克托·弗鲁姆（Victor Vroom）的期望理论（expectancy theory）。

期望理论本质上是一种理性的、需要计算的、目标导向的决策模型。该理论假设人们在进行职业选择时，首先，要弄清楚众多工作结果的价值（效价）所在，这种价值通常表现为晋升机会、薪水、感兴趣的工作等诸多方面。其次，人们会结合自己的实际情况充分评估获得各种价值的可能性大小（期望值）。最后，各个工作结果的效价乘以其期望值，就得出了这个工作的吸引力分数。职业吸引力分数越高，对人们的吸引力越大，也就意味更容易被人们所选择。

期望理论也指出，人们在真正进行职业选择时并不总是会选择自己最感兴趣的职业。比如，电影明星、职业运动员、政治家等很多有较大吸引力的职业，普通大众一般并不会轻易将其作为自己的职业选择。因为人们在职业选择时还会进一步对自己在某一具体职业中获得成功的可能性进行评估。最终人们倾向于选择对其吸引力分数高，同时进入机会或获得成功的可能性较大的职业。

（二）职业决策的思路和方法

理论上，进行职业决策的思路非常简单，无非包括三个步骤：第一步，"明确职业定位"。这一步实际上可以通过在校期间进行职业生涯规划，得以提前完成。第二步，"分析职业机会"。参照自己的职业生涯规划，对眼前现实的就业形势、就业机会、单位条件进行充分了解和评估。第三步，"做出选择决定"。在前两步的基础上做出选择，确定结果。确定的标准也很简单，就是在众多的机会中，选择同自己的职业定位最匹配的。

但理论是一回事，实践又是另一回事。可能很多大学生都有过类似经验：对自己的职业目标和职业定位非常清楚，对各种职业机会也了解得非常清楚，但在做出最后决定时，却总是犹豫不决。为帮助大家走出这种困境，下面介绍几种简单实用的职业决策方法。

1. 职业决策平衡单法 平衡单法同期望效用法有点类似，都是通过计算选择目标各个特点的分值来帮助决策。二者的不同之处，在于前者不仅重视各个特点的重要性，还考虑到各个因素的得失利弊，因而更加全面。平衡单法的具体实施程序如下。

（1）列出选项 个体要在平衡单中列出 3 ~ 5 个有待深入评估的职业（岗位）选项。

（2）判断利弊得失 各个选项的利弊得失主要集中在四个方面，分别是自我物质方面得失、自我精神方面得失、他人物质方面得失和他人精神方面得失。每个方面都要列出自己最看重的一些具体内容，并逐一检查各选项，依据重要性程度，以"+5" ~ "–5"的十一点量表（+5、+4、

+3、+2、+1、0、-1、-2、-3、-4、-5）来衡量各选项。

（3）加权计分　各方面的得失利弊之间，会因身处于不同情境而有不同的考量，因此，在详细列出各选项后，须再进行加权计分。即根据对当事人的重要程度不同，可乘以1～5倍分数，越重要的所乘分数越大，依次递减。

（4）计算总分　逐一计算各职业选项"得"（正分）与"失"（负分）的加权计分与累加结果，并计算各个职业选项的总分。

（5）排定顺序　依据各职业（岗位）选项在总分上的高低，从高到低排定优先顺序。这个优先顺序即可成为职业选择的依据。

例如，某中医药大学中药学专业本科大四学生小陆，认准了自己将来要从事医药行业，但是，他对于毕业后是直接进入一家公司工作，还是自己创业，或者是先考研，等研究生毕业后再考虑职业问题一直犹豫不决。于是，他认真填写了一份职业决策平衡单（见表5-5），帮助自己决策。对比最后的总分，"考研深造"得分最高，提示小陆应优先选择考研。

表5-5　小陆的职业决策平衡单

选项		直接就业			自己创业		考研深造	
考虑因素	加权	分数	小计	分数	小计	分数	小计	
自己物质方面得失 1. 收入较高	3	5	15	4	12	7	21	
2. 社会地位较高	3	6	18	3	9	6	18	
3. 社会资源丰富	4	-1	-4	3	12	5	20	
自己精神方面得失 1. 符合自己的兴趣	5	8	40	4	20	8	40	
2. 符合自己的能力	4	6	24	5	20	6	24	
3. 符合自己的价值观	5	7	35	3	15	8	40	
4. 符合自己的理想生活	3	7	21	4	12	7	21	
5. 未来有发展空间	5	3	15	-2	-10	8	40	
家人物质方面 更好地赡养父母	2	6	12	-1	-2	4	8	
家人精神方面 有利择偶以满足父母要求	2	5	10	-2	-4	-1	-2	
总分			186		84		230	

2.SWOT分析法　SWOT是英文单词Strengths（优势）、Weaknesses（劣势）、Opportunities（机会）、Threats（威胁）的缩写，顾名思义，SWOT分析法就是通过分析内部环境中的优势和劣势，以及外部环境中的机会和威胁来进行决策。这种分析方法由美国旧金山大学的管理学专家于20世纪80年代提出，最早被用于企业战略决策，后来被其他领域广泛使用，也被用于职业决策。被用于职业决策时，各项目的具体含义为：

优势（S）——针对某个职业或岗位，你的道德、知识、潜力、技能或者经历等自身条件所具备的优势。

劣势（W）——针对某个职业或岗位，你自身还存在的局限、不良习惯、缺点以及在思想、经验、经历、技能等方面的不足。

机会（O）——针对某个职业或岗位，在政策、地域、经济、专业、人际关系、家庭背景等方面，对你而言有哪些有利条件或可能的机会。

威胁（T）——针对某个职业或岗位，有哪些你基本不可控的不利条件或外在威胁，如人才市场的激烈竞争、所学技术和有关行业正在衰退、不利的政策等。

个体通过充分考察自己周围的职业环境，认清自身的优势和劣势，把 SWOT 分析中的四个维度综合起来考虑，即可做出既符合环境要求又切合自己特点的职业决策。具体而言，有四种可能的决策模式（表 5-6）。

表 5-6　SWOT 矩阵

		内部环境	
		Strengths 优势	**Weaknesses 劣势**
外部环境	Opportunities 机会	S-O 策略	W-O 策略
	Threats 威胁	S-T 策略	W-T 策略

S-O 策略——将优势转化成机会。个体可寻找与自己优势相匹配的机会，使自己的优势得到充分发挥。这是一种理想的策略模式。

S-T 策略——利用优势化解威胁。即通过发挥自身优势，将外界的不利影响和威胁降到最低。

W-O 策略——克服劣势寻找机会。即利用外在的有利条件来弥补自己的不足。

W-T 策略——克服劣势化解威胁。这是一种应付危机的策略，是一种非常被动的策略模式。

需要特别说明的是，以上四种策略并没有优劣之分，而是应由不同的个体根据自己的具体情况灵活采用。只要是符合自己情况的策略，就是好的策略。例如，王某是北京某高校的一名硕士研究生，男，中医临床专业，在校期间专业成绩优秀，曾多次获得奖学金，发表论文若干，导师在专业领域很有影响力。该同学一直担任学生干部，受到老师和同学一致好评，在校期间还选修了部分管理学课程。他出身于南方某县城的一个普通工人家庭，独生子，父母收入微薄，即将退休。毕业在即，面临自己的职业选择，他为自己做了一个 SWOT 分析（表 5-7）。

表 5-7　王某的职业决策 SWOT 分析

外部环境分析（O.T.）内部环境分析（S.W.）	机会（Opportunity）1. 人们的健康需求越来越大 2. 中医药作为卫生保健的重要组成部分，越来越受到得视 3. 在二三线城市高层次中医临床专业人才需求缺口大	威胁（Threat）1. 在临床岗位，西医专业毕业生竞争力强 2. 在北京就业机会不多，成本高，其他一线城市情况类似 3. 父母年老，需要照顾
优势（Strengths）1. 硕士学历，成绩优秀，专业能力强 2. 重点高校，社会声誉好 3. 丰富的学生干部管理经历，综合素质好 4. 导师在业界声誉好	S-O 策略 1. 尽快完成执业医师资格考试，进一步提高竞争力 2. 利用自身优势尽快联系离家近的二三线医疗机构，积极寻找就业机会	S-T 策略 1. 通过强调自身中医业务与综合素质优势，减少竞争压力 2. 到离家近的地方工作，可方便照顾父母 3. 跟导师沟通，争取通过导师的帮助弥补自己行业关系方面的不足
劣势（Weaknesses）1. 对二三线城市缺少认同 2. 在京缺少社会关系	W-O 策略 1. 充分认识二三线城市给自身职业发展带来的有利机会，改变就业观 2. 通过去二三线城市工作，避免在京缺少社会关系的劣势	W-T 策略 1. 认清二三线城市就业同样竞争激烈，提前做好应对准备 2. 做好回老家县城工作的准备，以便照顾父母

分析后结论：选择回到离家较近的二三线城市，利用自身有利条件选择一个较好的医疗机构就业，之后从专业入手，逐步发挥自己在管理等方面的综合优势

3. 期望效用分析法　这是期望理论在职业决策中的具体运用。这种方法主要通过对个体、对

职业目标各方面特点的期望度进行量化，从而帮助人们做出决策——即选择得分最高的目标。其原理可以概括为以下公式：

$$EU=E\times V$$

其中，V 代表效用值，表示该因素对于主体的价值，即选择主体对该因素的重视程度；E 代表期望值，表示实现该选择的概率；UE 为期望效用值，为 E 和 V 的乘积。

例如，某中医药大学临床专业的毕业生小马要在去医院做医生和去医学院校做老师之间进行职业选择，下表（表 5-8）就是她使用期望效用法进行决策的过程。通过比较，"医生"的 EU 分值要比"教师"高，因此对于小马来说，比较有利的职业选择应该是"医生"。

表 5-8　小马的职业决策期望效用分析表

考虑因素	V 效用值（1—10）	E 概率（0—1）		EU 期望效用值（1—10）	
		教师	医生	教师	医生
工作安全性	9	1.0	0.8	9.0	7.2
收入高	10	0.4	1.0	4.0	10.0
社会地位高	6	0.5	0.7	3.0	4.2
职业稳定	6	1.0	0.9	6.0	5.4
工作挑战性高	7	0.4	0.8	2.8	5.6
休闲时间长	4	1.0	0.4	4.0	1.6
家人相处机会多	7	1.0	0.4	7.0	2.8
合计				35.8	36.8

【联结自我】

请你运用 SWOT 法对自己的职业机会进行简要分析，并填写下面的职业决策 SWOT 分析表（表 5-9）。完成后，和其他同学交流一下，看看大家对你的分析怎样评价。也许你认为自己目前还未面临真实的职业决策，没关系，你可以结合当前已有的条件和实际情况预测一下，这毕竟是个练习。

表 5-9　我的职业决策 SWOT 分析

		内部环境	
		优势（S）	劣势（W）
外部环境	机会（O）	1. 2. 3.	1. 2. 3.
	威胁（T）	1. 2. 3.	1. 2. 3.
分析和结论			

（三）影响职业决策的因素

人们在现实生活中的所有决策行为都是人与环境相互作用的结果，会受到主客观两方面诸多因素的影响。大学生在进行职业选择和决策时，要充分依据自己的职业生涯规划，同时也要充分考虑各方面的现实因素。影响职业选择的因素主要包括以下三方面。

1. 主体因素 主体因素，就是大学生自身的因素。有关研究和大量的人生实践经验都表明，大学生个体的职业价值观、人格、技能及能力倾向、职业兴趣、需要与动机，以及做选择时的心理状态等因素，对大学生职业选择起着关键性的作用。本教材第三章在阐述个人因素对职业生涯规划的影响时，已经详细阐述了这些因素，本章不再赘述。

2. 客体因素 客体因素，就是各种职业机会本身的特征。行业状况、经济收入水平、地理位置、企业文化等因素，都会影响到职业选择，其中又以行业状况和经济收入水平的影响最为突出。

（1）行业状况 任何职业都可以归属于某个特定的行业。受时代特点、国民经济发展状况、国家体制与政策等诸多条件影响，不同的行业在经济实力、社会地位、发展前景等方面会呈现出不同的特点，这些特点会对人们的职业选择产生重要影响。绝大多数人都更愿意选择"热门"行业，而不是"冷门"行业。比如，改革开放初期，电器制造业曾一度是最"火"的行业，让很多就业者趋之若鹜；进入新世纪后，金融行业和互联网行业又逐渐成为时代的新宠。近些年来，随着政府的日渐重视和人民群众对中医学的认识不断改变，中医药行业的发展前景越来越被看好，行业地位越来越高。这种状况无疑会对人们选择中医药相关职业产生积极影响。

（2）经济收入水平 职业是社会分工的产物，是劳动者可以稳定从事的有酬工作，通过职业活动获取劳动报酬是职业的根本属性之一，职业也是人们维持生活所需的重要经济来源。因此，职业所带来的经济收入通常是影响人们选择职业的重要因素之一。特别是，随着现代城市生活成本的增加，职业带来的经济收入是满足刚步入社会的大学生"生存和安全"需要的最重要途径，直接影响刚毕业大学生的现实生活，因而经济收入对大学生职业选择的影响尤为突出，对中医药院校的学生也不例外。

3. 环境因素 影响人们职业选择的环境因素包括自然环境、经济环境、社会环境、政治环境、文化环境、家庭环境、人际环境等多个方面。有研究表明，影响中医药院校大学生职业选择的环境因素主要是职业声望、家庭环境因素。

（1）职业声望 职业声望是公众对某一职业角色在社会中的地位的一种评价，又称为职业的社会声望。职业声望反映了社会对职业的认知特点，本质上属于文化舆论环境的一部分。影响职业声望最主要的因素包括职业环境、职业功能及任职者素质三方面。一般来说，职业环境越好，职业功能越大，任职者素质越强，职业声望就越高。职业声望对大学生的职业选择有较显著影响。

医务工作作为一种古今中外公认的高尚职业，在当今社会中的声望居于中等偏上水平。而在医疗行业中，不同医疗机构的社会声望又同它们的级别有关，级别越高的医疗机构社会声望越高。有调查结果显示，中医药院校中的医学专业学生毕业后，大部分人会从事医务工作，而且首先会选择到三级医院工作，然后才依次考虑到二级医院、社区医院和卫生所工作，只有少部分人会考虑转入其他行业工作。

在中医药院校中，非医药类专业的学生对于职业声望的判断与医学、药学专业的学生存在着一定的差异。有调查显示，非医药类专业的学生认为职业声望由高到低排序前五位依次为公务员、企事业单位职员、医药企业管理者、创业者、其他。在进行职业选择时，他们考虑最多的就是社会声望相对较高的公务员、大学教师、医院管理者等职业。

（2）家庭环境　大量研究结果表明，家庭因素尤其是原生家庭因素会在一个人的职业选择过程中留下明显痕迹，对于家庭观念较重的中国人来说尤其如此。特别是对于中医药行业，由于职业自身的特点以及历史文化等因素，家庭在职业选择过程中的影响更加显著。

①家庭社会因素：家庭社会因素指的是一个家庭所拥有的社会关系和人际网络，也就是我们通常说的"家庭背景"。调查显示，中医药院校学生中，有家庭成员从事中医药类相关工作的，约占13%。这一比例在医学类专业中会更高，在药学和非医药类专业中略低。其中不乏中国传统的"医学世家"。这部分学生在求职过程中，无疑会受到家庭成员的职业观念影响，或多或少地借助家庭成员的社会资源，从而更倾向于选择同家庭成员相同或相关的职业。

②家庭经济因素：家庭经济收入水平对大学生的职业选择有一定影响。有关研究发现，在进行职业选择时，来自低收入家庭的学生更倾向于个人自主选择，家庭成员的影响较小；中等收入家庭学生更倾向于听从家人或亲戚朋友的建议，个人自主性较低；高收入家庭学生则介于二者之间，自主选择和听从家庭成员的概率各占一半。

③家庭文化因素：家庭文化因素主要体现在父母的受教育程度和受教育类型上。父母受教育程度对子女进行家庭教育、参与学校活动、激发子女求学动机以及搜集、判别就业信息等方面均有影响，并间接地影响子女的职业选择。

支持子女学习中医、未来选择医疗卫生工作的家庭，往往同父母亲对中医学以及中国传统文化有较强烈的爱好，或者有较强烈的救死扶伤的社会责任意识有关。另外，父母的受教育程度在一定程度上也会影响子女的继续教育观念和职业选择观念。

第二节　职业生涯目标设定

中国古代先贤说过："志不立，天下无可成之事。"（明·王守仁《教条示龙场诸生》）西方也有句谚语说："如果你不知道要到哪儿去，那通常你哪儿也去不了。"因此，职业生涯发展目标的设定是确立职业生涯规划的核心内容之一，确立职业生涯发展目标就是为职业生涯找准方向。

一、职业生涯目标概述

职业生涯目标是指个人在选定的职业领域内期望自己将来所达到的发展目标。

案例：返乡求职的故事

陈东升是国内某中医药院校医学专业的毕业生，甘肃人，他在大二的时候就确定了自己的工作目标：家乡的医院。为了实现这一目标，从大二下学期开始，他就不断关注学校的就业网站、家乡的卫生主管部门和医院网站，了解招聘信息。大三及大四，他提前参加校园招聘会了解家乡的就业市场信息，与就业指导老师、辅导员、学长请教求职技巧，通过推荐，他认识了一位在甘肃某医院工作的毕业生，了解到当地公立医院招聘的要求和流程。在大五求职期间，由于获取信息比较及时，准备也比较充分，他顺利通过了各项考试，在其他同学还为工作四处奔波的时候，他已经落实工作，并顺利入职。

这一案例告诉我们，设定职业生涯目标是非常重要的，它具有以下四方面的作用：

第一，为个人职业行为设定明确的方向，充分了解每一个行为所产生的效果。

第二，参照目标，可以明确当前工作的轻重缓急程度，有助于合理安排时间。

第三，对行为的结果和效率进行评估。

第四，恰当的目标是行为的动力源，能对个人行为起到持久的激励作用。

二、职业生涯目标的影响因素

职业生涯目标的设定是一个很复杂的过程，受到诸多主客观因素影响，这些因素主要来自环境、本人和家庭三大方面。

（一）环境因素

1. 相关政策　国家、地方政府、行业及高校对大学毕业生就业创业的相关政策规定，都会影响大学生职业生涯规划和求职择业目标的设定。

2. 行业特点　行业的发展态势、人才需求、人员结构、体制机制和薪酬待遇等，也是影响大学生求职择业的不可忽视的客观因素。

3. 单位特点　目标职业单位的性质和规模、现状和前景、政策和规定，特别是单位的人事管理、职业培训、岗位发展等，都会对个人发展产生影响，同样也是初入职场的大学生所关注和考虑的重要因素。

4. 地域特点　目标职业所处地区的特殊政策，社会经济发展情况，人们的价值观念、文化习俗，以及该地区的气候、饮食、语言等生活环境，都会对毕业生的职业目标设定产生一定的影响。

（二）个人因素

影响大学生职业目标设定的个人因素较多，个人兴趣爱好、性格特征、职业能力、身心状况、受教育程度，都会影响个人对职业的适应度、有效度，对个人的择业成功、职业稳定和职业发展都会产生较大的影响，同时也是个人设定职业目标的重要因素。此外，性别也会影响职业规划和职业目标选择。

（三）家庭因素

人的一生中都会受到家庭因素的影响，每个人应当承担相应的家庭责任，进行职业目标设定时应该充分考虑家庭因素。家庭的经济状况、人力资源、社会资源等因素，对个人职业目标的设定影响较大。

三、职业生涯目标的设定原则

（一）SMART 原则

当代著名的管理学家彼得·德鲁克（Peter Drucker）在其《管理实践》中提出了目标设立的SMART 原则。他认为，无论制订团队的工作目标，还是个人的职业生涯阶段目标，都不能主观随意，必须符合下列五条原则。

1. 明确性（specific）　设定目标时不要模棱两可，要用具体的语言明确要达成的行为标准，目标设置要清晰，知道做哪些事情，什么时间完成到什么程度。比如"我要认真选定自己的职业目标"，这样说就比较笼统，就不如"这个月要完成自己的职业生涯诊断，并访谈两位专业老师"更明确。

2. 可衡量性（measurable）　目标应该有明确的数据，作为衡量达成目标的依据。如果制定的目标无法衡量，则无法判断目标是否实现。比如"我要参加职业生涯规划方面的学习培训"，这是一个不明确也不容易衡量的概念，应该改为"这个月我要参加一次职业生涯规划方面的学习培训"或者"本学期我要参加并完成《职业生涯规划》课程的学习"，这样目标就变得可以衡量。

3. 可实现性（attainable）　指在个人能力范围内，实现目标是现实的、可能的，但同时又有一定的难度。比如你现在是一个即将本科毕业的医学生，计划到社区卫生服务中心做一名受患者喜爱的中医医生，这是可行的，但是如果计划在毕业后两三年内成为某三甲医院的住院医师，这个目标就不那么可行。设定目标既要注重挑战性，也要注重可实现性。比如，可以制订"跳起来摘桃子"的目标，但不能将目标定为"跳起来摘星星"。

4. 相关性（relevant）　相关性强调整体与部分之间的一致性，和平行目标之间的平衡性。对应到个体职业生涯发展，相关性主要包含两层意思：第一，生涯规划目标与自己的专业以及未来的职业发展方向一致。例如作为一名医学生，熟练掌握英语应该成为生涯规划的目标之一，因为英语好能够更广泛的查阅医学文献，有利于提升医疗知识水平。但是熟练掌握弹吉他技能，就与职业发展的总体目标不太一致了。第二，平行目标之间具有平衡性。还是以医学生为例，作为一名优秀的医生，不仅仅要有过硬的专业素养，还得有良好的身体和心理素质。如果一名医学生只在专业学习方面有明确目标，却忽略了提高身体素质和心理韧性的目标设定，那么这个职业发展目标的制订就是不合理的。

5. 时限性（time-bound）　目标设定的时限性是指根据工作任务的权重、事情的轻重缓急，拟定出达到目标项目的时间要求，比如以一周、一个月或一学期，依次为时间单位设定目标，定期检查项目和计划的完成进度，及时掌握项目进展的变化情况，以方便对目标进行及时的评估和调整。

（二）职业生涯目标设定的其他原则

大学生设立正确的职业生涯目标，除了 SMART 的五条原则之外，还应遵循以下基本原则。

1. 个性化原则　指针对个人具体情况量身设定。包括：①择己所爱。根据自己的兴趣爱好确定职业生涯目标，这是职业成功的重要动力。②择己所长。以自己的专长来规划职业生涯，扬长避短，这是职业成功的基础。③择己所需。从有利于自我生存发展的需要来确定职业生涯目标，这是职业成功的原动力。④择己所利。择优选取职业目标和规划方案，最大限度地实现自身利益和现实需要。

2. 社会需求原则　个人的职业愿景固然是职业生涯规划的重要依据，但仍然需要与社会需求协调一致。社会需求是个人实现职业理想的基本条件，职业理想和职业目标紧贴时代发展脉搏、适应社会需求，才可能切实可行。科学规划职业生涯设定职业目标，要认真分析自我需求，充分把握社会需求，特别是社会长远需求和社会对自己所学专业的需求现状和发展趋势，把个人需求和社会需求有机结合，才能顺利实施，才有可能达成自己的职业目标。比如，医学生的职业规划应与满足人民对于生命健康的需要紧密相连。鼓励医学生以维护人民健康为己任，弘扬医者仁心的优良传统，毕业后到祖国和人民最需要的地方去建功立业。

3. 动态性原则　随着时代发展和经济社会变革，社会环境和个人需求也会发生变化，现在制订的职业生涯规划会与不断变化的社会环境和个人实际不一致。因此，在规划设计过程中必须充分考虑变化因素，坚持动态性原则，根据调整目标采取灵活应对措施或变换实施路径。

四、职业生涯目标的设定方法

（一）圈定职业发展的"领地"

职业生涯目标是个体化的设定，需要去粗取精，由远及近，因此先在较大范围内圈定职业领域，结合长远理想目标设计一个操作空间，逐步细化中级目标和小目标，这一过程和复方药物的筛选过程十分相似。

一般而言，我们从职业兴趣、职业能力、职业价值、职业环境多种因素综合考虑来选取职业生涯目标。

图 5-1 显示了职业目标选择的基本模式。从图中我们可以有两点发现：第一，最佳的职业目标选择是内心渴望做的、个体适合做的和条件允许做的三个圆圈的交集，这个交集至少是长远目标的根据地，通过三圆交叉选取的方式来圈定自己的职业目标可以大大缩减工作量。第二，如果某个"圆"我们暂时达不到，仍可以选择两两交叉的领域作为职业发展的目标，只不过需要一些完善自我的工作要做。假设在现实条件还不允许的情况下，要达成职业目标，可以选取"适合做的"和"渴望做的"二者的交集，对"待开发的"部分加以关注，通过完成相应的学习培训或寻找合适的职业环境条件来达成职业目标。

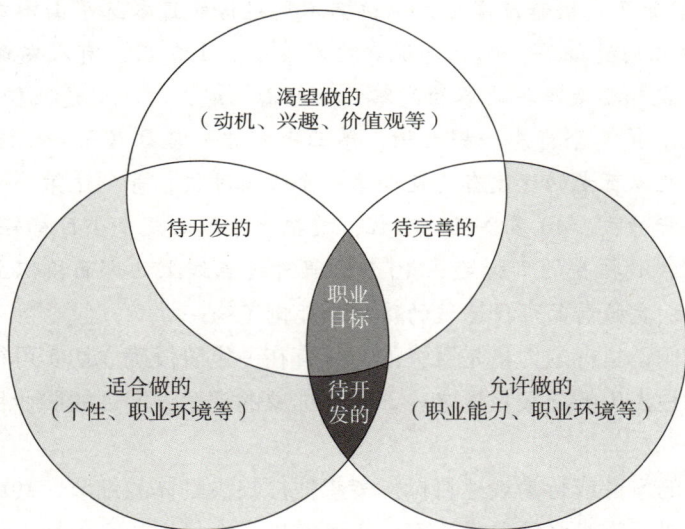

图 5-1　职业目标选择区域图

（二）澄清职业发展的"蓝图"

每个人的生命是有限的，需要我们在若干种工作中选择一种作为职业生涯发展目标。选择哪种职业目标，需要根据个人的职业锚而定。大学生想要澄清自己的职业"蓝图"，不妨参照以下方法：首先把选择的职业目标具体地落实为相应的工作角色，把工作角色分别写在几张空白 A4 纸上，拿起其中一张，询问自己图 5-2 中的四组问题，并大胆想象成功的画面，越具体越有帮助。然后翻到纸的背面，用笔把纸分为四格，分别把画面描述在白纸背面的四格里，有可能的话把它画下来，然后再换另一张。

当我们完成了所有职业角色的画面，仔细端详这些画面的描述，通过访谈和检索信息了解实现的可能性，相互进行比较，看看哪个角色更加真实并让你激动，这个角色就是你的职业目标。

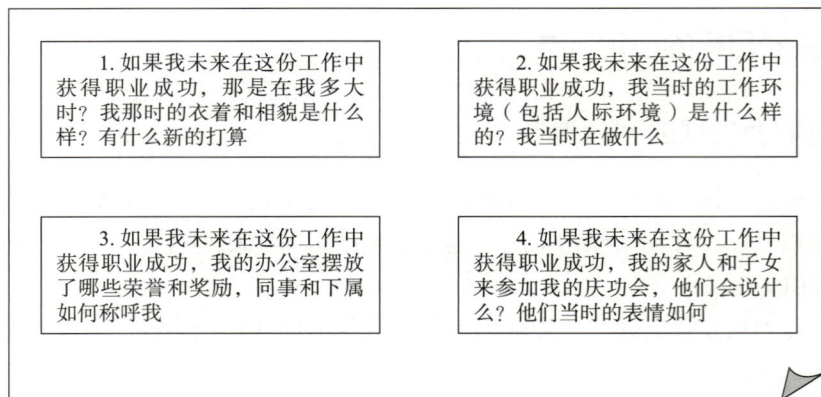

图 5-2　描绘你的成功职业"蓝图"（基于潜能理论）

（三）设定职业发展的"驿站"

千里之行，始于足下。设定目标既需要宏伟蓝图，也需要施工方案，需要细化到每一步的目标上。确定总体职业目标后，还需要细化和分解大目标为若干可实现的小目标。正如下面这则小故事所说的那样：

在 1984 年东京国际马拉松邀请赛中，一位名不见经传的日本选手山田本一出人意料地获得世界冠军。别人问他成功的秘诀，他只是说靠技术策略。十年后，有人发现他在自传中这样写道：每次比赛之前，我都要乘车把比赛的线路仔细地看一遍，并把沿途比较醒目的标志画下来，例如第一个标志银行、第二个标志一棵大树、第三个标志一座红房子……这样一直画到赛程终点。比赛开始后，我就以百米的速度奋力地向第一个目标冲去，等到达第一个目标后，我又以同样的速度向第二个目标冲去。40 多公里的赛程，就把我分解的几个小目标轻松地跑完了。起初，我并不懂这样的道理，我把我的目标定在 40 多公里外终点线上的那面旗帜上，结果我跑到十几公里时就疲惫不堪了，我被前面那段遥远的路程给吓倒了……

这则故事告诉我们，目标的力量是巨大的，只有在一定阶段确立切实可行的目标才能实现最终的目标。职业规划是人生的终极目标之一，它是抽象的理念，宏观的职业目标必须进行细化和分解才能得以实现。

第一步：用具体的事件或行为表达目标。梦想往往缺少具体的细节，甚或完全无视细节，但目标则不一样，目标对于需求必须非常清楚。为了实现一个目标，必须把梦想从可操作的角度定义它。比如，"成为一名国内三甲医院的中医内科主任"就比"做一名好医生"更具体。

第二步：用可以度量的语言表达目标。目标必须以可计量的结果来表述，必须能观察并量化。为了让目标上升到可管理的目标水平，必须具备确定自己的进步水平的能力。你需要知道自己实现目标的活动进展如何，需要知道用什么办法抵达自己想要去的地方。

第三步：给目标定一个时间期限。目标还需要有非常具体的成就时间表或日程。有了时间表或时间期限以后，设定的每一个目标状态就容易具体化了，划定的最后期限会让你产生紧迫感和目标感，这种感觉反过来会发挥重要的推动因素。

第四步：选择相对可控制的目标。目标必须与你生活的各个方面发生关系，目标是要去控制、加以操纵的。比如，"五年内受到行业内科技奖励 2 次"就比较难以控制和操纵，一旦实现不了，其挫败感会很强，倒不如"每年发表 SCI 文章 2 篇"更容易落实。

第五步：确定帮你实现目标的策略。设计实现目标的策略计划，既应包括目标，也应包括行动计划。

第六步：从步骤的角度确定自己的目标。目标需要详细分成可测量的步骤，它们才最终会导致所希望的结果。

第七步：为朝向目标的进程确立考评办法，即实现目标的每一步都需要有可测量的考评，在努力拼杀之余，驿站内的休整和反思是不可缺少的部分。

特别需要强调的是，没有行动的计划是空想的计划，没有考核的目标是难以执行的目标。如果想成功实现自己的个人策略计划，使生活真正发生变化，那就要求在形成计划时有效运用这七个步骤，这样才能真正实现每一个具体的目标。

【联结自我】

根据你在生涯幻游中所想象的情景，运用目标设立的指导原则，制订自己职业生涯发展的阶段目标并思考相关问题：

1. 制订职业生涯发展五年目标。
2. 要达到这一目标，需要经过哪几个步骤？
3. 据此设立今年的短期目标和行动计划。
4. 设立 1 个月内的短期目标和行动计划。
5. 1 个月后看看是否实现了自己的目标？为什么？（运用目标设立原则加以解释）
6. 是否需要对自己的目标做调整？做哪些调整？

第三节　职业生涯发展策略与实施

个体职业生涯的实现就像一次目标明确的远航，中途需要不断修正方向，停泊港口进行休养和补给，最终抵达目的地。为达到最终目的，对目标进行分解与组合，综合运用各种行动策略，是实现职业生涯目标的必要手段。

一、职业生涯发展目标的分解与组合

职业生涯发展目标的实现可以用一系列的阶段来表示。对职业生涯不同阶段的目标进行分解与组合是实现职业生涯发展总体目标的必要途径。

（一）职业生涯发展目标的分解

职业生涯目标的分解是根据个体不同阶段在观念、知识、能力和心理素质等方面的差距，将职业生涯中的远大目标分解为有一定时间节点的阶段性分目标。目标分解是将目标清晰化、具体化的过程，是将目标转化成可操作的实施方案的有效手段。目标分解一般有按目标性质分解和时间分解两种途径。

1. 按目标性质分解　美国心理学家和职业指导专家埃德加·H·施恩（Edgar H Schein）把人的职业生涯划分为 9 个阶段，把职业生涯含义分为"外职业生涯"和"内职业生涯"。根据他的划分，职业生涯发展目标也可以相应地分为外职业生涯目标和内职业生涯目标。

（1）外职业生涯目标　外职业生涯目标主要侧重于职业过程的外在标记，主要包括职务提升目标、工作内容目标、工作环境目标、经济收入目标和工作地点目标等。通常，外职业生涯目标的这些构成因素都是别人给予的，因此也容易被别人剥夺。外职业生涯目标的取得一般是渐进式的，在职业生涯初期，往往与自己的付出不符。

职务提升目标，应该具体明确自己在某一阶段想要达到什么样的职位。而且这一职位最好能与自己的专业发展相匹配。

工作内容目标，选择专业技术型发展路线的人应该格外重视这一目标的达成，即在某一阶段内，计划完成怎样的工作内容。专业技术型人才的职业发展具体体现在其在本专业技术领域取得的成果及由此而得到的职务（职称）晋升。因此具体可行的工作内容目标对于医学生来说是职业生涯规划的重点。

工作环境目标是指进入职场前应该考虑的目标因素，个人对工作环境的要求包括单位人际关系、薪资水平、绩效制度等。工作环境目标具有较大的个体差异性，需要根据个体特质选择适合的工作环境。值得一提的是，很多时候需要亲身体验才能确定自己能否适应相应的工作环境，因此实习是大学生进入职场前必不可少的环节。

经济收入目标是指从工作中获得经济收入的目标因素，在职业生涯规划中要注意切合自己的能力素质和实际，大胆规划出一个具体的数字，这个数字将在日后成为重要激励源，对个体行为和内在动力的激发具有导向、保持和延续作用。

工作地点目标是指对工作地点如果有特殊要求，务必要在规划中列出。对于工作地点的选择应该尽可能根据个人情况来规划，但切勿太过细琐，以免影响选择面。

（2）内职业生涯目标　内职业生涯目标侧重于职业生涯过程中知识与经验的积累、观念与能力的提升和内心感受，主要包括各种能力目标、工作成果目标、心理素质目标和观念目标。内职业生涯目标的获得是外职业生涯目标获得的前提，要靠自己的主观努力才能实现，内职业生涯目标达到了，外职业生涯目标才有可能达到。在个人职业生涯的早期和中前期，要多加强"内功"修炼，因为内职业生涯目标一旦获得，便是不可被剥夺的。

工作能力目标是指个体希望通过工作，提升处理各种工作问题的能力的目标。如组织领导能力、管理能力、研究创新能力、人际沟通能力、团队协作能力等。工作能力目标应当切合实际，与当前阶段的职务相匹配，又应该具有挑战性，以促使自己不断进步。必要的工作能力积累是达到职务提升目标和经济收入目标的前提，在制订个人职业生涯规划时，工作能力目标应当优于职务提升目标。

工作成果目标是指发现和应用新的管理、技术等方法创造新的业绩等。工作成果本身属于外职业生涯目标，但在取得工作成果的过程中获得的知识、经验等都属于内职业生涯目标。工作成果与工作能力互相印证，是绩效考核的重要指标。

心理素质目标是指个体在承受挫折、经历成功时能够保持心态平和、宠辱不惊的能力。提高心理素质首先要对个体有清醒的认识，然后针对自身不足通过情绪智力的培训加以提高。

观念目标是指自己在工作学习中逐步形成的对人对事的观念或态度。对人对事既要有一贯的态度，又要不断更新观念，让自己能站在更高的平台和行业发展的前沿，规划个体的职业生涯发展。

2. 按时间分解　将按性质分解的各项目标做出明确的时间规定，一般分为短期目标、中期目标、长期目标和人生目标。

短期目标通常是指时间在1～2年内的目标。中长期目标如果具备可行性，通常会置换成一个个具体的短期目标，因此短期目标务必清楚、明确、现实、可行，同时要服务于中长期目标的实现。

中期目标一般为3～5年，是许多短期目标完成的结果，同时又为实现长期目标打下基础。中期目标有具体实现的时间，也可进行适当的调整。

长期目标一般为 5 ～ 10 年，可能会随着就业形势的变化和社会的发展而变化。长期目标一定是经过自己认真选择的，符合个人价值观，与自己的未来发展相结合的愿望。长期目标有实现的可能性，具有一定的挑战性。

人生目标是指整个人生的发展目标。人生目标是自身条件、社会环境、组织环境等主客观因素综合作用的结果。个体目标设定过程中，所有的短期目标、中期目标和长期目标都是为了实现人生目标。

（二）职业生涯发展目标分解的操作步骤

职业生涯目标的分解无论是按照性质分解还是时间分解，我们都可以采取更为直观的形式展示出来，在这里我们介绍"鱼骨图"的分析方法。

鱼骨图（又名因果图、石川图），指的是一种发现问题"根本原因"的分析方法，是由日本管理学家石川馨先生发明出来的，故称石川图，现代工商管理教育将其划分为问题型、原因型及对策型鱼骨图等几类。我们借助鱼骨图，可以将职业生涯目标进行分解，如图 5-3 目标分解图：

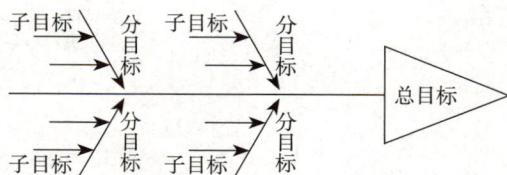

图 5-3　目标分解图

目标分解的操作步骤：

1. 在"鱼头"位置写明要实现的目标（符合 SMART 原则）。
2. 对现状进行评估，如果实现目标是 100 分，现在是多少分，写在鱼尾位置。
3. 分解目标，写在"鱼身"的框体内。
4. 继续细化实现目标的行动，写到"鱼骨"位置。

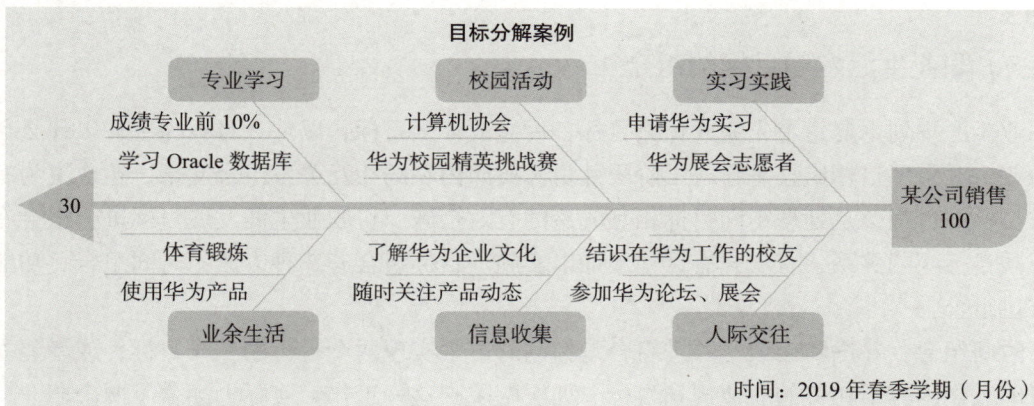

图 5-4　目标分解案例图

以某高校学生毕业后进入某公司做销售工作为例，目标分解见图 5-4，为确保计划实施还要做好月度计划（图 5-5）及月度复盘（图 5-6）。

月度计划

周一	周二	周三	周四	周五	周六	周日
1	2	3	4	5	6	7
			学 Oracle			
8	9	10	11	12	13	14
		报名挑战赛	学 Oracle	学会例会		
15	16	17	18	19	20	21
申请实习			学 Oracle			
22	23	24	25	26	27	28
	联系师兄		学 Oracle			
29	30					

图 5-5　月度计划

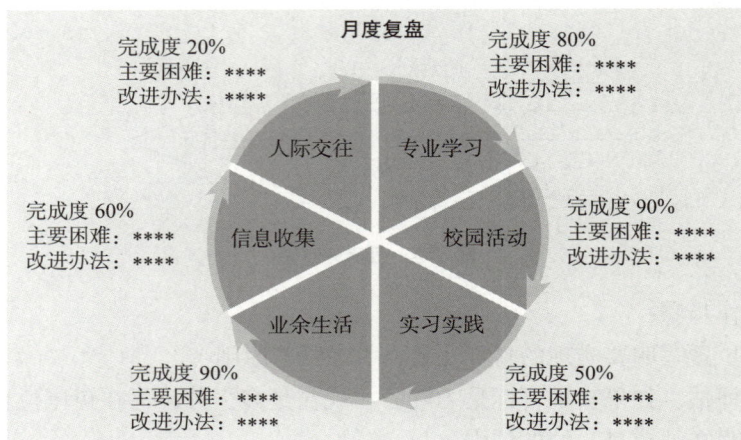

图 5-6　月度复盘

[图 5-4 ～图 5-6 资料来源：《高校职业规划教学认证培训：培训课件（TTT）》（北森生涯研究院）]

（三）职业生涯发展目标的组合

职业生涯规划中要思考先完成什么目标，后完成什么目标，以什么目标为主，以什么目标为辅。职业生涯发展目标组合是将若干阶段性目标按照内在的相互关系组合起来，达成更为有利的可操作目标的过程，是处理不同目标相互关系的有效措施。将职业生涯发展目标进行组合有助于理清不同目标间的关系，有步骤有计划地加以实施。目标组合有 3 种方法：时间组合、功能组合和全方位组合。

1. 时间组合：并进和连续　并进组合是指同时着手实现两个平行的工作目标，或者建立和实现与目前工作内容不相关的职业规划目标。如医院院长这一工作，实际上涵盖了两个职业，一个是医生，另一个是管理人员。既要做优秀的医疗专业技术人员，又要做成功的管理人员，这两个职业目标并不矛盾，可以同时进行。这种上级管理层兼任业务技术人员，或中高级管理层"双肩挑"的情况只要处理得好，又有足够的精力和能力来应付，在一定的范围内，是可以做到鱼和熊掌兼得的。

并进组合也可以是建立和实现与目前工作内容不相关的职业规划目标。如为了获得更大的发展，或出于个人的兴趣爱好等，在工作之外的领域付出更多努力，这不但有利于开发个人潜能，有时也会收到意想不到的效果。

连续组合是指以时间坐标为节点，将多个目标前后连接起来，实现一个目标再去实现下一个目标，目标之间经常具有因果关系。只有完成好每一个近期目标和短期目标，最终目标才有可能实现。

2. 功能组合　很多职业生涯目标在功能上存在因果关系或互补作用，因此可以将职业生涯目标进行因果关系组合和互补关系组合。

因果关系组合是指根据目标之间存在的因果关系进行组合，如获得执业医师资格与成为一名医术精湛的医生就存在因果关系。通常情况下，内职业生涯目标是原因，外职业生涯目标是结果。一般因果排序为：观念更新目标——掌握新知识目标——提高工作能力目标——职务晋升目标——经济收入提高目标。

互补关系组合是指根据目标之间所存在的互补关系进行组合。职业生涯目标中的互补关系是显而易见的，一般医生往往同时肩负临床工作和科研工作两项任务，临床工作为科研工作提供了实践基础和数据支撑，科学研究又为临床工作提供了理论支持和方法指导。

3. 全方位组合　全方位组合不仅是指职业的范畴，是指职业生涯、家庭和个人事务的均衡发展，它涵盖了人生全部的活动。事业不是生活的全部，完美的职业生涯规划不应把生活中的其他内容排斥在外，而应该考虑自己个人发展、家庭生活和职业生涯中的各种愿望。

【联结自我】

结合职业生涯目标的分解与组合原理，联系自身实际，思考以下问题：

1. 你的人生目标是什么？
2. 你计划分几个阶段去实现你的人生目标？
3. 你未来 3 年的生涯发展目标是什么？
4. 以半年为阶段定出 3 年内每半年的阶段性目标。
5. 这些目标是否有冲突或具备内在逻辑联系？你如何处理这些目标？

二、制定职业生涯发展目标的行动策略

没有达成目标的行动，再好的目标都难以实现，更谈不上职业生涯的成功。制定职业生涯发展目标的行动策略是指个人为争取职业生涯目标的实现，对自己的生涯活动进行安排与调控所采取的各种行动和对个人资源进行配置的各项措施。包括职业生涯路线选择和制订各种发展策略。

（一）职业生涯路线选择

确定职业生涯目标后，如何从当前出发到达目的地，实现自己的职业生涯目标，路线选择的不同决定了职业发展要求也不同。因此，要选择合适自己的路线，以便使自己的大学学习、社会实践以及各种行动措施沿着自己的生涯路线或预定的方向前进。

选择职业生涯路线时，首先要对职业生涯要素进行系统分析，要从以下三个方面出发进行职业生涯路线规划：

我想往哪条路线发展？（择己所爱）

我适合往哪条路线发展？（择己所能）

我可以往哪条路线发展？（择世所需）

典型的职业生涯路线图是一个"V"形图（图5-7）。假如一个人23岁大学毕业参加工作，即"V"形图的起点是23岁。以起点向上发展，"V"形图的左侧是行政管理路线，右侧是专业技术路线。将路线分成若干等份，每等份表示一个年龄段，并将专业技术的等级、行政职务的等级分别标在路线图上，作为自己的职业生涯目标。

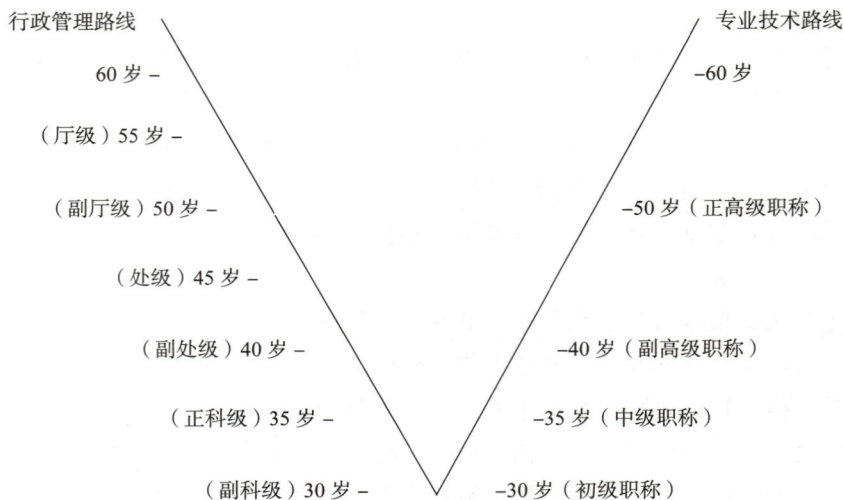

行政管理路线　　　　　　　　　　　　　　　　　　专业技术路线

60 岁 –　　　　　　　　　　　　　　　　　　　　　–60 岁

（厅级）55 岁 –

（副厅级）50 岁 –　　　　　　　　　　　　　　–50 岁（正高级职称）

（处级）45 岁 –

（副处级）40 岁 –　　　　　　　　　–40 岁（副高级职称）

（正科级）35 岁 –　　　　　–35 岁（中级职称）

（副科级）30 岁 –　　–30 岁（初级职称）

图 5-7　"V"形职业生涯路线图

通常想要达到自己的目的，有多种路线可以选择。有的路线可能需要多绕弯路，有的路线可能近一些，要正确选择自己的生涯路线，需要把这些路线都列出来，逐条分析，选择最佳路线。图 5-8 是最常见的企业员工职业生涯规划通路图。

一般情况下，组织内部的生涯发展轨道越多，个人的发展机会就越多，对个人的发展就越有利。生涯路线的选择不是固定不变的，可能在一定时期出现交叉与转换，生涯路线的转换可以根据自身的情况与处境来决定。

（二）职业生涯策略

职业生涯策略是为保证职业生涯目标实现采取的各项措施，主要包括工作策略、学习与培训策略、人际关系策略和工作家庭平衡策略。制订职业生涯策略既要决定"应该做什么"，也要决定"不能做什么"，还要包括个人资源配置计划。

1. 工作策略　工作策略是指为了达成工作目标，计划采取的相应措施，以期提高工作效率，实现个人在工作中的良好表现与业绩。要在工作中展现与众不同的能力与业绩，必须学会提高工作效率，做好时间管理和个人绩效管理。

做好时间管理需要注意三个方面的问题：一是要高效率地利用时间，用自己效率最好的时间段来做最重要的事情。一天中效率最高的时间段一般是上午 9 ～ 11 点和下午 1 ～ 4 点；一周效率最高的时间一般是周二到周四；而一生中工作、创业的最佳时间段则是在 25 ～ 45 岁。二是要合理地配置时间。配置时间的关键是 20：80 定律，即用你 80% 的时间来做 20% 最重要的事情。因此一定要了解，对自己来说，决定生涯目标实现的哪些关键事件是最重要的、最有生产力的。根据事情的重要程度和时间的紧迫性来安排关键事件是一个基本的原则。重要且紧急的事情要快办、办好；紧急但不重要的事情要高效率地处理完；重要但不紧急的事情要好好准备，做到胸有成竹；不紧急也不重要的事情可以缓一缓，或者当成一种调剂。三是要切实合理地安排时间、安排计划，克服懒惰心理和逃避压力的潜意识。

董事会

总经理

专家	技术总监	副总经理	副总经理	销售总监
	技术经理	总监	总监	见习总监
工程师	专员	经理	总监助理	高级销售经理
		主管	经理	销售经理
	助理	代理主管	经理助理	见习销售经理
技术员		组长	主管	高级销售主管
		内勤员工		销售主管
		见习内勤员		销售员
		一线员工		见习销售主管
		见习员工		见习销售员

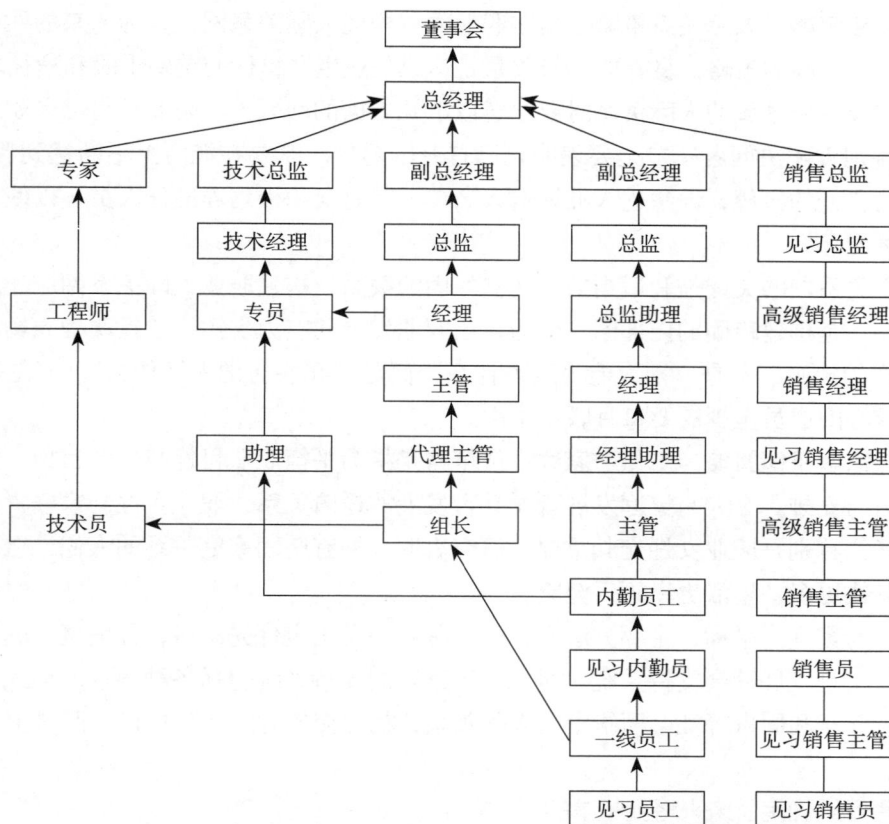

图 5-8 企业员工职业生涯通路图

可以把实现当前目标的关键事件进行轻重缓急的分类，并归类到图 5-9 中，再按照Ⅰ—Ⅱ—Ⅲ—Ⅳ的顺序实施。

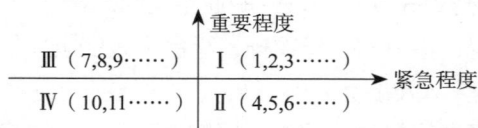

重要程度

Ⅲ（7,8,9……）｜ Ⅰ（1,2,3……）　紧急程度

Ⅳ（10,11……）｜ Ⅱ（4,5,6……）

图 5-9 关键事件轻重缓急归类

做好绩效管理可从三方面着手。一是在工作中建立明确的符合 SMART 原则的个人业绩目标。二是结合工作与目标要求主动改善工作。三是在工作中乐于助人，在确保个人绩效目标实现的情况下，尽量帮助别人，提高团队绩效和部门绩效。

2. 学习与培训策略 学习与培训策略是指计划采取相应的学习和培训措施，以期提高业务素质和个人潜能，如参加单位的教育、培训、轮岗等。另外也包括一些超出现实工作之外的前瞻性的准备，如参加业余培训班以便掌握额外的技能或专业知识等。

个人的培训计划需要考虑以下问题：组织或部门的目标是什么？达成这些目标，个人的工作或责任是什么？具体行为有哪些？完成这些行为时个人所缺乏的是什么？是技术、知识还是态度？并根据以上问题确定自己是否需要参加培训，参加什么级别和类型的培训。

知识与能力的形成非一日之功，根据职业生涯目标和阶段性目标的要求，超前进行知识学习和能力培养是十分必要的。知识经济和信息化社会，使得知识的半衰期不断缩短，知识的更新速度加快，因此，要想在社会发展与变革中处于有利的位置，实现职业生涯发展的目标，保持积极的竞争优势，就必须持续开展学习，养成终生学习的习惯。

3. 人际关系策略　人际关系策略是指在职业领域构建人际关系网络，为未来的发展寻找更广泛的支持与合作空间的策略。良好的人际关系是达成职业生涯目标的重要手段和途径。

在处理职业发展领域的人际关系时要注意以下几方面的问题：一是要让自己受欢迎。要在工作中尽可能替别人解决问题。二是要表明自己晋升的愿望。既要在能力上不断达到晋升的要求，又要表明自己晋升的愿望，设法进入准候选人名单。三是要积极培养继任人员，以使自己的晋升或调动成为可能。

成功建立关系网的关键是和适当的人建立稳固的关系，构建职业人际关系网应注意以下几个方面的技巧：一是构建稳固的内部圈，作为自己职业发展的有力支撑。二是明确立场。建造关系网络必须遵守的规则，不是"别人能为我做什么"而是"我能为别人做什么"。三是保持适当的联络。内部核心圈成员至少需要每月联系 1 次。

4. 工作与家庭平衡策略　工作与家庭平衡策略是指为平衡职业目标与生活目标、家庭目标等而做出的努力与安排。个人与家庭发展遵循并行发展的逻辑关系，职业生涯与家庭责任之间的平衡，对于职场人特别是职业女性尤其重要。研究表明，拥有坚固家庭关系的人们，比那些没有家庭支持的人赚钱更多，生活更幸福、健康。

维持工作与家庭的平衡，主要方法有如下几种：一是确定优先次序，弄清楚家庭生活与工作之间的重点。二是发展社会支持系统。对双职工家庭的支持系统包括各种各样的形式，扩展家庭成员、朋友、邻居和同事等社会网络中的人际关系，相互交换时间，帮忙提供照料服务。

【联结自我】

1. 你是否已经确定了未来将要从事的职业？

2. 你是否了解未来所从事的职业生涯发展模式？

3. 结合自己的实际，能否画一份未来生涯发展路线图？

4. 准备采取哪些策略来实现你的职业生涯目标？

5. 大学期间，将采取哪些策略来实现阶段性职业生涯目标？

6. 能否根据本学期的学习、生活和工作安排，结合个人的阶段性目标，运用时间管理和绩效管理的方法整理一份本学期的个人发展计划？

7. 能否根据图 5-9 关键事件轻重缓急归类，将你近三年内的关键事件进行轻重缓急排序，并填写表 5-10 关键事件细分表？

表 5-10　关键事件细分表

关键事件	关键事件细分	时间要求	事件类型（Ⅰ、Ⅱ、Ⅲ、Ⅳ）
1.	1. 2. 3.		
2.	1. 2.		
3.	1. 2. 3. 4.		
4.	1. 2. 3.		

三、保障职业生涯规划发展有效实施的措施

保障职业生涯目标实现的各项行动策略，需要有具体的行动计划与明确的措施，同时要明确每项计划的起止时间和考核目标。

1. 具体行动计划 首先要明确人生发展的总目标；其次是分别制订长期、中期和短期目标；最后要着眼当下，要问自己"现在应该去做点什么"，这是所有步骤中最重要的一步，因为它要求开始切实的行动。要避免实际行动中的两个陷阱：懒惰和错误。因此要列出详细的工作、学习计划。每年学什么，要列出具体科目；每年干什么，要列出具体项目。只有计划具体，职业生涯目标才有可能实现。

2. 具体措施 具体措施是指针对每项计划列出切实可行的具体措施。

3. 起止时间 起止时间是指明确每项计划的期限，约束自己按照计划实施，是非常重要的一个手段。

4. 考核指标 考核指标是指用来衡量计划是否完成的指标，设立考核指标是为了防止降低标准执行计划或拖延时间完成计划。

做到以上四点，需要采取必要的措施：

把计划、措施、时间进度、考核指标存入电脑，或贴在常见的地方，时刻提醒自己。

与你生活中的重要他人一起检查你的计划，吸纳他们有用的建议来改善计划。

向家人、同学和朋友公开自己的具体计划、措施、时间进度和考核指标，以督促自己行动。将你的计划以叙述的形式写下来，并把它解释清楚，用图表或曲线来展示。

经常评估计划、措施、时间进度和考核指标，必要时做出调整。

【联结自我】

将个人的计划分解成具体的步骤可以使实现生涯目标的过程更加可控，参考"简"的个人行动计划（表 5–11），以此模板做一个短期目标的行动计划。可以按下面步骤进行：

表 5–11 个人行动计划（IAP）模板

姓名： 简　　　　　　　　　　　　　　　　　　　　日期： 2016 年 12 月 22 日
目标：选择一个可以让我获得好成绩并找到好工作的专业

有助于我达到目标的行动	可以求助的人或信息资源	活动次序	日期	活动完成情况（打"√"）
与咨询师交谈	玛丽琳·阿比	1	6 月、7 月	
学习如何更好地做决策	了解某医院某科室临床大夫的入职要求	2	7 月 2 日	
完成决策制订	生涯课教材	9	7 月	
找出可能的专业	计算机辅助系统和教育机会搜索	3	7 月 8 日	
了解可能的专业	专业系统指南	4	7 月 8 日	
了解职业	生涯辅导系统和生涯图书馆资料	5	7 月 10 日	
与从业者交谈	生涯辅导中心在线网络	6	7 月 15 日～7 月 19 日	
与特定专业的辅导教师交流	奥尔特兹博士，楚博士	7、8	7 月 22 日、7 月 29 日	
完成转专业表格	本科生办公室	10	8 月 26 日之前	

（本表摘自《职业生涯发展与规划》，罗伯特里尔登等著，侯志瑾等译，中国人民大学出版社，2016 年 4 月）

1. 在个人行动计划表格的上端填写姓名和日期。

2. 在空格处写下行动目标。如"选择一个学校专业或找一个与我的专业对口的工作"。

3. 第一列，写出任何能想到帮你达到目标的行动。如："了解某医院某科室临床大夫的入职要求""与我所关心的领域的专业从业者交谈"，等。

4. 第二列，列出所有完成某个活动中所需要的人或信息资源，如"关于某专业临床大夫的职位描述"，或"能帮我找到潜在工作机会的人"等。

5. 回顾你写下的活动，在第三列中写出最先打算做哪件事，其次做什么，最后做什么，以此类推。注意，你在一个活动中所获得的信息会在下一个活动中用到。比如在"了解某医院某科室临床大夫的入职要求"之前，可能需要"与我所关心的领域的专业从业者交谈"。

6. 在第四列，写下打算完成这一活动的期限。这一步可以让你的计划更具体。

7. 当完成计划中的某一活动时，在第五列打上"√"。这样可以给你的进度提供反馈。

第四节　职业生涯规划的评估与调整

我们处在一个快速变化的时代，计划常常因变化而调整。在实现职业生涯目标的过程中，会有诸多因素影响到职业生涯规划的实施，影响因素有些可以预测，有些变化因素难以预测，这就要求我们不断反省并对规划的目标和行动方案及时进行评估、调整。评估与调整是一个再认识、再发现的过程，要时时注意客观环境与主体自我的变化，不断审视和调整自我，及时修正策略和目标。

一、职业生涯规划评估的内容

1. 评估的项目

（1）自我条件的重新剖析　在实践的基础上，重新认识自己，分析自己，找到自己的优势与不足。

（2）职业生涯目标评估　根据实际情况，重新思考与定位自己的人生与职业发展目标，使其更加适合自己，有利于自己的发展。

（3）生涯机会重新评估　通过对组织和社会环境的分析评估，确定自己是否适应组织或社会环境的变化，怎样来调整自己以适应组织和社会的需要。通过对组织环境的分析，评估组织内有哪些短期的发展机会。

（4）职业生涯路径评估　当出现更适合自身发展和职业生涯发展的机会或选择，而原定发展方向缺少发展前景的时候，就尝试调整发展方向。

（5）实施策略评估　根据新的情况和目标，重新制订和调整生涯发展策略，强化自己的优势，弥补自己的不足。

（6）其他因素评估　根据身体、家庭、经济状况及意外情况等，对职业生涯规划目标、策略等进行及时修正。

2. 评估的关键问题分析　职业生涯发展过程中如果出现问题，可以从以下方面进行分析与评估（表 5-12）。

表 5-12　评估的关键问题分析

问题发生领域	是家庭问题、自我问题还是工作问题？或者是其中两者或者三者的共同作用
问题的难度	是否学习新技能？是否需要全神贯注？是否需要个人改变态度与价值观

自己与组织的相互吻合情况	自己是否做出贡献，是否学会在组织内部找到适合自己的职业，并能在该领域中发挥专长？和其他组织及人员的团结协作怎样？组织对自己的职业生涯设计和自己制订的职业生涯规划是否有冲突

3. 评估的关键点　评估可以参照各类短期、中期预定目标，与实际结果进行对照。一般来说，任何形式的评估都可以归结为自我素质和行为对现实环境的适应性判断，分析自己现在与变化的环境之间的适应程度，找出偏差所在，并做出修正。

（1）抓住最重要的内容　在职业生涯的某一阶段，总有一个最重要的目标，其他目标都是指向这个核心的，在我们的评估过程中也不必面面俱到，抓住一两个关键的目标和主要的策略方案进行追踪，重点评估那些可能达到这个核心目标的主要策略执行的效果。

（2）分离出最新的需求　善于根据变化了的内外环境，发掘最新的趋势和影响。

（3）找到突破方向　有时候，在某一点上取得突破性进展将对整个局面发生意想不到的改变。想一想，先前职业生涯规划中的策略方案，哪一条对于目标的达成应该有突破性的影响？达到了吗？为什么没达到？如何寻求新的突破？

（4）关注弱点　管理学中的木桶理论认为，一只沿口不齐的木桶，其容量的大小，不取决于最长的那块木板，而取决于最短的那块木板。在职业生涯进程中要经常回过头来看，自己的不足和弱点在哪里，差距又在哪里？是否能够通过努力而有所改观？如果能够有所改观，需要付出多大的努力？

4. 评估的方法

（1）重温生涯目标　经常回顾自己的构想和行动规划，并时常提醒自己是否正在朝着预定目标前进。当你做出一个对生活和工作极其重要的决定时，请考虑一下总体构想和行动规划，并确保正在仔细考虑的决策与生涯目标相符。

经常问一问自己：正在做的事是最想要做的事吗？真的适合做这个职业吗？能如期完成既定目标吗？眼下是否将重心放在了最重要的地方？

（2）分析当前的实际情况与当初目标的吻合状态　确定一个精确的时间段，判断实际行为效果与期望值的偏差，探究导致失败结果的根本原因。

（3）运用结果修正完善目标　目标达成后，衡量结果与目标的差距，采取及时、适当的纠正措施，调整策略，改变行动。

【联结自我】

1. 根据以下助力与阻力分析表（表 5-13），对你实现现阶段目标的助力与阻力进行分析

表 5-13　助力与阻力分析表

推动你职业目标实现的积极因素	阻碍你职业目标实现的消极因素
1.	1.
2.	2.
能将积极因素最大化，将消极因素消除、最小化甚至转化为积极因素的行动	
1.	
2.	
对本阶段目标的自我分析与评估：	

2. 根据下表（表 5-14）对自己现阶段的职业生涯规划进行评估

表 5-14　职业生涯阶段目标评估表单

部门：　　　　　　　　　　　　　　　　　　　　　　　　　　　　　填表日期：___年___月___日

姓名		性别		身体状况		出生年月	
学历		专业		现任职务		所属部门	
参加过的培训							
个人优势							
个人劣势							
职业生涯目标		长期目标			完成时间		
		中期目标			完成时间		
		短期目标			完成时间		
职业生涯路线选择							
阶段目标（2～3 年）		具体内容与实施		起止时间		需要的支持	
		1.					
		2.					
		3.					
今年规划							
现阶段需要辅导的目标							

二、职业生涯规划的反馈与调整

职业生涯进行评估的目的是针对职业发展及时反馈和修正职业生涯规划，反馈与调整是职业生涯规划的重要环节，也是保障职业生涯规划能否持续实施的关键环节。只有通过反馈与调整，才能保证目标的合理性和措施的有效性，才能使职业生涯规划得到不断完善，并最终促使生涯目标的实现。

1. 反馈与调整的时机　实施生涯规划时，必须为日后可能的计划修改预留余地，修正的依据是每次评估后反馈回来的信息。至于调整的时机，必须考虑下列四点。

（1）定期检测预定目标的达成进度时。

（2）每一阶段目标达成之时，要依据实际效果，修订未来阶段目标可采用的策略。

（3）客观环境的改变影响到计划的执行时。

（4）有效的生涯规划还要不断地反省修正，反省策略方案是否恰当，以能适应环境的改变，同时可以作为生涯规划修正参考的依据。

2. 调整的思路和方法

（1）PDCA 循环法　PDCA 循环法又叫戴明循环，是对职业生涯规划进行管理的必要手段，即每个职业生涯规划阶段性目标的实现都需要经历规划（plan）、实施（do）、检查（check）与行动改善（action）四个步骤。不同的步骤间紧密相联，形成封闭的循环链条。当一个 PDCA 循环完成时，下一个 PDCA 循环又会开始，从而为职业生涯管理提供一个长期的、持续的支持与反馈活动。

（2）目标管理法（MBO）　目标管理法是美国学者彼得·德鲁克提出的。在职业生涯管理中，需要灵活运用目标管理法对人生目标与阶段性目标进行管理，以确保自己的行动朝着目标方向努力并实现目标。主要包括 4 个方面的内容：

设定目标（set objective）。目标的内容要兼顾结果与过程，要明确目标责任者和协调关系，并能综合配置相应的资源，支持目标的实现。

制订工作计划（business plan）。强调自主、自治和自觉。最重要的内容是设计阶段性目标，提出达成阶段目标的策略和方法。

定期进行"进展总结"（review progress）。定期对目标实施状况进行检查，分析现状预期与目标的差距，找到具体措施弥补差距，达到目标。

在目标任务终止期，进行总体性的生涯发展绩效评估（career performance evaluation）。如果没有达成目标，要分析原因，如果超出预期，要分析成功的原因，并总结分享。

【联结自我】

1. 对目前所处的职业生涯发展阶段进行评估。

2. 根据评估结果反馈的信息，你认为自己的职业生涯目标是否需要做出调整？如果需要，应该在哪些方面做出调整？

三、追求职业成功

"职业成功"，顾名思义，就是单指在职业方面的成功，也就是人们通常说的"事业成功"。职业成功并不仅仅包括客观方面的成功——也就是人们通常所认为的获得巨大的财富、显赫的头衔、较高的社会声望等，而且还包括主观方面的成功——个人在工作经历中逐渐积累和获得的积极的心理感受。或者说，职业成功从内容上看主要由两部分组成：心理上的积极感受和客观上的成就。

（一）职业成功的主客观标准

关于职业成功的客观标准，最有代表性的当数尼格（Nigel Nicholson）等学者的观点。他们认为，客观成功是由职业旅途中所取得的可证实的、可观察到的价值成果所构成。他们把客观职业成功限定在两个重要方面——资源和其他能够获得优势的条件。他们提出了客观成功的六个指标：

（1）等级位置（地位和头衔）。

（2）物质成功（财富、财产、收入能力）。

（3）社会声誉与尊敬、威望、影响力。

（4）知识与技能。

（5）友谊、社交网络。

（6）健康与幸福。

他们认为，在各种社会环境中，以上这些指标都是非常重要的。虽然它们的排列顺序可能会随着不同的环境而有所变化，但是无论如何地位都是最重要的因素，在各个社会中都排在最前列。这也许是因为地位是一个综合性的指标，拥有社会地位就拥有了获得各种资源的条件和机会。另外，这六个指标都存在逻辑与功能上的联系，如果你拥有其中一项，就有机会得到其他五项。

主观职业成功是个体对自己职业发展结果的积极评价和认同。主观职业成功作为一种个人性的主观体验，往往与个体的内在需要与价值观紧密相关，只有能够满足自己内在需要并符合自我价值观的职业发展结果或工作经历，才会带给个体积极的情绪体验，从而感受到"职业成功"。

有学者通过文献研究总结出如下六个评价主观职业成功的指标：

（1）对于取得的成就感到骄傲。

（2）内在的工作满意。

（3）自尊。

（4）对工作角色或制度承诺。

（5）恪守相互关系。

（6）精神上感到满足。

但是，以上观点也仅仅是一种观点而已，到目前为止，对于职业成功的标准还没有一个得到广泛认可的权威方案。也有学者认为，对自己的工作不满意的人，不太可能觉得自己的职业是成功的，因此工作满意度是衡量主观职业成功最重要的依据。而对一个人主观职业成功的评价，可以通过对其实施职业满意度测量来进行。

（二）追求职业成功的基本原则

职业成功是实现人生价值的重要途径，也是绝大多数人的重要人生目标。那么，如何才能实现这一目标呢？正如前述，职业成功受多种因素影响，而且一个人的人生际遇、职业生涯发展充满了各种偶然性和变化，因而很难说有什么必然的法则。但是，这也并不等于说，成功完全没有规律可循，完全靠命运的安排。相反，无数的人生实践提示我们，职业成功是具有一些带有普遍意义的规律的。特别是对于即将开始职业生涯的大学生来说，深刻认识、认真遵循这些规律，从而坚持一些基本原则，对于将来在职业道路上取得成功，具有非常重要的意义。

1. 树立正确的人生观、价值观和职业观　正如前述，职业成功的标准有主观与客观之分，同时又具有时代性、多元性和比较性，因而并不是绝对和一成不变的。这就意味着，如何理解职业成功、如何评价自己是否成功，同一个人的人生观、价值观有着非常密切的关系。一个人要追求职业成功，首先要确立正确的人生观、价值观和职业观。要在承认自己个人功利需要的前提下，坚持爱国主义、集体主义的人生观；要树立满足个人需要和满足社会需要相平衡、实现自我价值和实现社会价值相统一的价值观；要树立既为追求个人理想而努力，也为人民服务、为国家和社会无私奉献的职业态度。只有这样，才不至于在追求职业成功的道路上迷失方向。

2. 做好职业生涯规划和职业选择　如果说树立正确的人生观和职业观是取得职业成功的前提，那么，做好职业生涯规划和职业选择就是取得职业成功的基础。职业生涯规划是引领一个人职业发展的"地图"和"指南"，如果"地图"或"指南"错了，职业道路就成了盲目的摸索，必然会走许多弯路甚至错路。因此，大学生在读书期间，就应该认真做好职业生涯规划。首先，要对自己有一个客观、全面的认识。要清楚认识自己的人格特征、兴趣爱好和能力特长，了解自身的各种优势与劣势。其次，要对自己将来可能从事的职业领域有全面的了解，对职业的工作内容、特征、要求、发展前景等充分认识。第三，在此基础上，通过深刻反思，寻找自我与职业的最佳匹配，从而确立明确清晰的职业理想和职业目标。第四，结合社会现实条件和自身实际，选择一个既符合职业生涯规划，又现实可行的职业和岗位，并积极投入工作。

3. 不断提高专业知识水平和实践能力　任何职业本质上都是劳动，职业发展过程本质上就是一个通过劳动来不断创造价值的过程，职业成功本质上就是社会对一个人劳动付出的认可和回报。因此，一个人的职业技能，也就是劳动技能是否高超就成了决定他在职场中的竞争力是否强大，从而也就是能否取得职业成功的关键性因素。实力不够、本领不强，却又渴望成功，即使职业生涯规划得再好，理想再远大，只能是白日做梦。

所以，大学生要想在未来的职业生涯中发展更加顺利，最后取得成功，就一定要练就一身真本领。这就需要在校期间必须端正学习态度，刻苦学习，打好理论基础；博览群书，拓展自己的知识视野；认真进行实验、实训、见习、实习等各种教学实践活动，提高动手能力；积极参加各种社会实践活动和校园文化活动，提高自己的综合素质和社会适应能力；参加工作后，爱岗敬业，认真工作，不断积累经验。还要有"活到老，学到老"的精神，一刻都不忘记提高自己的综合竞争力，使自己始终处于最优秀者的行列。

4. 及时转换角色，适应职业环境 俗话说："良好的开端是成功的一半。"对于职业成功来说，良好的开端，就是刚刚参加工作、进入职场时对职业环境的适应。特别是对于那些从未有过职场经验的大学生来说，能否适应职业环境，直接关系到今后的职业发展道路是否顺畅，以及最终是否能取得成功。

资料链接

明尼苏达工作适应理论

明尼苏达工作适应论（the Minnesota theory of work adjustment，TWA）是心理学家罗圭斯特与戴维斯（Lofquist & Dawis）在对个体工作适应问题进行多年研究后提出的一种理论。

该理论认为，个人与工作之间存在互动的关系，每个人都会通过这种互动努力寻求个人与工作环境之间的符合性。当工作环境能满足个人需求时，个人会感到"内在满意"；当个人能满足个人的需要时，个人能够达到"外在满意"；而当个人能够同时达到内在满意和外在满意时，个人与工作环境的关系就比较融洽，工作满意度也比较高，在工作领域也能得到长久的发展。但是，个人的需求和工作的要求都不是固定不变的，而是会随时间、经济形势等的变动而发生变动，个人和工作的符合度也会因此而需要不断调整。一旦符合程度较低时，将导致升迁、调职、解雇或辞职等结果。而这些结果又必然导致新的工作环境出现，进而面临人与工作环境新的互动关系形成。

明尼苏达工作适应理论可用以下模式图（图5-10）说明。

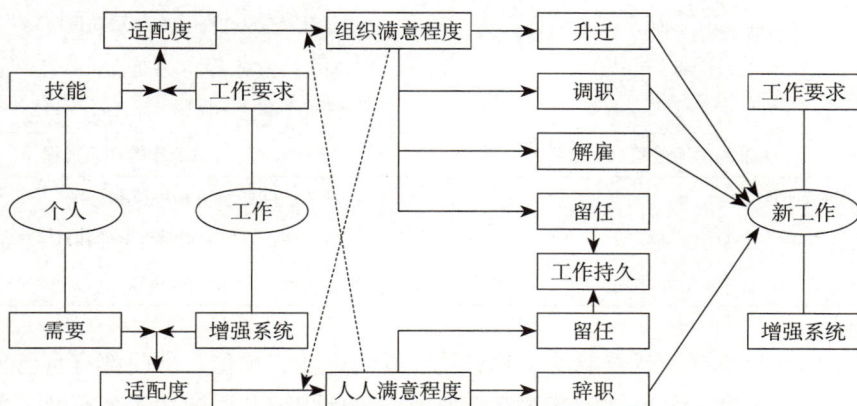

图 5-10 明尼苏达工作适应理论

那么，一个刚刚毕业的大学生，如何做好职场适应呢？最主要的，是要及时转换角色。在现实生活中，因为所处的具体环境不同，每个人都需要扮演众多不同的角色，如孩子、学生、父亲（母亲）、医生、朋友、妻子（丈夫）、下属、上司等。对每个角色，社会都有不同的期待，要求其承担不同的社会责任，遵守不同的活动规则。一个人若能自觉顺从这些期待，积极承担起相应的责任，自觉遵守这些规则来行动，人们就会认为他成功扮演了这个角色，就会接纳他，从而就会以友好的态度对待他。这样，我们就说他已经较好地适应了相应的环境。相反，如果一个人不能很好地顺从这些期待，无法承担起相应的责任，不遵守相应的行为规则，人们就认为他没有扮演好这个角色，就不会接纳他，从而就不会以友好的态度对待他。这样，我们就说他没有较好地适应相应的环境。有关调查发现，有相当一部分大学生在初入职场时，常常因为适应不良，而出现岗位无法胜任、人际关系紧张、心理痛苦等问题，甚至引发一些职业挫折事件或心理疾病。究其原因，关键在于这些大学生长期处于家庭、学校的环境中，已经完全适应了孩子、学生的角色，而进入职场，生存环境突然发生改变后，由于对职业角色缺乏认识，没有做好角色转换的心理准备，导致旧的认知和行为模式同新环境、新角色的要求发生冲突，从而引发职业适应不良。

那么，如何预防或解决职业适应不良问题呢？最重要的，就是要及早、充分认识到大学环境和工作环境的根本不同（表 5–15），了解职业角色的具体内容和责任要求，从而在进入职场后，及时转换角色，调整自己的思想观念和行为方式。具体而言，关键要做到以下两方面。

表 5–15　大学环境与工作环境比较

大学文化	工作文化
1. 弹性的时间安排	1. 更固定的时间安排
2. 能够逃课	2. 不能旷工
3. 更有规律、更个别的反馈	3. 无规律和不经常的反馈
4. 长假和自由的节假休息	4. 没有暑假，节假休息很少
5. 对问题有正确答案	5. 很少有问题的正确答案
6. 教学大纲提供清晰的任务	6. 任务模糊、不清楚
7. 分数上的个人竞争	7. 按团队业绩进行评估
8. 工作循环周期较短：每周 1～3 次班级会面，每学期为 17 周	8. 持续数月或数年的更长时间的工作循环
9. 奖励以客观性标准和优点为基础	9. 奖励更多是以主观性标准和个人判断为基础
你的教授	**你的老板**
1. 鼓励讨论	1. 通常对讨论不感兴趣
2. 规定完成任务的交付时间	2. 分派紧急的工作，交付周期很短
3. 期待公平	3. 有时很独断，并不总是公平
4. 知识向导	4. 结果（利益）向导
大学的学习过程	**工作的学习过程**
1. 抽象性、理论性的原则	1. 具体的问题解决和决策制订
2. 正规的、结构性的和象征性的学习	2. 以工作中发生的临时性事件和具体事实的生活为基础
3. 个人化的学习	3. 社会性、分享性的学习

（1）自觉遵守职场规范，适应职场文化环境　任何行业、单位、部门都有自己独特的事业理念、道德准则、规章制度、办事规则等规范性要求，这些规范共同塑造了各行业、单位部门独特的文化环境。任何一个初入职场者，首先必须适应这种职场文化环境。因此，大学生毕业进入职场后，首先要做的，就是了解、学习这些规范，并且主动、自觉地遵守这些规范。当然，刚开始按照这些规则行事时，往往会有一些不适应，但是，一定要意识到这是职业适应的必由之路，要求自己一定要咬紧牙关，迈过这个坎。而当你一旦迈过这个坎，就会发现，自己在不知不觉中，已经同所在职场的文化高度融合，因此而逐渐褪去了当年的"书生气"，变成了一个更具风采和成熟气息的"职业人"。

（2）妥善处理人际关系，适应职场人际环境　人是社会性动物，离不开同他人的联系。现代社会高度组织化、网络化，绝大多数职业都是通过团队分工合作进行集体劳动，因而现代职业人更加离不开与他人的联系。大量的研究和无数的人生经验都表明，良好的人际关系是职业成功的重要保障。在现代职场中，单打独斗的"独行侠"成功的概率越来越小。因此，大学生要适应职场环境，一个重要的任务，就是要处理和周围相关人士的关系。职场上的人际关系表面上看似乎非常复杂，但实质上最主要的不外乎以下三种：

①同上级的关系：与上司相处，最基本的原则是"忠诚"和"敬重"。要听从上司的意见，服从上司的工作指令。要向上司及时请示和汇报工作。要对上司心存敬意，时刻表现出恭敬的态度，不管人前人后，都不能说上司的坏话，更不能对上司表面一套背后一套、阳奉阴违。如果对上司有意见或不满，要坦诚而和颜悦色地和上司沟通，通过充分沟通来取得相互求同存异和充分磨合，不要伤害上司的"面子"，更不能和上司顶撞、对抗。

②同平级的关系：与平级的同事交往，最基本的原则是"坦诚"和"信义"。要和同事主动交往、积极沟通，加强彼此了解，建立适度友谊，避免不交往、不合群。要积极配合同事的工作，合作过程中要讲信用、守约定。有意见或不同观点，要坦诚交流，避免背后议论、说长道短。要公道做事，公平竞争，不要采用一些不正当的手段来与同事争权夺利，更不要"耍手段""玩阴招"。

③同下级的关系：与下级交往，最基本的原则是"关爱"和"激励"。要时刻意识到，自己同下属在职权上有上下之分，而在人格上是彼此独立、相互平等的。要经常同下属谈心、交流，促进相互了解，减少误会和隔膜。布置任务时要耐心细致，交代清楚，不要随意下命令或粗暴指挥。要多以身作则、以上率下，通过自己的榜样作用感染、带动下属，而不要随意使用命令、强迫、指责、处罚的手段驱使下属，更不能辱骂、羞辱下属。下属遇到困难时，要及时帮助。下属出现错误时，要及时批评指正，但要用平和的方式，以理服人，不要发脾气。要主动承担责任，不要推诿迁怒，让下属代己受过。

5. 爱岗敬业，勤奋工作，不懈努力　职业成功的本质是社会对一个人劳动付出的认可和回报。因此，按照一般规律，只有劳动付出足够多、劳动成果积累到足够的程度，才有可能获得较高的回报，也就是说，成功必然是努力劳动的结果。

事实上也是这样，如果我们审视一下周围各个成功人士的成功经历：无论是从走街串巷搞推销开始、经历过许多次创业失败打击的商界巨子马云，还是无数次拍片受伤、几次险些丧命的巨星成龙，无论是在荒凉的大沙漠中几十年隐姓埋名、艰难探索的"两弹一星"科研工作者群体，抑或是经过长年累月艰辛训练、最后在奥运赛场上为国争光的奥运健儿……尽管行业有不同、成功有先后，但无不是经过了长期、大量、艰辛的付出。就算是我们身边那些令人羡慕的"学霸"、那些在"挑战杯"等赛场上摘金夺银的学生精英之类的小小成功者，也无不有超出常人的努力和付出。

但是，现在确有一些人，也包括部分大学生，一面无比羡慕着各个成功人士头上的光环，一面却对他们背后的艰辛努力和漫长积累视而不见。他们梦想着只要想个什么好点子就能立马变成百万富翁，只要辛苦两三年就能即刻成为成功人士、社会精英。这种浮躁的心态和急功近利的想法，实质上就是一种幼稚天真不成熟，是一种缺少社会历练和人生经验的表现。

所以，大学生要想取得职业成功，就一定要把这种浮躁的心态和急功近利的想法彻底抛弃，以一种平和淡定的心态进入职场。进而，要忠于自己的职业目标，尽职尽责，不懈追求，不怕困难，绝不轻言放弃。要全情投入，勤奋工作，绝不懈怠偷懒、敷衍应付。要始终保持积极向上的职业心态，专心致志，严肃认真，快乐工作，避免职业倦怠。要有打持久战的思想准备，淡泊名利，平心静气，坚持到底。

6. 加强角色管理，保持角色平衡　正如前述，在现实生活中，每个人都要扮演众多不同的社会角色，而且都必须扮演好。而任何一个角色要想扮演好，都必须付出时间和精力。于是，就会不可避免地出现一个问题：如果时间和精力顾不过来，发生其他角色和职业角色相冲突的情况时，该怎么办呢？

这个问题，其实是大多数职业人士都会面临的问题。我们说，要解决好这一问题，首先必须明白一个道理：职业成功并不等于人生幸福，或者说，职业成功仅仅是人生幸福的内容或指标之一。而人生幸福才是我们的最高目标。因此，尽管为了事业而牺牲生活的其他方面，甚至牺牲个人幸福，某种角度看是值得赞扬，却并不应该鼓励、提倡。在正常情况下，我们还是应该做到人生各个方面、各种角色都要兼顾，从而实现最大程度的人生幸福。另一方面，我们也应该认识到，职业角色和其他角色并不一定是必然冲突的，相反，如果处理得好，二者还会相互促进。比如，一个人如果家庭角色扮演得好，夫妻恩爱、父慈子孝、阖家和睦，他一定会心情快乐，从而会以更加饱满的精神投入到事业中，也就更有利于职业成功。相反，如果家庭角色扮演不好，家庭成员间关系不睦、情感冷漠，他的心情一定长期痛苦、焦虑，也就无法很好地从事职业活动，影响职业成功。因此，即使为了职业成功，我们也应该学会管理自己的各种社会角色，维持好各个角色间的平衡与协调。

首先，要加强时间管理，合理规划自己的任务和日程，为工作、学习、家庭、社交、娱乐等生活内容都预留下必要的时间。其次，要学会理财，在合理规划时间的同时，还要为相关生活内容合理安排资金预算。再次，要培养自己的业余爱好和生活情趣，从而使自己更好地在人际交往、家庭生活、休闲娱乐等活动中实现价值、享受快乐，让自己的生活变得丰富多彩。

【教学案例】

中国第一位诺贝尔生理学或医学奖获得者——屠呦呦

屠呦呦，1930 年 12 月 30 日出生于浙江宁波。她小时候曾多次目睹中药治病的奇特疗效，因而对中药产生了浓厚兴趣。1951 年，她如愿考入北京医学院（现北京大学医学院），所选专业正是她最感兴趣的生药学。在大学 4 年期间，她努力学习，取得了优良的成绩。1955 年，大学毕业，她被分配到卫生部直属的中医研究院（现中国中医科学院）工作。

当时，中医研究院创建不久，工作条件差，设备简陋，工作中困难重重。又正好那些年，屠呦呦的健康状况不太好，患有结核等慢性疾病。但是她并不畏惧困难和病痛，而是满腔热情地投入工作。由于工作出色，1958 年，她被评为卫生部社会主义建设积极分子。

1959 年，屠呦呦参加卫生部举办的"全国第三期西医离职学习中医班"。两年半时间里，她不但系统地学习了中医药知识，还参加了临床学习，深深感受到中医理论与临床实践相结合的重要性。她还主动深入药材公司，向老药工学习，对药材的品种真伪和道地质量，以及炮制技术都有了较深刻的认识。

疟疾是种严重危害人类生命健康的世界性流行病，据世界卫生组织（WHO）报告，全世界约数 10 亿人口生活在疟疾流行区，每年 2 亿余人患疟疾，百余万人死于疟疾。因疟原虫对喹啉类药物已产生抗药性，所以，疟疾的防治重新成为世界各国医药界的研究课题。60 年代以来，美、英、法、德等国花费大量人力和物力，寻找有效的新结构类型化合物，但始终没有满意的结果。1967 年 5 月 23 日，我国政府紧急启动"疟疾防治药物研究工作协作"项目，组织全国 7 大省、市全面开展这项工作。

从中草药中寻找抗疟新药一直是整个工作的主流，但是，通过对数千种中草药的初步筛选，却没有任何重要发现。就在国内外都处于困境的情况下，1969年2月，屠呦呦被任命为"523"项目中医研究院科研组长，接受了中草药抗疟研究的艰巨任务。

屠呦呦临危受命，面对的是无法想象的困难和挑战，但她并没有退缩。她首先通过查阅历代医籍、地方药志，走访老中医专家，搜集群众来信等途径，整理了一个从2000余方药中选编的以640种药物为主的抗疟方药集，然后，在此基础上，进行实验研究，组织鼠疟筛选。然而，筛选过大量样品，均未发现好的苗头，研究陷入僵局。

到底是哪个环节出了问题呢？屠呦呦再一次转向古老中国智慧，重新在经典医籍中细细翻找。她不停地阅读，突然，晋代医家葛洪《肘后备急方》中的一行字牢牢地抓住了她的目光："青蒿一握，以水二升渍，绞取汁，尽服之。"一语惊醒梦中人，她马上意识到问题可能出在常用的"水煎"法上，因为高温可能会破坏药物的有效成分，她随即另辟蹊径采用低沸点溶剂进行实验。

屠呦呦夜以继日地埋头于实验室，反复进行抗疟实验研究。终于在1971年10月4日，课题组在经历了190次失败之后，在第191次低沸点实验中发现了抗疟效果为100%的青蒿提取物。

青蒿素治疗疟疾在动物实验中获得了完全的成功，那么，它对人类也有效吗？作用于人类身上是否安全有效呢？为了尽快确定这一点，屠呦呦和她的同事们勇敢地充当了首批志愿者，在他们自己身上进行实验。尽管在当时没有关于药物安全性和临床效果评估程序的情况下，这是他们用中草药治疗疟疾获得信心的唯一办法，但是，这种做法给她们的身体造成的痛苦和风险是一般人无法接受的。

在自己身上实验获得成功之后，屠呦呦和她的课题组深入到海南地区，进行实地考察和临床试验。从1972年至1978年，共治疗2099例疟疾患者，全部获得临床痊愈，使青蒿素真正成为一种令人瞩目的新结构类型抗疟新药。

1978年，青蒿素抗疟研究课题荣获全国科学大会"国家重大科技成果奖"；1979年，获国家科委授予的发明奖。1984年，青蒿素的研制成功被中华医学会等评为"建国35年以来20项重大医药科技成果"之一。由于屠呦呦在科研工作的出色成绩，1987年，世界文化理事会授予她阿尔伯特·爱因斯坦世界科学奖状。

这些成就并未让屠呦呦止步，1992年，针对青蒿素成本高、对疟疾难以根治等缺点，她又发明出双氢青蒿素这一抗疟疗效为前者10倍的"升级版"。

2005年，世界卫生组织宣布把青蒿素综合疗法作为在世界各地预防和治疗疟疾的基本策略。迄今，青蒿素已挽救了全世界无数人的生命，其中大多数为非洲的儿童。

2015年10月，屠呦呦获得2015年诺贝尔生理学或医学奖。

"我想这个荣誉不仅仅属于我个人，也属于我们中国科学家群体。"屠呦呦在发表诺贝尔奖获奖感言时这样说。

案例分析问题：

1.屠呦呦在职业生涯中遇到过哪些选择机会？她是怎样选择的？

2.你认为屠呦呦算得上职业成功吗？你的评价依据是什么？

3.你认为屠呦呦取得成功的原因有哪些？

4.屠呦呦的职业经历对你自己最重要的启发有哪些？

第五节   撰写职业生涯规划书

大学生职业生涯规划书是大学生对自己职业生涯规划的书面表达，通过书面形式将职业规划发展目标及选择、实施计划及行动方案等呈现出来。职业生涯规划书的书写过程能使大学生更充分认识和理解职业生涯发展目标和选择，引导大学生更好地规划自己的职业，坚定自己的信念，为实现职业目标做准备。

一、职业生涯规划书的构成要素

大学生职业生涯规划书的写作格式是多样的，可以按照自己的个性和需要选择不同的格式进行书写。一份优秀的职业生涯规划书应该对个人职业生涯做全面详尽的分析阐述和规划，大学生能根据自我剖析、职业世界认知、决策职业发展目标，设计自己的职业生涯规划书，使自己的职业生涯规划得到充分的展示。当然，大学生撰写职业生涯规划书，在张扬个性的同时，还要遵循规划书的基本范式并涵盖基本要素。撰写职业生涯规划书的基本要素主要包括以下几点：

（一）标题

标题是指大学生职业规划书的基本情况说明，主要包括姓名、专业、年龄跨度、规划时间阶段和目标职业等。

（二）自我剖析

全面、深入、客观地分析和了解自己，是职业规划书的核心要素。自我剖析主要是在依据心理学的测评软件对自己的心理素质、性格特征、职业能力和职业倾向等进行测评的基础上，结合自己的兴趣、爱好、价值观及学习和工作经历等加以综合评价。因此，自我剖析主要包括：个人素质测评、自我分析、职业性格测评、学习实践经历和自身处境分析等。

1. 个人素质测评   主要借助心理测评软件进行个人素质测评，包括心理素质测评、人格测评、能力测评和职业倾向测评等，可以为自己提供一个相对客观的评估，作为职业规划的重要参考依据。

2. 自我评价   主要是对自己客观的评价，包括个人兴趣爱好、性格特点、个人潜质、具备的技能、身心健康状况、个人追求和价值观等。当然为了证明自己评价的正确、全面和客观性，在撰写职业规划书时可以适度增加周围人对自己的一些评价。下表是一位大四中医学专业学生在职业规划书中对自己性格特点的评价，而且将形成的原因做了简要说明，给人以更高的可信度。

表 5-16   自我性格的评价

性格表现	形成原因
亲和力强，善于沟通，组织协调能力强	大学期间长期担任学生干部，是连接老师和同学们的"桥梁"，培养了我清晰的思维表达和组织协调能力
开朗活泼，处事果断	平时喜欢读书，喜欢交友；善于思考，不人云亦云
谦虚谨慎，做事踏实，为人诚实	我并不是一个顽固的人，在发现自己某方面确实有认识的偏差和理论的错误后会真诚地道歉并虚心地接受教导
环境适应性强，独立性较高	一直在外求学，锻炼了我的适应能力及独立性

3. 以往经历与目前处境分析　主要包括以往学习、实践经历，特别是对自己今后职业发展有直接影响的学习内容和社会实践等；按照生涯发展理论划分，大学生活应属于生涯的哪个阶段、应为就业做哪些准备等；同时还包括与自己的职业生涯发展密切相关的一些环境因素分析，如家庭、亲友和以往经历等对自己职业影响较大的人和事。

（三）外部环境分析

外部环境分析是指大学生在进行职业生涯规划时，应全面、客观地分析和了解自己将来所从事职业面临的环境。外部环境涉及范围广泛，大学生在撰写职业规划书时，一般包括职业的社会环境分析和从事的职业及该职业所在的行业分析。

1. 职业的社会环境分析，主要包括政策机制、经济、文化、人们价值观和职业环境等。由于社会环境涉猎广泛，因此在撰写职业生涯规划书时，应选择与自己职业生涯发展密切相关的因素加以分析，突出重点。

2. 对未来希望从事的职业及该职业所在的行业进行分析，这是职业生涯规划书的重点。在撰写时要尽可能全面准确地掌握将要从事的职业及其所在行业的信息，对将要从事的职业及其所在的行业进行认真、详细和科学分析，并加以梳理、归纳和总结。分析至少包括：职业的特点及其要求、目前从业人员的情况、所在行业发展前景和趋势、该职业今后的发展前景和趋势。

（四）职业发展目标设定

职业发展目标设定就是在自我剖析和对外部环境分析的基础上，明确自己的职业发展目标。职业发展目标的抉择是以专业技能、性格特点、兴趣爱好和外部环境等条件为依据的。一般来讲，职业发展目标需要通过职业来实现，大学生职业发展目标其实就是就业目标，大学生撰写职业生涯规划书，不应该泛泛而谈想到哪个行业或者是哪个城市就业，应该具体到某一个具体岗位作为参考值，根据具体岗位的要求来不断完善自己。对于大学生来说，在撰写职业生涯发展目标时，至少要把握以下几个方面：

1. 职业发展目标设定应当客观，大学生所设定的职业生涯发展目标，应该以客观事实为依据，必须考虑自己的兴趣、爱好、能力、专业、价值观是否与岗位匹配，同时还要考虑是否符合社会经济发展、组织发展的要求。

2. 职业发展目标设定应恰到好处，目标的设定也要根据自身才能"量身定做"，既不能太高也不能太低。目标过高，给人以好高骛远的感觉，最终无法实现，增加自己的挫折感，比如在课堂上进行了一次现场调查，全班80%以上的学生把自己的职业目标设定为大学教授、职业经理人和公务员，这与当前大学生就业情况不相符；目标过低，对自己的职业发展没有任何指导价值，失去职业规划的意义。

3. 职业发展目标设定应明确具体，明确的职业目标具有激励作用，因此职业发展目标设定应该相对具体，能使自己清楚如何做、做什么。当然，也可以在一定的范围内选定几个备用目标，这样可以留有调整的余地。

4. 既要有总目标也要有分目标，在设定自己未来职业发展目标时，既要有具有挑战性和现实性的长远总目标，也要在此基础上对总目标进行分解，如按照时间可以分解为短、中、长期目标，按照侧重点不同，可以分解为内、外目标等。

（五）实施策略

实施策略是指通过各种行之有效的措施与行动确保职业目标的实现。撰写职业生涯规划书，主要目的就是为实现自己的职业生涯发展目标制订一个详细、切实可行的行动计划和策略方案。这就要求大学生在大学阶段对自己的学业进行合理规划，为将来的就业择业做好充分准备。

1. 行动计划要以职业目标为准绳　制订行动计划是为实现就业目标服务的，不是为了参加职业规划大赛，更不是为了应付检查评比。在制订行动计划时要找出自己的不足和差距，对照职业目标有针对性地采取行动，使自己的每一步行动都朝目标走近一点。

2. 根据目标需求制订行动策略　在制订行动策略时，要围绕目标职业和目标岗位的要求进行选择，比如根据目标对个人知识、技能和人际交往能力的要求，确定自己的行动策略。对于大学生来说，在校期间主要是进行知识的积累和能力的锻炼，在大学毕业初期能够顺利实现自己的就业目标，最终实现个人的职业生涯发展目标。

3. 平衡各个生涯角色，使其协调发展　每个人在现实中承担的角色非常多，比如在公司是员工，在家庭是儿女、是父母等，不同角色满足不同的价值实现。在撰写职业生涯规划书时，结合自己的价值观把不同角色下的发展目标协调统一起来，避免出现目标冲突。

4. 行动计划要清晰准确　职业生涯规划书必须清晰明了，有利于执行。另外，行动策略和行动计划毕竟不是工作日程安排，因此必须注意繁简合理、详略得当，不能写成工作日志。

二、职业生涯规划书的实施与反馈

职业生涯规划书撰写结束后，并不代表职业生涯规划的完成，而是要进入职业生涯规划的具体实施阶段。职业生涯规划实施过程是动态发展的，职业生涯规划实施的关键是要制订具体的行动计划，包括实施步骤、时间安排，以及实施职业生涯规划书可利用的资源。要尽可能预测到可能遇到的困难，尽可能把实施成本和风险降低。

职业生涯规划书实施的另一项核心任务是建立定期评估机制。如果发现问题，应及时评估调整，避免该问题影响职业生涯规划书的顺利实施。同时，对职业生涯规划书中各项目标、行动策略等有效的、可执行的内容也应该进行反馈，为后续职业生涯规划书的实施提供指导。

三、职业生涯规划书的修正与完善

职业生涯规划实施过程是动态发展的，职业定位目标与实施计划也会根据内外环境的变化不断地做出调整，作为职业生涯规划的书面形式——职业生涯规划书，也应该随之做出相应的修正与完善。

（一）修正的内容

职业生涯规划书在修正时主要以职业生涯规划评估与调整为依据，因此，修正的主要内容一般包括：职业目标的重新选择、职业生涯路线的选择、阶段目标的修正、实施措施与行动计划的变更等。

（二）影响修正的主要因素

环境因素是第一因素。环境因素主要包括社会环境、政治环境、经济环境、科技环境、自然环境和法律环境等。从宏观层面认识到职业生涯发展的局限和可能，个人只能适应而很难改变。

组织因素是第二因素。包括组织规模、组织结构、组织文化、组织发展状况、人力资源规划、人力资源管理系统类型、晋升政策和人际关系等，一切与职业生涯发展有关的组织因素。要改变组织因素非常困难，但个人可以选择到最适合自己发展的组织中工作。个人因素是第三因素。包括年龄、学历、工作经历、家庭背景和人格等。一方面要正确认识自己，另一方面要不断完善自己。

在职业生涯规划中，组织和个人只能适应第一因素，正确认识和分析第二、第三因素，寻求个人发展和组织要求的最佳匹配。

【联结自我】

1. 职业生涯规划书的构成要素。

2. 职业生涯规划书的应用。

3. 职业生涯规划书修正的主要内容。

4. 结合个人实际，写一份个人职业生涯规划书。

【教学案例】

受父母的熏陶，王文琦从小就对医生职业充满好感。高考刚结束时，王文琦和两个要好的同学相约一起考医学院校，将来做医生，并在医院工作10年后自己出来开医院。后来，三人都考上了当地知名的医科大学。大学期间，性格内敛、沉稳的王文琦一心想做一名外科医生，并计划着考取研究生以便实现自己外科医生的梦想。但在毕业实习时遇到了其实习医院的洪院长，跟着洪院长查房，上门抄方，与患者交流沟通，她慢慢改变了想法，爱上了心内科。洪院长鼓励她先工作，积累经验后，再有针对性地选择进修。王文琦听从洪院长的意见，毕业后留在了医院心内科做医生。

工作后，王文琦发现临床工作远远不是自己想象中的美好。工作压力之大，医患关系之紧张，也经常让自己感到动摇。但是医学的博大精深还是深深地吸引着她，特别是看到患者康复后的喜悦和感激，这种成就感使得她越来越热爱医生这份职业。医院里有许多德高望重的前辈，王文琦虚心向他们学习，不断加强医患沟通技巧。慢慢地也赢得了患者的信任，为自己积攒了良好的口碑。

工作3年后，王文琦萌发了继续进修的念头。与家人商量后，她决定边工作边考取研究生。正在这时，医院有一个去美国进修的机会。再三考量之下，王文琦认为自己考研和去国外进修的目的都是为了提高自己的专业水平，但去美国进修更能让自己接近心内科的学术前沿，且自己还年轻，这时候去进修是最合适的。至于学历，她可以回国后选择在职攻读研究生。国外进修使王文琦了解了心内科的前沿学术知识，并且结识了许多心内科专业一流的专家学者，为王文琦以后的学术发展和临床研究奠定了良好的基础。回国后，王文琦又继续攻读了在职硕士和博士研究生，成为科室里第一个医学博士，并在工作12年后成为心内科主任。

工作期间，王文琦结合自己的专业知识在自己的微博上开设了科普专栏，深入浅出地讲授心内科疾病的成因及预防、保健、诊疗知识。日积月累，竟然打出了一定的知名度，许多媒体健康节目也经常邀请她去做讲座，在当地成了小有名气的"网红"。

十多年过去了，王文琦虽然没有和其他几位好友实现自己开医院的梦想，但是三人一直坚守在医疗的岗位上。三人偶尔还是会感慨一下自己的梦想，但是他们也深深地知道，自己热爱着当下的工作。

案例分析问题：

1. 你认为王文琦在做最初的职业生涯决策的时候，存在哪些不够周全的地方？为什么？

2. 王文琦最初的职业生涯目标是什么？她是否达到了？

3. 王文琦最终的职业生涯目标是否达到了？这一职业生涯目标与她最初的职业生涯目标是否一致？是什么让她改变了自己最初的职业生涯目标？

4. 王文琦在实现职业生涯目标的过程中都运用了哪些策略？这些策略是否有效？

实践探索

初入职场，许多职场新人可能都会遇到意想不到的困难，职场人际关系的复杂，绩效考核的压力，晋升渠道的不明确，许多职场新人都会经历着理想与现实的差距，有的人会及时调整职业生涯发展目标，并制订相应实施策略达到目标，而有的人则会处于迷茫和困惑中，裹足不前。

请运用在本章中所学习的职业生涯决策和发展策略理论综合分析：

1. 如何避免初入职场的不适应？

2. 如果出现理想与现实的差距，你准备用什么策略和措施来达到自己的目的？

霍兰德职业倾向测试

霍兰德职业兴趣理论具有广泛的应用价值，目前已经在教育、培训、企业管理等领域得到越来越多的应用。本测试由我国学者结合中国实际进行了修订。

本测试将帮助你发现和确定自己的职业兴趣和能力特长，从而更好地做出求职择业的决策。如果你已经考虑好或选择好了自己的职业，本测试将使你的这种考虑或选择具有理论基础，或向你展示其他合适的职业；如果你至今尚未确定职业方向，本测试将帮助你根据自己的情况选择一个恰当的职业目标。本测试共有七个部分，每部分测试都没有时间限制，但请尽快按要求完成。

第 1 部分　你心目中的理想职业（专业）

对于未来的职业（或升学进修的专业）你也许早有考虑，它可能很抽象、很朦胧，也可能很具体、很清晰。不管是哪种情况，现在请你把最想干的三种工作或最想读的三种专业，按顺序写下来。

1.
2.
3.

第 2 部分　你所感兴趣的活动

下面列举了一些十分具体的活动。这些活动无所谓好坏，如果你喜欢去参加（包括过去、现在或将来），就请在相应题号上的"是"项中打"√"，如果不喜欢就请在"否"一栏内打"×"。

注意，这一部分测验主要想确定你的职业兴趣，而不是让你选择工作，你喜欢某种活动并不意味着一定要从事这种活动。不必考虑过去是否干过和是否擅长这种活动，只根据你的兴趣直接判断即可。请务必做完每一题。

R 型：实际性活动	是	否	A 型：艺术性活动	是	否
1. 装配修理电器或玩具			1. 素描 / 制图或绘画		
2. 修理自行车			2. 参加话剧 / 戏剧		
3. 用木头做东西			3. 设计家具 / 布置室内		
4. 开汽车或摩托车			4. 练习乐器 / 参加乐队		
5. 用机器做东西			5. 欣赏音乐或戏剧		

续表

R 型：实际性活动	是	否	A 型：艺术性活动	是	否
6. 参加木工技术学习班			6. 看小说 / 读剧本		
7. 参加制图描图学习班			7. 从事摄影创作		
8. 驾驶卡车或拖拉机			8. 写诗或吟诗		
9. 参加机械和电气学习班			9. 参加艺术（美术 / 音乐）培训		
10. 装配修理机器			10. 练习书法		
统计"是"一栏得分计			统计"是"一栏得分计		
I 型：调研性活动			**S 型：社会性活动**		
1. 读科技图书和杂志			1. 学校或单位组织的正式活动		
2. 在实验室工作			2. 参加某个社会团体或俱乐部活动		
3. 改良水果品种，培育新的水果			3. 帮助他人解决困难		
4. 调查了解土和金属等物质的成分			4. 照顾儿童		
5. 研究自己选择的特殊问题			5. 出席晚会、联欢会、茶话会		
6. 解算术或玩数学游戏			6. 和大家一起出去郊游		
7. 物理课			7. 想获得关于心理方面的知识		
8. 化学课			8. 参加讲座或辩论会		
9. 几何课			9. 观看或参加体育比赛和运动会		
10. 生物课			10. 结交新朋友		
统计"是"一栏得分计			统计"是"一栏得分计		
E 型：事业性活动			**C 型：常规性活动**		
1. 说服鼓动他人			1. 整理好桌面和房间		
2. 卖东西			2. 抄写文件和信件		
3. 谈论政治			3. 为领导写报告或公务信函		
4. 制订计划、参加会议			4. 检查个人收支情况		
5. 以自己的意志影响他人的行为			5. 参加打字培训班		
6. 在社会团体中担任职务			6. 参加算盘、文秘等实务培训		
7. 检查与评价他人的工作			7. 参加商业会计培训班		
8. 结交名流			8. 参加情报处理培训班		
9. 指导某种目标的团体			9. 整理信件、报告、记录等		
10. 参与政治活动			10. 写商业贸易信		
统计"是"一栏得分计			统计"是"一栏得分计		

第 3 部分　你所擅长并获胜的活动

下面列举了若干种活动，其中你能做或大概能做的事，请在"是"栏里打"√"；反之，在"否"栏里打"×"。请回答全部问题。

R 型：实际性活动	是	否	A 型：艺术性活动	是	否
1. 能使用电锯、电钻和锉刀等木工工具			1. 能演奏乐器		
2. 知道万用表的使用方法			2. 能参加二部或四部合唱		

续表

R 型：实际性活动	是	否	A 型：艺术性活动	是	否
3. 能够修理自行车或其他机械			3. 独唱或独奏		
4. 能够使用电钻床、磨床或缝纫机			4. 扮演剧中角色		
5. 能给家具和木制品刷漆			5. 能创作简单的乐曲		
6. 能看建筑设计图			6. 会跳舞		
7. 能够修理简单的电气用品			7. 会绘画、素描或书法		
8. 能修理家具			8. 会雕刻、剪纸或泥塑		
9. 能修理收录机			9. 能设计板报、服装或家具		
10. 能简单地修理水管			10. 写得一手好文章		
统计"是"一栏得分计			统计"是"一栏得分计		
I 型：调研性活动			**S 型：社会性活动**		
1. 懂得真空管或晶体管的作用			1. 有向各种人说明解释的能力		
2. 能够列举三种蛋白质多的食品			2. 常参加社会福利活动		
3. 理解铀的裂变			3. 能和大家一起友好相处地工作		
4. 能用计算尺、计算器、对数表			4. 善于与年长者相处		
5. 会使用显微镜			5. 会邀请人、招待人		
6. 能找到三个星座			6. 能简单易懂地教育儿童		
7. 能独立进行调查研究			7. 能安排会议等活动顺序		
8. 能解释简单的化学			8. 善于体察人心和帮助他人		
9. 理解人造卫星为什么不落地			9. 帮助护理患者和伤员		
10. 经常参加学术会议			10. 安排社团组织的各种事务		
统计"是"一栏得分计			统计"是"一栏得分计		
E 型：事业性活动			**C 型：常规性活动**		
1. 担任过学生干部并且干得不错			1. 会熟练地打印中文		
2. 工作上能指导和监督他人			2. 会用外文打字机或复印机		
3. 做事充满活力和热情			3. 能快速记笔记和抄写文章		
4. 能有效利用自身的做法调动他人			4. 善于整理保管文件和资料		
5. 销售能力强			5. 善于从事事务性的工作		
6. 曾作为俱乐部或社团的负责人			6. 会用算盘		
7. 向领导提出建议或反映意见			7. 能在短时间内分类和处理大量文件		
8. 有开创事业的能力			8. 能使用计算机		
9. 知道怎样做能成为一个优秀的领导者			9. 能搜集数据		
10. 健谈善辩			10. 善于为自己或集体做财务预算表		
统计"是"一栏得分计			统计"是"一栏得分计		

第 4 部分　你所喜欢的职业

下面列举了多种职业，请逐一认真地阅读，如果是你有兴趣的工作，请在"是"栏里打"√"；如果是你不太喜欢、不关心的工作，请在"否"栏里打"×"。请回答全部问题。

R 型：实际性职业	是	否	S 型：社会性职业	是	否
1. 飞机机械师			1. 街道、工会或妇联干部		
2. 野生动物专家			2. 小学、中学教师		
3. 汽车维修工			3. 精神病医生		
4. 木匠			4. 婚姻介绍所工作人员		
5. 测量工程师			5. 体育教练		
6. 无线电报务员			6. 福利机构负责人		
7. 园艺师			7. 心理咨询员		
8. 长途公共汽车司机			8. 共青团干部		
9. 火车司机			9. 导游		
10. 电工			10. 国家机关工作人员		
统计"是"一栏得分计			统计"是"一栏得分计		
I 型：调研性职业			**E 型：事业性职业**		
1. 气象学或天文学者			1. 厂长		
2. 生物学者			2. 电视片编制人		
3. 医学实验室的技术人员			3. 公司经理		
4. 人类学者			4. 销售员		
5. 动物学者			5. 不动产推销员		
6. 化学者			6. 广告部长		
7. 数学学者			7. 体育活动主办者		
8. 科学杂志的编辑或作家			8. 销售部长		
9. 地质学者			9. 个体工商业者		
10. 物理学者			10. 企业管理咨询人员		
统计"是"一栏得分计			统计"是"一栏得分计		
A 型：艺术性职业			**C 型：常规性职业**		
1. 乐队指挥			1. 会计师		
2. 演奏家			2. 银行出纳员		
3. 作家			3. 税收管理员		
4. 摄影家			4. 计算机操作员		
5. 记者			5. 簿记人员		
6. 画家、书法家			6. 成本核算员		
7. 歌唱家			7. 文书档案管理员		
8. 作曲家			8. 打字员		
9. 电影电视演员			9. 法庭书记员		
10. 电视节目主持人			10. 人口普查登记员		
统计"是"一栏得分计			统计"是"一栏得分计		

第 5 部分　你的能力类型简评

　　下面两张表是你在 6 个职业能力方面的自我评定表。你可以先与同龄人比较自己在每一方面的能力，然后经斟酌后对自己的能力进行评估。请在表中适当的数字上画圈。数字越大，表示你的能力越强。注意，请勿全部写同样的数字，因为人的每项能力不可能完全一样。

表 A

R 型	I 型	A 型	S 型	E 型	C 型
机械操作能力	科学研究能力	艺术创作能力	解释表达能力	商业洽谈能力	事务执行能力
7	7	7	7	7	7
6	6	6	6	6	6
5	5	5	5	5	5
4	4	4	4	4	4
3	3	3	3	3	3
2	2	2	2	2	2
1	1	1	1	1	1

表 B

R 型	I 型	A 型	S 型	E 型	C 型
体育技能	数学技能	音乐技能	交际技能	领导技能	办公技能
7	7	7	7	7	7
6	6	6	6	6	6
5	5	5	5	5	5
4	4	4	4	4	4
3	3	3	3	3	3
2	2	2	2	2	2
1	1	1	1	1	1

第 6 部分　统计和确定你的职业倾向

请将第 2 部分至第 5 部分的全部测试分数按前面已统计好的 6 种职业倾向（R 型、I 型、A 型、S 型、E 型和 C 型）得分填入下表，并做纵向累加。

测试	R 型	I 型	A 型	S 型	E 型	C 型
第二部分						
第三部分						
第四部分						
第五部分 A						
第五部分 B						
总分						

请将上表中的 6 种职业倾向总分按大小顺序依次从左到右排列：
　　型、　　型、　　型、　　型、　　型、　　型。
选出你的职业 3 代码（得分处于前 3 位的字母）。

第7部分　你所看重的东西——职业价值观

这一部分测试列出了人们在选择工作时通常会考虑的9种因素（见所附工作价值标准）。现在请你选出其中最重要的两项因素，并将序号填入下边相应的空格上。

最重要：_____　　　其次重要：_____

最不重要：_____　　其次不重要：_____

附：工作价值标准

1. 工资高，福利好。

2. 工作环境（物质方面）舒适。

3. 人际关系良好。

4. 工作稳定，有保障。

5. 能提供较好的受教育机会。

6. 有较高的社会地位。

7. 工作不太紧张，外部压力小。

8. 能充分发挥自己的能力特长。

9. 社会需要与社会贡献大。

以上全部测试完毕。

现在，将你测试得分居前三位的职业类型字母顺序列出，组成属于你的职业兴趣代号，对照下面的"霍兰德职业索引"判断自己是否真的喜欢索引中所列的职业。

得分最高的职业类型意味着最适合你。比方说，假如你在I型上得分最高，说明你适合做自然科学方面的研究工作，如气象研究、生物学研究、天文学研究等，或科学杂志编辑。其余类推。

如果最适合你的工作和你在第1部分所写的理想工作之间不太一致，或者在各种类型的职业上你的能力和兴趣不相匹配，那么请你参照第7部分——你的职业价值观来做出最佳选择。

R 型（现实型）：木匠、农民、操作 X 光的技师、工程师、飞机机械师、鱼类和野生动物专家、自动化技师、机械工（车工、钳工等）、电工、无线电报务员、火车司机、长途公共汽车司机、机械制图员、机器修理工、电器师。

I 型（研究型）：气象学者、生物学者、天文学家、药剂师、动物学者、化学家、科学报刊编辑、地质学者、植物学者、物理学者、数学家、实验员、科研人员、科技书刊作者。

A 型（艺术型）：室内装饰员、图书管理员、摄影师、音乐教师、作家、演员、记者、诗人、作曲家、编剧、雕刻家、漫画家。

S 型（社会型）：社会学者、导游、福利机构工作者、咨询人员、社会工作者、社会科学教师、学校领导、精神病工作者、公共保健护士。

E 型（企业型）：推销员、进货员、商品批发员、旅馆经理、饭店经理、广告宣传员、调度员、律师、政治家、零售商。

C 型（常规型）：记账员、会计、银行出纳、法庭速记员、成本估算员、税务员、核算员、打字员、办公室职员、统计员、计算机操作员、秘书。

下面介绍由三个字母组成的职业兴趣代号的使用方法。根据你的职业兴趣代号，在下面找出相应的职业，例如你的职业兴趣代号是 RIA，那么牙科技术员、陶工等是适合你兴趣的职业。然后寻找与你职业兴趣代号相近的职业，如你的职业兴趣代号是 RIA，那么，其他由这三个字母组合成的编号（如 IRA、IAR、ARI 等）对应的职业也较适合你的兴趣。

RIA：牙科技术员、陶工、建筑设计员、模型工、细木工、制作链条人员。

RIS：厨师、林务员、跳水员、潜水员、染色员、电器修理工、眼镜制作工、电工、纺织机器装配工、服务员、装玻璃工人、发电厂工人、焊接工。

RIE：各类工程技术员、制图员、家政经济人员、计量员、农民、农场工人、农业机械操作员、清洁工、无线电修理工、汽车修理工、手表修理工、管工、线路装配工、工具仓库管理员。

RIC：船上工作人员、接待员、杂志保管员、牙医助手、制帽工、磨坊工、石匠、机器制造人员、机车（火车头）制造人员、农业机器装配工、汽车装配工、缝纫机装配工、钟表装配和检验、电动器具装配、鞋匠、锁匠、货物检验员、电梯机修工、托儿所所长、钢琴调音员、装配工、印刷工、建筑人员、钢铁工人、卡车司机。

RAI：手工雕刻工、玻璃雕刻工、制作模型人员、家具木工、皮匠、手工绣花工、手工钩针纺织工、排字工、印刷工、装订工。

RSE：消防员、交通巡警、警察、门卫、理发师、房间清洁工、屠夫、锻工、开凿工人、管道安装工、出租汽车驾驶员、货物搬运工、送报员、勘探员、娱乐场所的服务员、起卸机操作工、灭害虫者、电梯操作工、厨房助手。

RSI：纺织工、编织工、农业学校教师、某些职业课程教师（诸如艺术、商业、技术、工艺课程）、雨衣上胶工。

REC：水表抄写员、保姆、实验室动物饲养员、动物管理员。

REI：轮船船长、航海领航员、试管实验员。

RES：旅馆服务员、家畜饲养员、渔民、渔网修补工、水手长、收割机操作工、行李搬运工、公园服务员、救生员、登山导游、火车工程技术员、建筑工人、铺轨工人。

RCI：测量员、勘测员、仪表操作者、农业工程技师、化学工程技师、民用工程技师、石油工程技师、资料室管理员、探矿工、煅烧工、烧窑工、矿工、保养工、磨床工、取样工、样品检验员、纺纱工、炮手、漂洗工、电焊工、锯木工、刨床工、制帽工、手工缝纫工、油漆工、染色工、按摩工、木匠、农民建筑工人、电影放映员、勘测员助手。

RCS：公共汽车驾驶员、一等水手、游泳池服务员、裁缝、建筑工人、石匠、烟囱修建工、混凝土机械操作工、电话修理工、爆破手、邮递员、矿工、裱糊工人、纺纱工。

RCE：打井工、吊车驾驶员、农场工人、邮件分类员、铲车司机、拖拉机司机。

IAS：普通经济学家、农场经济学家、财政经济学家、国际贸易经济学家、实验心理学家、工程心理学家、心理学家、哲学家、内科医生、数学家。

IAR：人类学家、天文学家、化学家、物理学家、医学病理或动物标本制作者、化石修复者、艺术品管理者。

ISE：营养学家、饮食顾问、火灾检查员、邮政服务检查员。

ISC：侦察员、电视播音室修理员、电视修理人员、验尸官、编目录者、医学实验技师、调查研究者。

ISR：水生物学者、昆虫学者、微生物学家、配镜师、矫正视力者、细菌学家、牙科医生、骨科医生。

ISA：实验心理学家、普通心理学家、发展心理学家、教育心理学家、社会心理学家、临床心理学家、皮肤病学家、精神病学家、妇产科医师、眼科医生、五官科医生、医学实验室技术专家、民航医务人员、护士。

IES：细菌学家、生理学家、化学专家、地质专家、地球物理学专家、纺织技术专家、医院药剂师、工业药剂师、药房营业员。

IEC：档案保管员、保险统计员。

ICR：质量检验技术员、地质学技师、工程师、法官、图书馆技术辅助人员、计算机操作员、医院听诊员、家禽检查员。

IRA：地理学家、地质学家、声学物理学家、矿物学家、古生物学家、石油学家、地震学家、声学物理学家、原子和分子物理学家、电学和磁学物理学家、气象学家、设计审核员、人口统计学家、数学统计学家、外科医生、城市规划家、气象员。

IRS：流体物理学家、物理海洋学家、等离子体物理学家、农业科学家、动物学家、食品科学家、园艺学家、植物学家、细菌学家、解剖学家、动物病理学家、作物病理学家、药物学家、生物化学家、生物物理学家、细胞生物学家、临床化学家、遗传学家、分子生物学家、质量控制工程师、地理学家、兽医、放射性治疗技师。

IRE：化验员、化学工程师、纺织工程师、食品技师、渔业技术专家、材料和测试工程师、电气工程师、土木工程师、航空工程师、行政官员冶金专家、原子核工程师、陶瓷工程师、地质工程师、电力工程师、口腔科医生、牙科医生。

IRC：飞机领航员、飞行员、物理实验室技师、文献检查员、农业技术专家、动植物技术专家、生物技师、油管检查员、工商业规划者、矿藏安全检查员、纺织品检验员、照相机修理者、工程技术员、编计算程序者、工具设计者、仪器维修工。

CRI：簿记员、会计、记时员、铸造机操作工、打字员、按键操作工、复印机操作工。

CRS：仓库保管员、档案管理员、缝纫工、讲述员、收款人。

CRE：标价员、实验室工作者、广告管理员、自动打字机操作员、电动机装配工、缝纫机操作工。

CIS：记账员、顾客服务员、报刊发行员、土地测量员、保险公司职员、会计师、估价员、邮政检查员、外贸检查员。

CIE：打字员、统计员、支票记录员、订货员、校对员、办公室工作人员。

CIR：校对员、工程职员、海底电报员、检修计划员、发报员。

CSE：接待员、通讯员、电话接线员、卖票员、旅馆服务员、私人职员、商学教师、旅游办事员。

CSR：运货代理商、铁路职员、交通检查员、办公室通信员、簿记员、出纳员、银行财务职员。

CSA：秘书、图书管理员、办公室办事员。

CER：邮递员、数据处理员、办公室办事员。

CEI：推销员、经济分析家。

CES：银行会计、记账员、法人秘书、速记员、法院报告人。

ECI：银行行长、审计员、信用管理员、地产管理员、商业管理员。

ECS：信用办事员、保险人员、各类进货员、海关服务经理、售货员、采购员、会计。

ERI：建筑物管理员、工业工程师、农场管理员、护士长、农业经营管理人员。

ERS：仓库管理员、房屋管理员、货栈监督管理员。

ERC：邮政局长、渔船船长、机械操作领班、木工领班、瓦工领班、驾驶员领班。

EIR：科学、技术和有关周期出版物的管理员。

EIC：专利代理人、鉴定人、运输服务检查员、安全检查员、废品收购人员。

EIS：警官、侦察员、交通检验员、安全咨询员、合同管理者、商人。

EAS：法官、律师、公证人。

EAR：展览室管理员、舞台管理员、播音员、驯兽员。

ESC：理发师、裁判员、政府行政管理员、财政管理员、工程管理员、职业病防治人员、售货员、商业经理、办公室主任、人事负责人、调度员。

ESR：家具售货员、书店售货员、公共汽车驾驶员、日用品售货员、护士长、自然科学和工程的行政领导。

ESI：博物馆管理员、图书管理员、古迹管理员、饮食业经理、地区安全服务管理员、技术服务咨询者、超级市场管理员、零售商品店店员、批发商、出租汽车服务站调度。

ESA：博物馆馆长、报刊管理员、音乐器材售货员、广告商、书画销售员、导游、轮船司务长、空乘服务员、船员、法官、律师。

ASE：戏剧导演、舞蹈教师、广告撰稿人、报刊专栏作者、记者、演员、英语翻译。

ASI：音乐教师、乐器教师、美术教师、管弦乐指挥、合唱队指挥、歌星、演奏家、哲学家、作家、广告经理、时装模特。

AER：新闻摄影师、电视摄影师、艺术指导、录音指导、丑角演员、魔术师、木偶戏演员、骑士、跳水员。

AEI：音乐指挥、舞台指导、电影导演。

AES：流行歌手、舞蹈演员、电影导演、广播节目主持人、舞蹈教师、口技表演者、喜剧演员、模特。

AIS：画家、剧作家、编辑、评论家、时装艺术大师、新闻摄影师、演员、文学作者。

AIE：花匠、皮衣设计师、工业产品设计师、剪影艺术家、复制雕刻品大师。

AIR：建筑师、画家、摄影师、绘图员、环境美化工、雕刻家、包装设计师、陶器设计师、绣花工、漫画工。

SEC：社会活动家、退伍军人服务官员、工商会事务代表、教育咨询者、宿舍管理员、旅馆经理、饮食服务管理员。

SER：体育教练、游泳指导。

SEI：大学校长、学院院长、医院行政管理员、历史学家、家政经济学家、职业学校教师、资料员。

SEA：娱乐活动管理员、国外服务办事员、社会服务助理、一般咨询者、宗教教育工作者。

SCE：部长助理、福利机构职员、生产协调员、环境卫生管理员、戏院经理、餐馆经理、售票员。

SRI：外科医师助手、医院服务员。

SRE：体育教师、职业病治疗师、体育教练、专业运动员、房管员、儿童家庭教师、警察、引座员、保姆。

SRC：护理员、护理助理、医院勤杂工、理发师、学校儿童服务人员。

SIA：社会学家、心理咨询者、学校心理学家、政治科学家、学院系主任、大学各学科教师、研究生助教、成人教育教师。

SIE：营养学家、饮食学家、海关检查员、安全检查员、税务稽查员、校长。

SIC：描图员、兽医助手、诊所助理、体检工作人员、缓刑犯监督员、娱乐活动策划人、咨询人员、社会科学教师。

SIR：理疗员、救护队工作人员、手足病医生、职业病治疗助手。

16 种职业性格类型的特点及适合的职业领域

ISTJ（稽查员）	ISFJ（保护者）	INFJ（咨询师）	INFP（导师）
性格特点： ·严肃，有责任感 ·严谨，勤奋，有条不紊且专心致志 ·能记住细节，并对细节很有判断力 ·喜欢事情被切实而清楚地安排好	性格特点： ·忠诚，投入，对他人的情感有敏锐的感觉 ·愿意把事情清楚而明确地安排好 ·比较保守，有传统观念 ·安静且谦逊，认真严肃，工作努力	性格特点： ·生活在一个充满想法的世界中，是独立的思考者 ·相信自己的想法和决定，就算面对别人的质疑 ·忠诚，有责任心，理想化 ·全力维护人际关系，避免冲突 ·认真思考后再行动，在同一时间只做一件事情 ·重感情，有同情心，有非常强的愿望为大家做贡献	性格特点： ·把内在的和平看得比什么都重要 ·比较通融，较有容忍力，适应性强 ·思路开阔，好奇心强，有洞察力，富有远见 ·一旦做出选择就约束自己去完成 ·对他人的情感十分在意，避免冲突 ·能很好地把自己的情感表达出来，通常表现得沉着而冷静
适合的职业领域： ·商业 ·销售／服务 ·教育 ·法律／应用科学 ·卫生保健	适合的职业领域： ·卫生保健 ·社会服务／教育 ·商业／服务 ·设计／技术	适合的职业领域： ·咨询／教育 ·宗教 ·创造性的职业 ·健康保健／社会服务 ·商业 ·技术服务	适合的职业领域： ·创造性的职业／艺术 ·教育／咨询 ·宗教 ·健康保健 ·技术服务
ESTJ（督导）	**ESFJ（提供者）**	**ENFJ（教师）**	**ENFP（激发者）**
性格特点： ·喜欢做决定 ·很实际，对具体的事物更感兴趣 ·生活很有原则 ·外向，直爽而友好	性格特点： ·喜欢通过直接的行动与合作给他人提供实际的帮助 ·非常重视与他人的关系 ·很实际且有条理 ·谨慎而传统	性格特点： ·把人和人际关系看得比什么都重要 ·对自己敬仰的人、事业和工作单位非常忠诚 ·有一种自我批评的倾向，很少在公共场合批评他人 ·做决定的时候常基于自己的感觉 ·富有同情心，能够理解、支持、扶助他人	性格特点： ·充满热情并富有新思想 ·看重事情的含义，并且把大部分选择都留着 ·有想象力，适应性强，并且很警觉 ·精力充沛，喜欢面对和解决问题 ·总是避免矛盾，崇尚和睦
适合的职业领域： ·营销／服务 ·科学技术／自然 ·物理 ·管理 ·专业人员	适合的职业领域： ·卫生保健 ·社会服务／咨询 ·商业 ·销售／服务业 ·文书	适合的职业领域： ·信息传播 ·咨询顾问 ·教育／服务业 ·卫生保健 ·商业／咨询 ·技术服务	适合的职业领域： ·创造性职业 ·营销／策划 ·教育／咨询 ·健康保健／社会服务 ·企业／商业 ·技术服务

续表

ISTP（操作者）	SFP（艺术家）	INTJ（智多星）	INTP（设计师）
性格特点： ·诚实且实际，更喜欢行动而不是言语 ·善于分析，对客观含蓄的原理感兴趣 ·好奇心强，善于观察，只信服坚实可信的事实 ·安静而沉默	性格特点： ·更习惯于用行动表达自己的感受 ·其实非常热情，但不喜表现出来 ·有耐心，易通融，不对别人发号施令 ·完全着眼现在，喜欢享受现在的经验而不是迅速冲向下一个挑战 ·没有领导别人的欲望，往往是忠实的跟随者和合作伙伴	性格特点： ·追求完美，对自己和别人要求都很严格 ·喜欢以自己的方式做事 ·具有创造性思维、杰出的洞察力和远见 ·如果主意或计划是自己提出的，会投入难以置信的精力、专心和动力	性格特点： ·善于处理概念性问题 ·外表安静，深藏不露，独立 ·常常投入地思考问题，是天才而有创意的思考者 ·对创造性地寻找解决问题的办法感兴趣
适合的职业领域： ·销售/服务/活动 ·技术 ·健康护理 ·商业/金融 ·"手工"/贸易	适合的职业领域： ·手工艺/技工 ·健康护理 ·科学技术 ·销售/服务 ·商业	适合的职业领域： ·商业/金融 ·技术 ·教育 ·健康保健/医药 ·专业性职业 ·创造性职业	适合的职业领域： ·电脑应用及开发 ·健康护理及技术 ·专家/商业 ·学术研究 ·创造性职业
ESTP（发起者）	SFP（示范者）	ENTJ（统帅）	ENTP（发明家）
性格特点： ·从不担心，是天生的乐天派 ·极端现实，相信自己的感受带给他们的信息 ·重视行动而不是言语 ·友好，受欢迎，在社交场合中很放松，感到自由	性格特点： ·经常以单纯而不怕难为情的方式给别人带来快乐 ·适应性强，随遇而安 ·现实的观察者，能够看到并接受事物的本来面目 ·能够容忍并接受自己和别人，而且不喜欢把自己的意愿强加给别人	性格特点： ·不轻易批评别人，而且不喜欢说"不" ·善于做决定 ·注重真理，只有经过逻辑推理之后才会信服 ·在做计划和研究新事物时很系统化 ·善于组织群众，乐意把自己的想法与他人分享	性格特点： ·喜欢挑战 ·事业心强 ·机警而坦率，可以从任何角度找出问题所在 ·喜欢测试周围的限度 ·通常能用自己的热情打动别人加入到自己的事业中
适合的职业领域： ·销售/服务 ·金融 ·娱乐/体育 ·商贸/手工类 ·商业	适合的职业领域： ·教育/社会服务 ·健康护理 ·娱乐业 ·商业 ·服务业 ·环境科学家	适合的职业领域： ·商业 ·金融 ·咨询/培训 ·专业性职业 ·技术	适合的职业领域： ·企业家/商人 ·销售/创作 ·计划和开发 ·政治

规划执行人：王某

起草地点：某中医药大学 3 公寓 5 楼卧薪斋

完成时间：2021 年 10 月 10 日 22：45

规划年限：2021 年 11 月～ 2044 年 12 月

【职业规划书目录】

6. 理财能力测试报告

7. 恋爱婚姻能力测试报告

8. 时间管理能力测试报告

9. 价值观排序结果

10. MBTI 职业性格测试报告

11. 校友李某、蔡某、钟某的访谈记录

12. 与女友关于个人职业发展的交谈回忆录

13. 某电器公司销售中心张总、某乳业公司市场部马经理的采访录音文字版

14. 关于医药营销行业状况与国家政策的文献分析结果

15. 模拟应聘中对营销人员素质要求的认识总结

16. 我的职业草稿蓝图分析素材

17. 职业长期目标 SWOT 分析结果

王某职业规划书

【前言】

我是谁，是个人生的大问题。在过去的许多年里，别人希望我成为好学生、好儿子、好公民、好朋友，我很努力，却不断为自己是谁而苦恼。我曾用成绩、用人品向他人证明我是谁，却仍然对未来的我感到一片茫然。今天，我不再满足成为他人眼中的"我"，我要用自己的行动告诉他人我将会是谁，而这份规划书将是我人生新的起点。

一、职业总体目标

25 年内成为年利润过亿中药企业的 CEO。

二、自我生涯诊断结果

在关于自我的分析中，我尽可能客观、全面地了解自己，不但采用了自我访谈记录、成就故事法、24 小时活动记录、霍兰德职业兴趣测试、网上职业能力倾向测评、MBTI 职业性格测试等工具，还采访了我的父母和其他亲友、3 位学校里的老师、2 位社团负责人、2 位我打工单位的领导，了解他们对我的印象及对我职业发展的建议，综合自我评价结果和以上人士的意见，对自我得到如下分析结果：

1. 职业性格

MBTI 结果显示，我的个性类型是 ENPF 型，是那种思维活跃、充满热情的人。我是天生的智多星，具有较强的洞察力，重视人际关系，盲区是兴趣容易转移，喜欢同时开展多项工作，对自己喜欢干的事专心，对于不感兴趣的事则容易走神，做事有时虎头蛇尾。我认为测评结果基本与我相符，与老师、同学的反映也一致。他们说我团队精神强，思路开阔，学习上我考试很少得满分，对于有挑战的项目会做得很好，对于自己已经掌握的内容反而容易丢分。爸爸说我小的时候想法很奇特，我的玩具很多，新玩具一旦玩会了就不再理会。甚至女朋友认为我总喜欢看别的女孩子是很不好的习惯（其实我一点也不花心）。这些可能都与这种性格有关。MBTI 建议我的职业领域有五类：第一类是创造性职业，如当记者、编辑和图片设计师来发挥我的创造力；第二类是营销策划类职业，如做公关专家、营销顾问这种消耗精力来想出新点子的职业；第三类是教育咨询类职业，如当老师或家教；第四类是健康类职业，如当医生或营养学家；第五类是当企业家，从事商业领域的工作，如企业顾问或人力资源经理。

2. 职业兴趣、价值观和动机

霍兰德职业兴趣的测试结果显示，我介于 E 型和 S 型中间，显示我对管理和社会类工作感兴趣，我觉得这也符合我的情况，但我不是天生就对这类工作感兴趣的。对成长史的回顾让我想起我小时候曾想当一名飞机维修工，因为我舅舅在首都机场一家叫 AMECO 的飞机维修公司上班。他技术特别好，有好几个徒弟，工作不是太累，而且比我当公务员的父亲和当老师的母亲挣的钱多多了。他经常请我吃必胜客，我特别崇拜他。高中时我物理特别好，想报清华，妈妈不同意，说中医好，学了还可以给家人保健，去国外一样挣大钱，我扭不过她，只好报了中医专业。没考好，只上了管理学院，觉得很失落。后来班主任的一句话影响了我，她说："专业技术很重要，管理也是一门专业，成功的人都是把专业变成事业，管理专业就是这种把专业的人组织起来干事业的专业。"我们班很多同学都觉得这句话很奇怪，我却一下子领悟了（大概与我的性格有关），我决定好好了解一下什么是管理。在老师的指点下，我看了许多管理大师的书，兴趣越来越高，同时对财富的看法也发生了变化。以前对钱的看法比较矛盾，一方面受父母影响看不上那些富二代，另一方面却特别想多挣点钱证明自己的价值。我的价值观排序前五位是自由、亲情、财富、爱情、助人。这说明我向往自由，不追求安全感，因此我不太适合在国家机关或国企工作，当然像比较教条或工作狂类型的外资企业我也没兴趣。另外成就故事法测试中我的得分挺高的，我很高兴，同时成就动机小测试中我的成就动机得分远远高于失败恐惧，说明我的成就动机水平很符合我的预期。

3. 职业技能

我目前的职业技能水平一般。成就经历法评价显示我的社交能力、学习能力、创造能力突出。他人评价和家庭评价结果显示我的坚持性、对坏情绪的管理及时间管理能力相对较弱。在专业上，我对中医文献、外语的学习兴趣不足，重视不够。不过我觉得解决这些问题难度不是太大，只要我把这些内容与将来的职业目标相联系，我就会把它们学好，因为我妈妈说，只要是我认定的事我一定会干得很好。

综合以上自我分析结果，我认为最好的职业方向是从事医药营销类职业，最终成为一名企业家，达到财富与自由的双丰收。

三、环境分析诊断结果

在环境分析环节中，本人采取了走访公司、模拟应聘、网上查资料、访问校友和亲友等办法，了解到各层面环境的情况，现归纳如下：

1. 友伴环境

本人营销领域的资源很少：我的家庭成员中只有姑父是市场营销专业毕业，正从事乳品企业的营销工作，姑父及其同事约 10 人都乐于在营销方面指导我，公司的副总认识一家江苏的中药企业营销经理，同意寒假推荐我去驻京办实习，但这远远不够。

由于班里许多同学对营销没概念，市场营销课老师愿意帮助我。他同意推荐我去一家负责组织全国中医药企业高级管理人员研讨会的培训机构，通过会务工作可能会认识一些对我未来有帮助的职业经理人。为争取更多的人际资源，我计划从已毕业的 14 名营销领域校友中选择性地联系 5 ~ 10 名，经常与他们保持联系。

2. 组织环境

医药企业中的市场营销部门主要目标为医院、诊所、药店等机构内的医生、经销商。优秀的医药企业录用市场营销人员要求具备过硬的医药专业背景知识，还要有优秀的营销能力和交际能力，要求营销人员在工作中能集思广益，沟通协调，积极维护和开拓客户资源，做好客户管理工作。市场营销人员目前流动性大，需求量大，同时由于回扣营销等商业贿赂的存在，竞争环境非常恶劣，因此，在正规的大型国有企业和知名外资医药企业工作及接受良好的培训尤其重要。通过走访校友我了解到，做营销大部分时间会出差，很少几天在公司，时间比较自由，这很符合我的个性，而且挣钱多少与人脉有关，也与努力有关，只要你能出业绩，别人就会对你特别尊重，我喜欢这种工作方式。

3. 行业环境

中医药行业受到国家的重点扶持，人们的健康保健意识不断加强，同时维权意识也不断加强。营销行业的高收益是不争的事实，但职业行为上的不规范导致政府监管越来越严，社会上许多人（包括我的父母）对这个行业有误解，认为是滋生腐败的温床，医药代表经常受人白眼，环境压力很大。我通过研究发现，医药营销人员与医生的关系并不是单纯的经济利益关系，而是一种合作关系，医生群体需要医药营销人员提供药物信息与医学研究进展，需要他们提供情感支持，他们可以成为朋友，前提是合法规范的运作，这方面大型的外资企业在行业内做得比较好。我应该首先从高起点出发，做医药营销。

4. 地区环境

从地域上看，大型城市如北京、上海、广州等地医疗资源集中，具有的优势是较多的选择机会和服务市场，但问题是这些地方生活成本高、人员竞争压力大。

5. 社会环境

从政治和政策环境上看，对从事营销工作是利好大于利空。我国政治稳定，经济持续发展，在全球扮演着重要角色，中医药健康产业的政策扶持力度大。但是也应看到全球经济进入衰退期，政治动荡和经济泡沫破灭的风险时刻迫使中国放慢发展速度，国家已经注意到"过度医疗"的问题，新医改的创新与推进，医药市场发展速度和水平的改变，营销队伍有可能面临整顿，形成收益变薄、人员萎缩的局面。从积极的方面看，营销环境变清明是件好事，但对于个人而言，可能要随时应对这种形势的变化。

四、关键成就因素与关键问题分析

综合自我与环境的分析，我认为，本人实现职业目标的关键成就因素是成就动机强、眼界开阔、思维富有创造性、具备营销学的知识、具有团队合作精神、善于与人交往、具备一定的财商、职业机会多等。关键问题在于情绪冲动、耐心不够、市场管理经验不足、人脉不足、行业竞争激烈、职业变动风险大等，这些问题均可以通过加强学习和适当的职业准备加以解决，均属于低难度问题。

五、目标实现策略

1. 目标设定、分解与组合

本人职业目标的设定是基于生涯诊断的综合结果，是职业个性、兴趣、技能、动机、价值观和职业环境等多个因素的交集，恰是一个"人际导向、追求财富、自由与成就感"的职业。从我了解的职业领域看，营销人员、策划人员、管理人员、俱乐部负责人和企业家等均隶属于这一职业。从我个人资源便利性角度看，我认为从一名医药营销人员入手，逐渐成为一名企业家是我非常愿意走的职业道路。

当然，成为一名企业家远远比一名营销人员需要具备的知识、技能、经验要多得多，需要一步步地达成这个目标。为此必须把总体目标进行分解。按时间的远近，我把目标分为学涯目标、短期目标、中期目标、长期目标四部分，每一期按目标性质分为生活目标和工作目标两部分，形成目标的组合。各阶段目标组合描述如下：

（1）学涯目标　①工作：如期毕业，进入知名外资或合资医药企业从事营销工作。②生活：毕业前一年内在经济上"断奶"，投资股市赚取 20% 以上的收益。

（2）短期目标　①工作：毕业后 6 年内成为知名外资或合资医药企业营销领域的大区经理。②生活：毕业后 10 年内完成结婚、生子，与女友开办网店赚取兼职收益，支持她攻读硕士学位等。

（3）中期目标　①工作：毕业后 12 年内成为知名医药上市企业（国企和民企）营销与市场方面的精英，18 年内担任公司市场部副总经理，进入董事会，拥有该公司股权。②生活：保持家庭稳定，给追求养生的父母在广西巴马或云南腾冲买一套房，协助妻子完成开办幼儿园或幼儿培训机构的梦想。

（4）长期目标　①工作：25 年内成为年利润过亿的中药企业的 CEO。②生活：开一家自己的养生会馆，在广西或海南沿海拥有一座自己的度假别墅，让父母双方全家定期住在一起。

2. 具体职业发展路径

工作		生活	
期限	目标	期限	目标
2023 年 7 月	基层医药代表	2023 年 7 月	经济自立，股票赢利 20% 以上
2026 年 6 月	销售经理	2024 年 9 月	女友读研究生
2029 年 12 月	大区经理	2025 年 7 月	与女友结婚，开网店，参加金融自考
2035 年 12 月	市场总监 / 营销总监	2029 年 12 月	攻读 MBA 学位
2041 年 12 月	副总经理、董事	2030 年 12 月	生孩子，购买属于自己的第一所住房
2046 年 12 月	总经理（CEO·）	2036 年 12 月	在南方买一套度假房给父母
		2039 年 12 月	帮助妻子开办幼儿教育机构
		2042 年 12 月	开办一家中医养生私人会馆
		2046 年 12 月	在南方海边买一所度假别墅
权变计划 1. 如果 2035 年年底前我未能担任总监，我会尝试其他类似级别职务 2. 如果 2041 年年底前我未能担任副总，我将选择加盟新公司或创业		权变计划 1. 如果 2025 年前与女友分手，关于她的生活计划将重设 2. 如果中医养生会馆已经不时尚，我会办其他私人会所 3. 如果 2046 年前我没有足够的资金买别墅，我会先把资金投资于事业中	

六、具体行动方案

时限	目标性质	职业目标	核心行动方案（策略）
2023 年 7 月	学涯 / 工作	基层医药代表	1. 学好本专业，取得毕业证、学位证、六级证（SO） 2. 旁听医学课程，补充医学知识的不足（WO） 3. 营销实战经验多于 300 小时，工种少于 5 个（WO） 4. 选择市场操作正规的外企应聘，降低风险（ST）
2023 年 7 月	学涯 / 生活	经济自立，股票赢利 20% 以上	1. 课余时间兼职销售产品，月均收入 1000 元（SO） 2. 用 6 万元存款做本钱，向二叔学做股票投资（WO）
2025 年 7 月	学涯 / 生活	开办网店	1. 以大学生为主要消费群体，主营品牌护肤品，代理并代购其他品牌（SO） 2. 面对激烈竞争，让利于顾客和样板店（WT）
2026 年 6 月	短期 / 工作	销售经理	1. 每天背诵客户的背景资料，每周做小结（ST） 2. 主动要求挑战新任务，创造最好成绩（SO） 3. 注意与家人的沟通，让妻子支持我的事业（ST）

续表

时限	目标性质	职业目标	核心行动方案（策略）
2029 年 12 月	短期 / 工作	大区经理	1. 带领团队取得好业绩，建立良好的客户关系网（SO） 2. 寻找职业导师，提高管理水平（WO）
2029 年 12 月	短期 / 生活	攻读 MBA 学位	1. 参加国内的 MBA 项目，减少教育成本（WT） 2. 争取说服公司为我承担部分培训费用（ST）
2030 年 12 月	短期 / 生活	做父亲，拥有 100 平方米住房	1. 计划好妻子生育的时间安排（ST） 2. 申请经济适用房，用投资收益和储蓄支付首付（WO）
2035 年 12 月	中期 / 工作	市场总监/营销总监	1. 争取在公司开发性项目中担任负责人，避开同业竞争，展示个人领导能力和创新能力（ST） 2. 与平级和高层保持经常沟通，争取提升机会（SO）
2036 年 12 月	中期 / 生活	为父母买房	选购环境优美、地质灾害少、未完全商业开发的小城镇民居（ST）
2039 年 12 月	中期 / 生活	帮助妻子开办幼儿教育机构	1. 利用掌握的人际资源，为机构创立铺路（ST） 2. 支持妻子的人生梦想，提前做好投资储备（WO）
2041 年 12 月	中期 / 工作	副总经理，董事	1. 进入医药上市公司市场部门，挑战管理能力，学习更多的企业运作知识与经验（ST） 2. 带团队，以卓越的能力开拓新项目，获得股权激励（SO） 3. 以工作思路、业绩得到进入高层的机会（SO）
2042 年 12 月	长期 / 生活	开办私人养生会馆	利用中医药养生优势提供商业精英私人服务（SO），开发职业发展人际资源（ST）
2046 年 12 月	长期 / 工作	中药企业 CEO	1. 突破天花板效应（ST），发挥创新能力（SO），用 2～3 年的时间进入一家有潜力的中小型中医药高新科技企业或分拆上市的中医药子公司进行资本运作和管理，获得控制优势，成为 CEO 2. 如无合适的公司，变卖原公司股份，购买新技术，寻找投资人，自行创办公司（WT）
2046 年 12 月	长期 / 生活	购买度假别墅	1. 物色职业经理人，积极准备退休 2. 把别墅作为全家人休闲度假场所，享受天伦之乐

七、评估与调整

影响职业生涯规划的因素很多，很多是无法预测的，我要不断地根据实际情况对职业生涯规划的目标和行动方案进行评估和调整，这样才能始终不偏离主要目标。

1. 评估内容

评估短、中、长期计划的目标实现情况，也要对具体行动方案和策略进行评估。如果评估过程中发现规划目标偏离实际，不能达到或者延期达到，要及时进行修改或者调整。

2. 评估时间

定期根据具体行动方案中的时间安排，检验各节点分目标的实现情况，如有个人身体原因、经济原因或社会政策环境等人力无法抗拒的特别情况出现则随时进行调整。

3. 调整原则

调整一般不能全盘否定既定的职业发展总体目标。

【结束语】

水无点滴的积累，难成大江河。人无点滴的积累，难成大气候。一本书中这样写道：一个不能靠自己的能力改变命运的人是不幸的，也是可怜的，因为这些人没有把命运掌握在自己的手中，反而成为命运的奴隶。

　　通过制订这份职业规划书，我对未来的职业目标与环境有了更清楚和务实的了解，避免了想当然的毛病，通过痛苦的思考和选择，我对自己的职业选择更加坚定了。也许未来会有许多风雨，面临种种意想不到的职业挑战，但我都会按照既定的方向走下去。感谢在职业规划过程中给予我帮助的父母、亲友，你们的支持让我意外也让我感动，感谢我的职业指导老师和专业老师，你们的专业指导把我从一个懵懂的孩子变成了具有职业意识的人，感谢其他给予我鼓励和帮助的人，你们让我看到自己、看到未来，也希望你们看着我一步步走向成功，我将用成功回报你们的期待。

主要参考文献

［1］许铁峰，舒静.医学类学生职业生涯发展与规划［M］.上海：复旦大学出版社，2021.

［2］谷晓红.中医药大学生职业发展与就业指导教程［M］.北京：中国中医药出版社，2013.

［3］谷晓红.医学生人文素质教育初探［M］.北京：中国中医药出版社，2015.

［4］毛嘉陵.中医药文化入学教育［M］.北京：中国中医药出版社，2014.

［5］毛嘉陵.中国中医药文化传播发展报告（2016）［M］.北京：社会科学文献出版社，2016.

［6］中国就业培训技术指导中心.职业概论［M］.北京：中国劳动社会保障出版社，2009.

［7］黄炜.大学生职业发展教程［M］.北京：科学出版社，2011.

［8］雅斯贝尔斯.邹进译.什么是教育［M］.北京：三联书店，1991.

［9］艾伦·罗思曼.哈佛医学生的历练［M］.杭州.浙江人民出版社，2016.

［10］爱德华·桑代克（Edward Thorndike）.李维译.人类的学习［M］.北京：北京大学出版社，2010.

［11］克拉克·科尔.陈学飞译.大学的功用［M］.南昌：江西教育出版社，1993.

［12］周文霞.职业生涯管理［M］.上海：复旦大学出版社，2011.

［13］施恩.仇海清译.职业的有效管理.生活·读书·新知［M］.北京：三联书店，1992.

［14］杰弗里·H.格林豪斯，杰勒德·A.卡拉南，维罗妮卡·M.戈德谢克.王伟译.职业生涯管理［M］.北京：清华大学出版社，2011.

［15］田永伟.大学生职业发展：生涯规划与就业创业指导［M］.北京：中国出版集团现代教育出版社，2012.

［16］石建勋.职业生涯规划与管理［M］.北京：清华大学出版社，2012.

［17］郑美群.职业生涯管理［M］.北京：机械工业出版社，2016.

［18］葛玉辉.职业生涯规划与管理［M］.北京：清华大学出版社，2014.

［19］胡伟国.大学生职业生涯发展指导［M］.杭州：浙江大学出版社，2010.

［20］崔建华.大学生职业生涯发展规划与辅导［M］.厦门：厦门大学出版社，2013.

［21］徐左平.大学生职业发展指导教程［M］.上海：华东师范大学出版社，2015.

［22］王群，夏文芳.医学类大学生职业生涯与就业指南［M］.上海：复旦大学出版社，2011.

［23］曲振国.大学生职业生涯规划与就业创业指导教程.西安：西安交通大学出版社，2015.

［24］王云鹏.大学院校本科生职业生涯规划［M］.长春：长春出版社，2014.

［25］王今朝，郝春禄.大学生职业发展与就业指导［M］.沈阳：辽宁教育出版社，2010.

［26］伊芃芃，刘萍，白冰，等.大学生职业生涯规划［M］.北京：现代教育出版社，2012.

［27］尹忠泽.大学生职业生涯规划［M］.长春：吉林大学出版社，2007.

［28］吕保平.大学生职业生涯规划与就业指导［M］.北京：现代教育出版社，2013.

［29］张劲松.大学生职业生涯规划［M］.北京：科学出版社，2013.

［30］姚峥嵘.大学生职业生涯规划与就业创业指导［M］.南京：南京大学出版社，2013.

［31］陈敏.大学生职业生涯发展与管理［M］.上海：复旦大学出版社，2008.

［32］French R K,Greenaway F.Science in the early Roman Empire:Pliny the Elder,his sources and influence［M］. Barnes & Noble Books，1986.

［33］协和百年医学教育译丛翻译小组.卡尔曼医学教育史［M］.北京：中国协和医科大学出版社，2014.

［34］尹勇，蔡光先.浅谈中医药大学生中医思维的培养［J］.湖南中医杂志，2011，27（4）：106-108.

［35］崔笛，余西，李燕，等.关于巩固中医学本科学生专业思想方法的述评［J］.成都中医药大学学报（教育科学版），2013（3）：101-102.

［36］许慧清.职业人格视角下的医学生培养［J］.医学与社会，2010（4）：86-88.

［37］尤良震，于东，季东阳，等.中医药相关专业本科生择业意向与初次就业情况调查研究——以安徽中医药大学为例［J］.亚太传统医药，2016（18）：154-157.

［38］张由芹，王颖，孙立平，等.中医药专业大学生就业价值取向调查与研究［J］.现代交际，2016（20）：120-121.

［39］张劲强，肖水源，蔡太生.医学生对医生职业声望的评价［J］.中国临床心理学杂志，2007（4）：392-394.

［40］陈尚杰，车若琛，王昭明.江苏省当代医学生职业观研究［J］.中国高等医学教育，2013（1）：23-24，29.

［41］宗刚.改革开放以来我国职业声望排序与变迁研究［J］.北京工业大学学报（社会科学版），2016（4）：11-16.

［42］钟谷兰，杨开.大学生职业生涯发展与规划［M］.上海：华东师范大学出版社，2016.

［43］中华人民共和国国务院新闻办公室.中国的中医药（2016年12月）［M］.北京：人民卫生出版社，2016.

［44］张伯礼.中医药高等教育发展战略研究［M］.北京：中国中医药出版社，2013.

［45］联合国教科文组织国际教育发展委员会.学会生存——教育世界的今天和明天［M］.北京：教育科学出版社，1996.

［46］萨维科斯.郑世彦等译.生涯咨询［M］.重庆：重庆大学出版社，2015.

全国中医药行业高等教育"十四五"规划教材

全国高等中医药院校规划教材（第十一版）

教材目录

注：凡标☆号者为"核心示范教材"。

（一）中医学类专业

序号	书 名	主 编		主编所在单位	
1	中国医学史	郭宏伟	徐江雁	黑龙江中医药大学	河南中医药大学
2	医古文	王育林	李亚军	北京中医药大学	陕西中医药大学
3	大学语文	黄作阵		北京中医药大学	
4	中医基础理论☆	郑洪新		辽宁中医药大学	
5	中医诊断学☆	李灿东	方朝义	福建中医药大学	河北中医药大学
6	中药学☆	钟赣生	杨柏灿	北京中医药大学	上海中医药大学
7	方剂学☆	李 冀	左铮云	黑龙江中医药大学	江西中医药大学
8	内经选读☆	翟双庆	黎敬波	北京中医药大学	广州中医药大学
9	伤寒论选读☆	王庆国	周春祥	北京中医药大学	南京中医药大学
10	金匮要略☆	范永升	姜德友	浙江中医药大学	黑龙江中医药大学
11	温病学☆	谷晓红	马 健	北京中医药大学	南京中医药大学
12	中医内科学☆	吴勉华	石 岩	南京中医药大学	辽宁中医药大学
13	中医外科学☆	陈红风		上海中医药大学	
14	中医妇科学☆	冯晓玲	张婷婷	黑龙江中医药大学	上海中医药大学
15	中医儿科学☆	赵 霞	李新民	南京中医药大学	天津中医药大学
16	中医骨伤科学☆	黄桂成	王拥军	南京中医药大学	上海中医药大学
17	中医眼科学	彭清华		湖南中医药大学	
18	中医耳鼻咽喉科学	刘 蓬		广州中医药大学	
19	中医急诊学☆	刘清泉	方邦江	首都医科大学	上海中医药大学
20	中医各家学说☆	尚 力	戴 铭	上海中医药大学	广西中医药大学
21	针灸学☆	梁繁荣	王 华	成都中医药大学	湖北中医药大学
22	推拿学☆	房 敏	王金贵	上海中医药大学	天津中医药大学
23	中医养生学	马烈光	章德林	成都中医药大学	江西中医药大学
24	中医药膳学	谢梦洲	朱天民	湖南中医药大学	成都中医药大学
25	中医食疗学	施洪飞	方 泓	南京中医药大学	上海中医药大学
26	中医气功学	章文春	魏玉龙	江西中医药大学	北京中医药大学
27	细胞生物学	赵宗江	高碧珍	北京中医药大学	福建中医药大学

序号	书　名	主　编		主编所在单位	
28	人体解剖学	邵水金		上海中医药大学	
29	组织学与胚胎学	周忠光	汪　涛	黑龙江中医药大学	天津中医药大学
30	生物化学	唐炳华		北京中医药大学	
31	生理学	赵铁建	朱大诚	广西中医药大学	江西中医药大学
32	病理学	刘春英	高维娟	辽宁中医药大学	河北中医药大学
33	免疫学基础与病原生物学	袁嘉丽	刘永琦	云南中医药大学	甘肃中医药大学
34	预防医学	史周华		山东中医药大学	
35	药理学	张硕峰	方晓艳	北京中医药大学	河南中医药大学
36	诊断学	詹华奎		成都中医药大学	
37	医学影像学	侯　键	许茂盛	成都中医药大学	浙江中医药大学
38	内科学	潘　涛	戴爱国	南京中医药大学	湖南中医药大学
39	外科学	谢建兴		广州中医药大学	
40	中西医文献检索	林丹红	孙　玲	福建中医药大学	湖北中医药大学
41	中医疫病学	张伯礼	吕文亮	天津中医药大学	湖北中医药大学
42	中医文化学	张其成	臧守虎	北京中医药大学	山东中医药大学
43	中医文献学	陈仁寿	宋咏梅	南京中医药大学	山东中医药大学
44	医学伦理学	崔瑞兰	赵　丽	山东中医药大学	北京中医药大学
45	医学生物学	詹秀琴	许　勇	南京中医药大学	成都中医药大学
46	中医全科医学概论	郭　栋	严小军	山东中医药大学	江西中医药大学
47	卫生统计学	魏高文	徐　刚	湖南中医药大学	江西中医药大学
48	中医老年病学	王　飞	张学智	成都中医药大学	北京大学医学部
49	医学遗传学	赵丕文	卫爱武	北京中医药大学	河南中医药大学
50	针刀医学	郭长青		北京中医药大学	
51	腧穴解剖学	邵水金		上海中医药大学	
52	神经解剖学	孙红梅	申国明	北京中医药大学	安徽中医药大学
53	医学免疫学	高永翔	刘永琦	成都中医药大学	甘肃中医药大学
54	神经定位诊断学	王东岩		黑龙江中医药大学	
55	中医运气学	苏　颖		长春中医药大学	
56	实验动物学	苗明三	王春田	河南中医药大学	辽宁中医药大学
57	中医医案学	姜德友	方祝元	黑龙江中医药大学	南京中医药大学
58	分子生物学	唐炳华	郑晓珂	北京中医药大学	河南中医药大学

（二）针灸推拿学专业

序号	书　名	主　编		主编所在单位	
59	局部解剖学	姜国华	李义凯	黑龙江中医药大学	南方医科大学
60	经络腧穴学☆	沈雪勇	刘存志	上海中医药大学	北京中医药大学
61	刺法灸法学☆	王富春	岳增辉	长春中医药大学	湖南中医药大学
62	针灸治疗学☆	高树中	冀来喜	山东中医药大学	山西中医药大学
63	各家针灸学说	高希言	王　威	河南中医药大学	辽宁中医药大学
64	针灸医籍选读	常小荣	张建斌	湖南中医药大学	南京中医药大学
65	实验针灸学	郭　义		天津中医药大学	

序号	书 名	主 编		主编所在单位	
66	推拿手法学☆	周运峰		河南中医药大学	
67	推拿功法学☆	吕立江		浙江中医药大学	
68	推拿治疗学☆	井夫杰	杨永刚	山东中医药大学	长春中医药大学
69	小儿推拿学	刘明军	邰先桃	长春中医药大学	云南中医药大学

（三）中西医临床医学专业

序号	书 名	主 编		主编所在单位	
70	中外医学史	王振国	徐建云	山东中医药大学	南京中医药大学
71	中西医结合内科学	陈志强	杨文明	河北中医药大学	安徽中医药大学
72	中西医结合外科学	何清湖		湖南中医药大学	
73	中西医结合妇产科学	杜惠兰		河北中医药大学	
74	中西医结合儿科学	王雪峰	郑 健	辽宁中医药大学	福建中医药大学
75	中西医结合骨伤科学	詹红生	刘 军	上海中医药大学	广州中医药大学
76	中西医结合眼科学	段俊国	毕宏生	成都中医药大学	山东中医药大学
77	中西医结合耳鼻咽喉科学	张勤修	陈文勇	成都中医药大学	广州中医药大学
78	中西医结合口腔科学	谭 劲		湖南中医药大学	
79	中药学	周祯祥	吴庆光	湖北中医药大学	广州中医药大学
80	中医基础理论	战丽彬	章文春	辽宁中医药大学	江西中医药大学
81	针灸推拿学	梁繁荣	刘明军	成都中医药大学	长春中医药大学
82	方剂学	李 冀	季旭明	黑龙江中医药大学	浙江中医药大学
83	医学心理学	李光英	张 斌	长春中医药大学	湖南中医药大学
84	中西医结合皮肤性病学	李 斌	陈达灿	上海中医药大学	广州中医药大学
85	诊断学	詹华奎	刘 潜	成都中医药大学	江西中医药大学
86	系统解剖学	武煜明	李新华	云南中医药大学	湖南中医药大学
87	生物化学	施 红	贾连群	福建中医药大学	辽宁中医药大学
88	中西医结合急救医学	方邦江	刘清泉	上海中医药大学	首都医科大学
89	中西医结合肛肠病学	何永恒		湖南中医药大学	
90	生理学	朱大诚	徐 颖	江西中医药大学	上海中医药大学
91	病理学	刘春英	姜希娟	辽宁中医药大学	天津中医药大学
92	中西医结合肿瘤学	程海波	贾立群	南京中医药大学	北京中医药大学
93	中西医结合传染病学	李素云	孙克伟	河南中医药大学	湖南中医药大学

（四）中药学类专业

序号	书 名	主 编		主编所在单位	
94	中医学基础	陈 晶	程海波	黑龙江中医药大学	南京中医药大学
95	高等数学	李秀昌	邵建华	长春中医药大学	上海中医药大学
96	中医药统计学	何 雁		江西中医药大学	
97	物理学	章新友	侯俊玲	江西中医药大学	北京中医药大学
98	无机化学	杨怀霞	吴培云	河南中医药大学	安徽中医药大学
99	有机化学	林 辉		广州中医药大学	
100	分析化学（上）（化学分析）	张 凌		江西中医药大学	

序号	书 名	主 编		主编所在单位	
101	分析化学（下）（仪器分析）	王淑美		广东药科大学	
102	物理化学	刘 雄	王颖莉	甘肃中医药大学	山西中医药大学
103	临床中药学☆	周祯祥	唐德才	湖北中医药大学	南京中医药大学
104	方剂学	贾 波	许二平	成都中医药大学	河南中医药大学
105	中药药剂学☆	杨 明		江西中医药大学	
106	中药鉴定学☆	康廷国	闫永红	辽宁中医药大学	北京中医药大学
107	中药药理学☆	彭 成		成都中医药大学	
108	中药拉丁语	李 峰	马 琳	山东中医药大学	天津中医药大学
109	药用植物学☆	刘春生	谷 巍	北京中医药大学	南京中医药大学
110	中药炮制学☆	钟凌云		江西中医药大学	
111	中药分析学☆	梁生旺	张 彤	广东药科大学	上海中医药大学
112	中药化学☆	匡海学	冯卫生	黑龙江中医药大学	河南中医药大学
113	中药制药工程原理与设备	周长征		山东中医药大学	
114	药事管理学☆	刘红宁		江西中医药大学	
115	本草典籍选读	彭代银	陈仁寿	安徽中医药大学	南京中医药大学
116	中药制药分离工程	朱卫丰		江西中医药大学	
117	中药制药设备与车间设计	李 正		天津中医药大学	
118	药用植物栽培学	张永清		山东中医药大学	
119	中药资源学	马云桐		成都中医药大学	
120	中药产品与开发	孟宪生		辽宁中医药大学	
121	中药加工与炮制学	王秋红		广东药科大学	
122	人体形态学	武煜明	游言文	云南中医药大学	河南中医药大学
123	生理学基础	于远望		陕西中医药大学	
124	病理学基础	王 谦		北京中医药大学	
125	解剖生理学	李新华	于远望	湖南中医药大学	陕西中医药大学
126	微生物学与免疫学	袁嘉丽	刘永琦	云南中医药大学	甘肃中医药大学
127	线性代数	李秀昌		长春中医药大学	
128	中药新药研发学	张永萍	王利胜	贵州中医药大学	广州中医药大学
129	中药安全与合理应用导论	张 冰		北京中医药大学	
130	中药商品学	闫永红	蒋桂华	北京中医药大学	成都中医药大学

（五）药学类专业

序号	书 名	主 编		主编所在单位	
131	药用高分子材料学	刘 文		贵州医科大学	
132	中成药学	张金莲	陈 军	江西中医药大学	南京中医药大学
133	制药工艺学	王 沛	赵 鹏	长春中医药大学	陕西中医药大学
134	生物药剂学与药物动力学	龚慕辛	贺福元	首都医科大学	湖南中医药大学
135	生药学	王喜军	陈随清	黑龙江中医药大学	河南中医药大学
136	药学文献检索	章新友	黄必胜	江西中医药大学	湖北中医药大学
137	天然药物化学	邱 峰	廖尚高	天津中医药大学	贵州医科大学
138	药物合成反应	李念光	方 方	南京中医药大学	安徽中医药大学

序号	书　名	主　编		主编所在单位	
139	分子生药学	刘春生	袁　媛	北京中医药大学	中国中医科学院
140	药用辅料学	王世宇	关志宇	成都中医药大学	江西中医药大学
141	物理药剂学	吴　清		北京中医药大学	
142	药剂学	李范珠	冯年平	浙江中医药大学	上海中医药大学
143	药物分析	俞　捷	姚卫峰	云南中医药大学	南京中医药大学

（六）护理学专业

序号	书　名	主　编		主编所在单位	
144	中医护理学基础	徐桂华	胡　慧	南京中医药大学	湖北中医药大学
145	护理学导论	穆　欣	马小琴	黑龙江中医药大学	浙江中医药大学
146	护理学基础	杨巧菊		河南中医药大学	
147	护理专业英语	刘红霞	刘　娅	北京中医药大学	湖北中医药大学
148	护理美学	余雨枫		成都中医药大学	
149	健康评估	阚丽君	张玉芳	黑龙江中医药大学	山东中医药大学
150	护理心理学	郝玉芳		北京中医药大学	
151	护理伦理学	崔瑞兰		山东中医药大学	
152	内科护理学	陈　燕	孙志岭	湖南中医药大学	南京中医药大学
153	外科护理学	陆静波	蔡恩丽	上海中医药大学	云南中医药大学
154	妇产科护理学	冯　进	王丽芹	湖南中医药大学	黑龙江中医药大学
155	儿科护理学	肖洪玲	陈偶英	安徽中医药大学	湖南中医药大学
156	五官科护理学	喻京生		湖南中医药大学	
157	老年护理学	王　燕	高　静	天津中医药大学	成都中医药大学
158	急救护理学	吕　静	卢根娣	长春中医药大学	上海中医药大学
159	康复护理学	陈锦秀	汤继芹	福建中医药大学	山东中医药大学
160	社区护理学	沈翠珍	王诗源	浙江中医药大学	山东中医药大学
161	中医临床护理学	裘秀月	刘建军	浙江中医药大学	江西中医药大学
162	护理管理学	全小明	柏亚妹	广州中医药大学	南京中医药大学
163	医学营养学	聂　宏	李艳玲	黑龙江中医药大学	天津中医药大学
164	安宁疗护	邸淑珍	陆静波	河北中医药大学	上海中医药大学
165	护理健康教育	王　芳		成都中医药大学	
166	护理教育学	聂　宏	杨巧菊	黑龙江中医药大学	河南中医药大学

（七）公共课

序号	书　名	主　编		主编所在单位	
167	中医学概论	储全根	胡志希	安徽中医药大学	湖南中医药大学
168	传统体育	吴志坤	邵玉萍	上海中医药大学	湖北中医药大学
169	科研思路与方法	刘　涛	商洪才	南京中医药大学	北京中医药大学
170	大学生职业发展规划	石作荣	李　玮	山东中医药大学	北京中医药大学
171	大学计算机基础教程	叶　青		江西中医药大学	
172	大学生就业指导	曹世奎	张光霁	长春中医药大学	浙江中医药大学

序号	书 名	主 编		主编所在单位	
173	医患沟通技能	王自润	殷 越	大同大学	黑龙江中医药大学
174	基础医学概论	刘黎青	朱大诚	山东中医药大学	江西中医药大学
175	国学经典导读	胡 真	王明强	湖北中医药大学	南京中医药大学
176	临床医学概论	潘 涛	付 滨	南京中医药大学	天津中医药大学
177	Visual Basic 程序设计教程	闫朝升	曹 慧	黑龙江中医药大学	山东中医药大学
178	SPSS 统计分析教程	刘仁权		北京中医药大学	
179	医学图形图像处理	章新友	孟昭鹏	江西中医药大学	天津中医药大学
180	医药数据库系统原理与应用	杜建强	胡孔法	江西中医药大学	南京中医药大学
181	医药数据管理与可视化分析	马星光		北京中医药大学	
182	中医药统计学与软件应用	史周华	何 雁	山东中医药大学	江西中医药大学

（八）中医骨伤科学专业

序号	书 名	主 编		主编所在单位	
183	中医骨伤科学基础	李 楠	李 刚	福建中医药大学	山东中医药大学
184	骨伤解剖学	侯德才	姜国华	辽宁中医药大学	黑龙江中医药大学
185	骨伤影像学	栾金红	郭会利	黑龙江中医药大学	河南中医药大学洛阳平乐正骨学院
186	中医正骨学	冷向阳	马 勇	长春中医药大学	南京中医药大学
187	中医筋伤学	周红海	于 栋	广西中医药大学	北京中医药大学
188	中医骨病学	徐展望	郑福增	山东中医药大学	河南中医药大学
189	创伤急救学	毕荣修	李无阴	山东中医药大学	河南中医药大学洛阳平乐正骨学院
190	骨伤手术学	童培建	曾意荣	浙江中医药大学	广州中医药大学

（九）中医养生学专业

序号	书 名	主 编		主编所在单位	
191	中医养生文献学	蒋力生	王 平	江西中医药大学	湖北中医药大学
192	中医治未病学概论	陈涤平		南京中医药大学	
193	中医饮食养生学	方 泓		上海中医药大学	
194	中医养生方法技术学	顾一煌	王金贵	南京中医药大学	天津中医药大学
195	中医养生学导论	马烈光	樊 旭	成都中医药大学	辽宁中医药大学
196	中医运动养生学	章文春	邬建卫	江西中医药大学	成都中医药大学

（十）管理学类专业

序号	书 名	主 编		主编所在单位	
197	卫生法学	田 侃	冯秀云	南京中医药大学	山东中医药大学
198	社会医学	王素珍	杨 义	江西中医药大学	成都中医药大学
199	管理学基础	徐爱军		南京中医药大学	
200	卫生经济学	陈永成	欧阳静	江西中医药大学	陕西中医药大学
201	医院管理学	王志伟	翟理祥	北京中医药大学	广东药科大学
202	医药人力资源管理	曹世奎		长春中医药大学	
203	公共关系学	关晓光		黑龙江中医药大学	

序号	书　名	主　编		主编所在单位	
204	卫生管理学	乔学斌	王长青	南京中医药大学	南京医科大学
205	管理心理学	刘鲁蓉	曾　智	成都中医药大学	南京中医药大学
206	医药商品学	徐　晶		辽宁中医药大学	

（十一）康复医学类专业

序号	书　名	主　编		主编所在单位	
207	中医康复学	王瑞辉	冯晓东	陕西中医药大学	河南中医药大学
208	康复评定学	张　泓	陶　静	湖南中医药大学	福建中医药大学
209	临床康复学	朱路文	公维军	黑龙江中医药大学	首都医科大学
210	康复医学导论	唐　强	严兴科	黑龙江中医药大学	甘肃中医药大学
211	言语治疗学	汤继芹		山东中医药大学	
212	康复医学	张　宏	苏友新	上海中医药大学	福建中医药大学
213	运动医学	潘华山	王　艳	广东潮州卫生健康职业学院	黑龙江中医药大学
214	作业治疗学	胡　军	艾　坤	上海中医药大学	湖南中医药大学
215	物理治疗学	金荣疆	王　磊	成都中医药大学	南京中医药大学